ちくま学芸文庫

倫理問題101問

マーティン・コーエン

樽沼範久 訳

筑摩書房

101 ETHICAL DILEMMAS by Martin Cohen

Copyright © 2003 Martin Cohen
All Rights Reserved. Authorised translation from
English language edition published by
Routledge, a member of the Taylor & Francis Group.

Japanese translation published by arrangement with Taylor & Francis
Books Ltd through The English Agency (Japan) Ltd.

倫理問題101問◆目次

序文――あなたに転送!　11
使用上の注意　19

問題　23

初めに4つの厄介なジレンマ……24
1　救命ボート／2　さらに沈んでいく／3　心理学の実験／4　習慣は王様

3つの個人的ジレンマ……27
5　インターネット・ショッピング／6　トースター／7　嘘つき

堕落が始まる……29
8　残酷の第1段階／9　第2段階――自由意志／10　第3段階――2つの基準／11　最終段階――不死の魂

古代のジレンマ……37
12　ギューゲースの指輪／13　聖アウグスティヌスの懺悔(ざんげ)／14　黄皇への忠告／15　ストア派クリュシッポスの禁欲／16　エピクロスの分別／17　魂の大きな人／18　魂の大きな人（天国篇）

反社会的ジレンマ……47
19　「e-Ville」への対抗／20　窮地／21　分裂?／22

激化／23　流出……

医学倫理 ……………………………………………………………54
　　24　品種改良計画／25　デザイナー・ベビー／26　クイックベビー／27　安価な競争相手／28　ウィザリングスプーンＸ病／29　病院のジレンマ

検閲官のジレンマ ………………………………………………63
　　30　惨劇／31　犯罪との関連／32　基準の問題／33　猥褻な写真／34　下劣なポップ・グループ

ビジネス週間——ビジネス倫理のジレンマ …………………71
　　35　怠惰な秘書／36　不正コピー／37　タバコの煙る倉庫／38　ラジオの音楽／39　感染病／40　証人

ビジネス倫理のジレンマをもう１つ ……………………………76
　　41　悪魔の化学者

神の正義を探し求める５つの物語 ……………………………78
　　42　実のならない木／43　ヨブの運命／44　贖罪の小羊／45　現代の「善きサマリア人」／46　乞食のラザロ

いくつかの「猿罪(えんざい)」………………………………………………84
　　47　「猿罪」／48　もう１つの「猿罪」

子供をめぐる２つのジレンマ ……………………………………89

49 人生は不公平／50 子供っぽい自己主張

良き人生を探し求めて …………………………………92
51 金持ちのジレンマ／52 美の罠／53 良き人生

監視の権限 ……………………………………………100
54 パノプティコンⅠ／55 パノプティコンⅡ／56 パノプティコンⅢ／57 パノプティコンⅣ

大学倫理のロールプレイング・ゲーム ………………105
58 学部長の娘／59 コピーのジレンマ／60 フェンス（2部構成）／61 教員資質監査／62 懐かしの「かわい子ちゃん」

アニマルズ（ベジタリアンのジレンマ）………………109
63 プルタルコスの「好みに合わない食事」／64 獣／65 プルタルコスの応答／66 聖パウロの見解／67 クリュソストモスの警告

倫理的に疑わしい御伽噺 ………………………………114
68 カエルの王様／69 カエルの王様（続篇）／70 レダマの木——悪魔の御伽噺／71 レダマの木（続篇）／72 警告の御伽噺／73 不法入国者——現代の御伽噺

相対主義国「レラタヴィア」の物語 …………………130
74 「髪の国」のハゲ族／75 「髪の国」のハゲ族Ⅱ／

76　ほんのデザート／77　親族の名誉

戦争倫理 ……………………………………………………138
78　見事な戦闘／79　正義の戦争／80　抑止／81　テロの学校

環境倫理Ⅰ ……………………………………………………148
82　ドードーの叫び／83　オオカミを殺す／84　緑の革命（第1段階）／85　緑の革命（第2段階）／86　苦痛は良いもの

お金は大事 ……………………………………………………153
87　金を！／88　もっと金を！／89　死と税

法のジレンマ …………………………………………………156
90　処罰の暴力／91　サムの息子／92　ツインキーズ──ただならぬ芝居／93　ツインキーズ──悪役の登場

環境倫理Ⅱ ……………………………………………………167
94　自然保護区の島／95　自然保護区の島──黒ツグミ／96　自然保護区の島──ひねくれ者

映画の中でしか起こらないような信じがたい倫理的ジレンマ
…………………………………………………………………172
97　序幕のB級映画／98　プログラムの目玉──『時計仕掛けのオレンジ』のジレンマ

ほぼ終盤（あるいは中盤） ……………………………………176
99　百人の村／100　ヴォルテールのジレンマ／101　実用主義の反応

ディスカッション　181

人名・用語解説　412
出典の註釈　427
読書案内　442

訳者あとがき　454

倫理問題 101 問

To Tessa

「解答が分からないのではない。問題が分からないのだ。」
　　　G. K. チェスタトン『ブラウン神父の醜聞』〔東京創元社〕
　　　(G.K. Chesterton, *Scandal of Father Brown*)

序文——あなたに転送！

　倫理は大切な選択をめぐること。大切な選択は、私たちをジレンマに置く。ジレンマ（2つの di- 副命題 lemmas）とは、ギリシア語で「2つの角（つの）」を意味する。2つの選択しかない。そうであるか、そうでないか。そうあるべきか、そうあるべきではないか。真実か虚偽か。いや、本当のところは、唯一の選択しかない。ジレンマのあいだに1本の道を見つけ出すこと。そのほうが、この言葉の原義に近い。

　それにしても、「101」とは。ずいぶんたくさん倫理のジレンマがあるものだ。これだけあれば思いつくところ、主要な問題を取り上げるには十分だろう。事実、数多くの問題をここで議論していくことになる。とはいえ、倫理は深い井戸のようなもので、バケツを下ろし始めたら最後、それが底まで届いたことを知らせてくれるサインはない。私たちは人間の心の深みに潜っていく……。いや、むしろこう言ったほうがいい。それぞれのジレンマはバケツに入れた水であり、私たちは倫理的に問題の多いこの世界のなかで、「101」のジレンマをサハラ砂漠に撒（ま）くようなものだろう。

　人間の本質に関する古典的な問いがある。私たちは性善なのか、それとも性悪なのか。それは分からない。生命はいつ始まり、いつ終わるのか。不確かなことだ。条件や状況による。倫理的に絶対に正しいこと／間違っていることはあるのか。私たちは、そう考えたい。少なくとも私たちのバケツは、重要な問題をさらうことができるだろうか。イエスとは言え

ない。適切な問題を提起することさえ……。これだけの「大作」をもってしても、それではどのように倫理的に生きていくかということに、まるでアプローチできていないからだ。

　そう言うと、ずいぶん意気消沈させてしまうかもしれない。しかし、肝心なことは別のところにある。この本もそうだが、倫理学が目指しているのは、ルールブックでも励ましの言葉でもないのだから。倫理学の目的はむしろ、私たちが生の航路を進んでいくための術を磨くこと、古代の中国人たちが「タオ（道）」と呼んだものを見つける手助けをすることにある。正義の本質について述べたプラトンが、答えを見つけた人のことを、目的地に至る道を知る旅人として描いているのは偶然ではない。それとは反対に、見知らぬ土地で迷っている私たちは、中途半端な道標や生半可な知識に頼っている……。

　倫理を学ぶことが一つの旅ならば、自分だけの目的地を探せば十分というものではない。そのような思い違いをして旅に出ている人が多い。違うアプローチが必要なことを、古代の哲学者たちは理解していた。彼らの倫理学とは、世界をもっとも調和したものにするには、どのように世界を組織していけばよいのかを知ることだった。世界を有機体とみなし、どのように世界の「正しい秩序」（その健康と幸福）を確実なものにするかを学ぶことだった。だから倫理学は、まさに実践的な学問、それどころか政治的な学問だった。以来、倫理学には様々な哲学的立場が登場してきたが、誤解のために間違った名前を与えられてきたにすぎない。倫理学の中心には正義（ギリシャ語では「dikaiosyne」）の探求があった。法律というよりも道徳における正義であり、「知恵」に密接に結

びついていたのである。

　正義の探求はマルクス主義者たちも好むところだが、マルクスとエンゲルスは倫理を上部構造の神話構築、ブルジョワジーの欺瞞と片付けていた。マルクスはこう吐き捨てている。「哲学者たちは世界を解釈してきたにすぎない。肝心なのは世界を変えることだ！」今日、左からも右からも、絶えずこうした侮蔑の叫びがこだましている。しかし、マルクスはここでも間違っていた。倫理とは、たんに世界の「結果」ではない。倫理は根源的な「原因」なのである。

　倫理に文句をつけたのはマルクスとエンゲルスが最初ではないし、唯一でもない。ソクラテスは同時代の「倫理学者」の努力を馬鹿にしていた。17世紀にはトマス・ホッブズが、偉大な哲学者たちの誰一人として断固とした倫理を持っていないのは馬鹿げたナンセンスだと述べている。20世紀前半には論理実証主義者たちが、倫理という概念全体を「認めがたい」ものと規定した。倫理に対して哲学者たちが次々と罵声をあびせ続けてきたため、今日では倫理といえば、私的・公的な意思決定を真面目にするときの障害物と考えられることが多い。

　もちろん、哲学という「心もとないもの」に従わなくても、意思決定の参考になるものは他にたくさんある。宗教、そして言うまでもなく占い。これは最古の「倫理学」である（『易経』は、「美徳の人生」のための世界最古のガイド）。無数の倫理を凝縮した物語もある。社会によって構築された価値観についての「科学的」分析もある。善悪を結局決めるのは経済だという実利主義さえある。しかし、どれも哲学ほど深い探求には至ることができない。

多くの哲学者たちが倫理から政治を除外しようと努めてきたが、倫理と政治はコインの両面のように不可分である。「人間にとって最高の善を探求するのは政治学である」と、アリストテレスは述べている。「世界正義運動(グローバル・ジャスティス)」を推進するスーザン・ジョージの言うように、倫理学／政治学は「不当に論争的、偏向的、党派的」かもしれないが、私としては「むしろそれを望んでいる」と応えるしかない。なぜなら倫理学は、同語反復や論理学や数学ではないのはもちろんのこと、陳腐な意見をめぐる探求ではなく、困難な選択、つまりジレンマをめぐる探求なのだから。善悪に関して完全に中立であろうとする人々がたくさんいる。倫理学を純粋な概念操作に変えてしまおうとする人々も多くいる。「メタ倫理学」なる新種の「階層」まで作り出そうとして……。だが、まず倫理とは何かを示すことができないのに、どうして「倫理学以後」を作り出すことができるのだろう。世界から「善悪」の問題を抜き取るのは、どう考えても、不毛な行いである。世界にはリアルなジレンマがあり、そこで決断をしなければならないのが現実なのだから。

　どうリアルなのか。どのような決断なのか。大きな決断なのか、それとも小さな決断なのか。もっとも、多くの場合、大きな決断は小さな決断の積み重ねである。シャーロック・ホームズが語るように、「小さな事柄は遥かに最重要というのが、僕の変わらぬ公理なのさ」(『花婿失踪事件』)。確かに、1945年8月、B-29爆撃機「エノラ・ゲイ」に原子爆弾を積んだ男は、小さな決断を積み重ねたすえに、ある「小さな」決断をした。それによって、その日のうちに数十万の罪なき人々を殺すことになった。しかし、原子爆弾を積むこと自体

は「小さな」決断だったのであり、その「善悪」は明らかではない。(毎日、彼は飛行機に色々な物を積んでいたのだから!)倫理学がリアルな問題をすっかり見逃してしまうことは、あまりにも多い。

少し立ち止まって、この大問題を見直してみよう。これは史上最大の決断と言えるだろう。原子爆弾を落とすか、それとも落とさないか。女たちや子供たちもいる都市に、原子爆弾を落とすべきなのか。学童や幼い子供たちもいるというのに。老人や障害者、そして病気の人たちもいるというのに。それも運命なのだろうか。それとも……。

1945年の春、アメリカ合衆国の空軍［当時の陸軍航空軍］は日本の都市すべての空域をほとんど制圧。ナパーム爆弾を雨あられのように落とし、東京など多くの都市の木造家屋を焼き払って火の海にした。日本人は残虐で冷酷な敵ということで、無数の犠牲者——軍人よりも市民のほうが多い——には何ら配慮や同情が払われなかった。そう、彼らは「動物」として扱われたのである。松井稔監督の記録映画『日本鬼子リーベンクイズ——日中15年戦争・元皇軍兵士の告白』(2000) のなかで元日本軍兵士たちが語るように、日本軍は男も女も子供も乳幼児も虐殺した。しかし、第2次世界大戦の戦勝国は、モラルの低下した敗戦国と同じことをしようとしていたのではないか。

日本の国民が足下にいる。戦勝国は自らの優れた価値、慈悲、そして人間性を示すときである。ところが、国防長官が議長を務める軍部の「暫定委員会」は、開発したばかりの原子爆弾の使用を検討するために会合を行った。名前を伏された委員会のメンバーたちの前には、マンハッタン計画に関す

る科学者の報告書があった。報告書は原子爆弾の使用に警告を発していた。アメリカ合衆国がこの「パンドラの箱」を開けてしまったら、それを閉じることは二度とできない……。アメリカ市民とは異なり、委員会は知っていた。日本が戦争に負け、最後の最後まで「神風」による徹底抗戦を図るどころか、すでに降伏の条件を模索しているということを。それでいて彼らは、原子爆弾を投下するように勧告したのである*。

　* 1946年7月の合衆国戦略爆撃調査の公式記録は、「原子爆弾を投下しなかったとしても、日本は降伏していただろう」と記している。この件に関しては例えば、R・J・リフトン＋G・ミッチェル『アメリカの中のヒロシマ』〔岩波書店〕（1995）を参照のこと。また、原子爆弾投下をめぐる事実に関しては、スヴェン・リンドクヴィスト『爆撃の歴史』(2001) Sven Lindqvist, *A History of Bombing* も参照した。愕然とさせる記述がそこにはある。また、本書『倫理問題101問』巻末の「出典の註釈」78〜81（戦争倫理）の項目も参照願いたい。

　もちろん原子爆弾を投下する場所は、どこでも構わないというわけにはいかない。それはあまりに非倫理的だろう。けれども、例えば山に捨てるわけにもいかない。より良いのは……と彼らは決めた。「たくさんの労働者をかかえ、労働者の家々が近くにある重要な軍需工場の上に。」

　合衆国の海軍次官ラルフ・バードは、この決定に抗議して辞職した。新型兵器の壊滅的な威力を、日本に対して少なくとも警告すべきだと彼は考えたのである。1945年7月17日、ニュー・メキシコの砂漠で原子爆弾の実験が成功した翌日には、原子力関係の科学者たちの決断があった。原子爆弾を使

用しないように大統領に請願しようと、彼らは決めたのである。(おそらくトルーマン大統領は、その手紙を読んでいない。手紙は軍部に回ってしまった……。)そのうちにアメリカ合衆国と英国は、ポツダム宣言の一部として、「無条件」降伏しなければ、日本は「即刻壊滅」に直面すると大きな警告を与えた。そして、脅迫のように響くこの最後通牒は拒否された。

1945年8月6日、朝のラッシュ・アワーのピークの時間に、日本の第5の都市の中心にある「島病院」の約600メートル上空で、世界最初の原子爆弾が爆発した。60秒のあいだに巨大な火の玉が10万人を焼き殺した。

新型爆弾は民間人の死を避けるために選ばれた「重要な軍事基地」の上に投下されたと、トルーマン大統領は発表した。しかし、その1ケ月後、連合国に占領された日本から密かに持ち出された報告書には、それとは異なる状況が描かれていた。

犠牲者たちは痩せ衰えて死んでいった。爆心地にはいなかった人々さえ、病気になって死んでいった。原因不明のまま健康が悪化していった。人々の食欲は失われ、頭髪が抜け落ち、体には青みを帯びた斑点が現れ、鼻や口や目から血が流れ始めた。私たちはビタミンを注射することにしたが、針に刺されたところから、体の肉が腐っていった。どの患者も亡くなっていった。

だが、アメリカ合衆国は独自に報告書を発表した。ある報告者によれば、原子爆弾が爆発するのを見れば、「その素晴らしく生き生きとした造形に、彫刻家なら誰でもそれを創造

したことを誇りに思うだろう」という。「超自然的なものが顕現した」ように感じるほど、尋常ならざる力を備えた造形……。ある司令官は議会でこう断言した。派遣された科学者たちによれば、広島には放射能の痕跡は何も発見されず、何れにしても、放射能汚染は「非常に快適な死に方」である、と。このように、事実に反することを述べる者は少なくない。誰であっても、自分の都合によって事実を曲げるべきではない。けれども、緊迫した事態のときには、どこに事実があり、何に価値があるのかを見極めるのも難しい。

そこで今度は、有名なアメリカ人ゴルファーのボビー・ジョーンズのジレンマについて考えてみよう。彼はあるホールでボールを思わず叩いてしまったのだが、誰もそれに気づかず、トーナメントの優勝者として祝福されようとしていた。けれども、彼自身は知っていた。彼は自分のスコアに2打加えなければと主張して、優勝を逃すことになった。準優勝の賞品を渡したトーナメントの役員たちは、彼の倫理的な態度を称賛した。しかし、それに対して彼はこう応えた。「ナンセンス！　銀行強盗をしなかったからといって、褒めているも同然だ！」

ボビーは正しい選択をしたのだろうか。イエス！　しかし、間違ったことを「しない」からといって、その人を褒めるのはナンセンスであると彼は言っていることがポイントだ。ほとんどの人は、ほとんどの時間、正しい理由で、正しいことを「している」。そして静かに時間はすぎていく。それを考えると、「過ち」に集中する倫理学——なぜ人々は過ちを犯したのか、過ちとは何か、過ちは本当に存在するのか等を問う倫理学——が多いのは不幸なことだ。実践の倫理、リアル

な倫理、行為の倫理を犠牲にして、「倫理的理性」にフォーカスしてきた結果である。本当のところ倫理には、あらゆる技法が含まれている。耳を傾けること、応じること、感情移入すること、接点を見つけ出すこと……。

厳格な規則に従うような倫理は、何世紀にもわたって哲学者たちが大いに好んできたが、快く生きるための処方というよりも、偏屈・不寛容・苦しみの処方だった。「良心をもって冷酷に人に当たることがモラリストの喜びである」とは、哲学者バートランド・ラッセルの言葉。本書『倫理問題101問』は従うべき厳格な規則を与えようともしないし、感銘を与える高尚な言葉で締めくくりながら、諸問題に対して権威の高みから裁いていくつもりもない。それと違う道を取ることによって、倫理が有益なものになると私は望んでいる。

使用上の注意

哲学は行為である。思考「実験」と考えることもできるだろう（論理のループやパラドックスのような、思考実験そのものの例もある）。そのため、この本が提起するジレンマや議論を、受動的に受け入れるべきではない。哲学や倫理学の知識を得るためならば、それを丸暗記すればいいかもしれない。しかし、それは哲学することではない。書物は批判的に読む必要がある。前提を問うたり、議論に異議をとなえたりしながら。それが哲学者の印である。もっとも、それは詭弁家や衒学者（派手な言葉を使ったり、重箱の隅をつついたりして、人々を煙に巻くのが好きな人たち）の印でもある。そのため、ここで2、3の注意事項を述べておいたほうが良いだろう。

1 「○○であるべきだ！」と決めてかかったまま、この本を読み終えようとする誘惑に抵抗してほしい。ジレンマをひとつひとつ、あるいはグループごとに、じっくり考えながら読んでほしい。
2 具体的な問いを、「論理的」形式に分解して終わりにしないように。それをした私の友人は「いかれて」しまい、今はつまらない「企業統治（コーポレートガバナンス）」を教えている。
3 最後に、これを読んだからといって、生徒や子供や知人に、一度にたくさん問題を投げかけてはいけない。本書を丸ごと投げ与えて、面倒な宿題にするのも好ましくない。哲学には、疲れて意欲を失ったときよりも、心に熱意があるときに、アプローチしたほうが良いのだから。

『倫理問題101問』には、本当の話もあれば創作された話もある。哲学的な理論や考察も交えながら進んでいく。解答が用意された論理クイズの本ではない。それは倫理とは関係がない。本書に収められたのは「101」のモチーフ、あるいは思考「実験」である。それぞれ独立して読むことができる。考えることができる。ゆっくりと読み進めていってほしい。後半の「議論」のパートは完全に無視しても構わない。「議論」は解答ではなく（そう見えるのも避けがたいとはいえ……）、読者との対話を進めるためにある。あなたにとって「認めがたい」ような「政治的」主張や事実が書かれていたとしても（それは、ほんのエピソードかもしれない……）、『倫理問題101問』を嫌って放り投げる必要はない。結局、それは倫理に逆らうことだろう。しかし何はともあれ、倫理学が自己正当化

を偽装する言葉に陥って、何の実践にも関わることなく、誰も倫理を実際に用いることがなくなってしまったら、これほど無用で自滅的なこともない。他人を助けるのは善であり、他人を害するのは悪だとしても、「良いことは良いこと」、「悪いことは悪いこと」という発言は、何か心地よい響きはしても、人々を本当に納得させることはできないだろう。私たちは「分析的真理」を超え、倫理を議論するリアルな場面に身を置かなければならない。

　本書を最も「美味く」するには、「ジレンマ」のパートを最初に読んでいただき、「議論」のパートはデザートにする。ジレンマを「解決」するというメインは、あなた自身が料理する番だ。最も重要で、最も興味深いパートは、そこから始まる。

問題

初めに4つの厄介なジレンマ

ジレンマ 1 救命ボート

 魚雷が戦艦「北方精神(ノーザン・スピリット)」のエンジン室を破壊。戦艦は瞬く間に沈み始めた。「船を捨てて逃げろ!」と冷酷無情なフリントハート船長が叫ぶ。だが、もうこれ以上、救命ボートは残されていない。仕方なく大勢の船員を詰めこんだボートは、舳先(へさき)に船長を乗せて、沈んでゆく船から何とか離れようとしている。大西洋の冷たい灰色の海は、助けを求める悲壮な叫び声であふれている。

 これ以上の船員を乗せれば、この小さなボートが転覆して、すでに乗っている人間の生命まで危うくしてしまう……。その危険に直面したとき、さらに1人でも多くの船員を救い上げるべきだろうか。

ジレンマ 2 さらに沈んでいく

 フリントハート船長は何やらラテン語で独り言を呟(つぶや)いたと思うと、有無を言わせず、「停止するな!」と厳命を下した。救命ボートに乗った船員たちの口からは、アングロサクソンの言語で、「殺人鬼」「薄情者」「船長がボートから降りるべきだ」という呟きが漏れる。しかし、船員たちは船長の命令に従うのが習わしだ。すると、海に浮んでいた船員の一人が、ボートに這(は)い上がろうとしてきた。給仕の青年トムだ。彼は

凍える両手でボートの縁に何とかしがみつき、最後の力をふり絞って、甲板に上ろうとしている。その重みでボートが大きく傾いていく！

　トムのいちばん近くにいた料理人バートに向かって、フリントハート船長が後方から叫ぶ。「奴を叩いて海に戻せ！」
バートは命令に従うべきだろうか。

ジレンマ 3　心理学の実験

　スタンフォード大学の心理学者フィリップ・ジンバルド博士は 1971 年、普通の大学生をボランティアとして集め、グループを 2 つに分けて実験を行った。片方のグループのメンバーは、「人格を奪われた」。名前ではなく番号で呼ばれ、作業服で身を覆い、頭には覗き穴の開いたフードを被らされた。「囚人」になって、特別に作られた模型の収容所に入れられたのである。もう片方のグループも、同じように「人格を奪われた」。制服を身に付け、番号を割り振られた。こちらは「監視人」になった。

　監視人には「囚人」を管理する役割が与えられた。すると夜遅く秘密裏に、その権力が乱用されていった。監視人たちは「囚人」を裸にして調べ、違反を捏造し、便器を素手で掃除させるなどの罰を加えたのである。そして日中は、「囚人」に悪口を浴びせかけ、嘲笑の対象にした。

　ビデオテープの記録によって判明したのだが、1 週間も経たないうちに、監視人の態度があまりにサディスティックで暴力的に変わったため、この実験は急いで中止しなければならなくなった。学生たちの過剰な行動に、ジンバルド博士自

身の名声も危うくなった。彼は後日、弁解気味にこう述べている。「彼らは皆、反戦派だったが、ナチのようになってしまった。」

人間は過ちを犯しやすいとはいえ、反戦派とナチの違いは、それほど小さなものなのだろうか。

ジレンマ 4　習慣は王様

最初に「習慣は王様」と見抜いただけでなく、何事にもまして習慣が王様であるべきだと結論を下したのはヘロドトスである。今日では、人類の研究の進展によって、もういくつか歴史の「定数」が発見されている。そこで、国連人権宣言にも勝るような、「習慣から見た生の基準」を私たちの手で作成することができるだろう。

結局のところ倫理を拘束しているのは、共同体のメンバーが相互に負うべき権利と義務の網目である。それならば、人間社会の長い歴史の中から、基本的な倫理信条を抽出するよりも、つまり、良い人生を求めてそこからスタートするよりも、良い方法があるだろうか。

人類の習慣から見た人権の基準
1　あらゆる巧妙かつ残酷な手段を使い、他人を拷問・殺戮する根本的権利を、我々は擁護する。
2　奴隷を所有する権利を剥奪することはできないと、我々は主張する。専ら奴隷に適している人間がいることを、我々は宣言する。
3　いかなる理由であれ、生まれたばかりの子供を殺す当然

の権利を、我々は主張する。
4 老人や体の不自由な者を殺し、その肉を食べる権利を、我々は要求する。

　もちろん、まだいくつか追加すべきことはあるだろう。だが、「正しい」方向への1歩であることは間違いない。それとも、これでは1歩後退だろうか。

3つの個人的ジレンマ
（ビジネス倫理の講義が役に立つかもしれない……まあ、おそらく）

ジレンマ5　インターネット・ショッピング

　思い切り効率の悪いインターネット・ショップで、あなたは新しいコンピュータを買った。商品が届くと、請求書には「支払い済み」とある。まだ、あなたは支払いをしていないにもかかわらず。「現金郵送」のオプションをクリックしていたのだが、郵送を忘れていたのだ。さて、どうしよう。
　うまくインターネット・ショップに気づかれなければ、黙っていても……。それとも、すぐに連絡して、小切手を郵送するか……。

ジレンマ6　トースター

　サムの同居人は、値のはる「アイディア商品」が大好き。パンに天気のマークを焼きつけるトースターや、太陽発電で

動く庭の噴水などなど。ところが、トースターはパンの真ん中だけが焦げて、あとは生焼けなので、戸棚に仕舞ったまま。噴水は1日使ったら故障して、池の底に沈んだまま。

そんななか、コンピュータで登録した同居人に宛てて、変わり種の商品を高値で売る通信販売の店から商品カタログが郵送されてきた（請求していないのに……）。

同居人が惑わされないように、サムは黙ってカタログを処分してしまうべきだろうか。それとも、同居人が家に戻ったらカタログを渡して、次の「大失敗」を受け入れるべきだろうか。

ジレンマ 7　嘘つき

可哀想なジャメル。ボーイフレンドのバーナードは、この数日、エセルと一緒に時間を過ごしてばかりいる。「2人の間に、何かあるのでしょう？」と、ジャメルはバーナードに尋ねた。心配というよりも、自分の存在を思い出して欲しいと思ったのだ。

実のところ、バーナードはエセルと関係を持っていた。それでも彼は、それを「本気」と思っていなかった。エセルは結婚している。それに、最近のジャメルとのあいだにはボタンの掛け違いがあるにせよ、もともと自分はジャメルと深い仲なのだから。彼は嘘をつきたくはなかったけれども、ジャメルを傷つけたくなかった。歯軋りしながら、彼はニーチェの格言を思い出した。「嘘は人生の必需品である」。嘘は「実存の恐るべき不確定な性質」の一部である……。バーナードは「もちろん何の関係もない」と答え、彼女にキスをした。

すっかりジャメルは安心した。そのうち、バーナードとエセルは2人の関係に飽きてしまった。そして、この問題のことを考える人は誰もいなくなった。
　バーナードは正しいことをしたのだろうか。

堕落が始まる─────────────

ジレンマ8　残酷の第1段階

「動物は機械にすぎない」。これが今日の講義のタイトルである……。
　デカルト先生は白いコートを身につけ、大きなナイフを研ぎ始める。大きな「アフリカ猿」(実はチンパンジー)が、デカルトの目の前のテーブルに乗せられている。
「ここで心臓と動脈の運動について説明を述べたいと思います。これらは動物のなかに観察される運動のなかで、第1の最も一般的な運動ですから、他のすべての運動についてどう考えるべきか、これらの運動から容易に判断できるでしょう。この問題に関して私の述べるところを理解しやすくするために、解剖学に精通していない人々は、肺を持つ何かしらの大きな動物の心臓を目の前で切り分ける労をとっていただきたいと思います。あらゆる面において、人間の心臓に十分似ていますから。そして、心臓のなかの2つの部屋ないし窪みを実地検分していただきたいのです。」
　そのようにデカルトは言うと、ナイフを獣に入れていく。ぞっとする叫び声が響く。脈を打つ心臓が誇らしげに取り出

されるまで、解剖は続いた。

（少し息切れしながら。）「数学的証明の効力を知らず、もっともらしいだけの論拠から真性な論拠を区別することに慣れていない人々が、これまで述べてきたことを、吟味することなく否定する危険がないように、次のことをよく知っておいていただきたいと思います。私が説明したばかりの運動は、

しかし、これが第1段階ならば、第2、第3、第4段階は何なのだろう……。ウィリアム・ホガース『残酷の第1段階』(1751) Archiv für Kunst und Geschichte, Berlin (ベルリン芸術歴史文書館)

心臓に見て取ることのできる器官の配置と、指で感じることのできる熱と、実験によって学ぶことのできる血液の性質から、必然的に生じるということです。」

デカルトは心臓を教室で巡回させる。「これは時計の運動が、分銅と歯車の力、位置、形から生じるのと同じです。」
デカルトは黒板に戻り、手をコートで拭うと、熱心に書き始め、講義モードに入る。

「私は以前に発表を意図した論文のなかで、これらの問題をすべて詳しく説明しました。それ以後、私は次のことを示してきました。人体に含まれる動物精気が各部を動かす力を持つためには、神経と筋肉の組織は、どのようなものでなければならないのでしょうか。頭を切り落とされた後でも少しの間、動物の頭が動くように、……」

デカルトは再び証拠を見せようと猿に近づいたが、考えを変えて講義を続ける。

「……もはや生気を失っているにもかかわらず、まだ動いて土を嚙むのが観察されるように。覚醒や睡眠や夢想を生みだすためには、どのような変化が脳のなかに必要とされるのでしょうか。光、音、匂い、味、熱、および外界の対象に属す他の性質は、感覚の仲介によって、どのように脳へと様々な観念を刻みこむことができるのでしょうか。飢えや渇きなどの体内の情念が、どのようにその印象を脳へと伝えることができるのでしょうか。こうした観念を受け取るような共通感覚と見なすべきものは、何なのでしょうか。そうした観念を保持する記憶とは、何を意味するのでしょうか。そうした観念を多様な仕方で変化させ、新しい観念を構成することのできる想像力とは、何を意味するのでしょうか。この想像力は、

堕落が始まる　031

同じ方法によって、筋肉を通じて動物精気を分配しながら、身体の各部を多様な仕方で、また、感覚に提示される対象や、体内の情念に適応する仕方で運動させることもできます。これは私たち自身の場合でも、同じように起こることです。」

まったく素晴らしい講義。特に動物の心臓周辺を突(つ)いて、呼吸のメカニズムを観察するアイディアは秀逸だった。ところが、1人の学生が手を上げる。

もちろんデカルト先生、あなたの議論は人間にも同じように当てはめなければいけませんね？

ジレンマ 9　第 2 段階──自由意志

デカルトは戸惑っているように見える。そこで私が「黒子」になって、こう続ける。「……身体の各部を多様な仕方で、また、感覚に提示される対象や、体内の情念に適応する仕方で運動させることもできます。これは私たち自身の場合でも、同じように起こることです。……私たちの自由意志を除いて。」

すると教室の空気が和らいだ。彼らは「自由意志」という概念に慣れ親しんでいた。何とも捉えがたい概念だが、これがないと始まらないように思えた。デカルトは自分が好きなテーマに戻り、「機械としての人間」というタイトルの下に、循環系の入り組んだ図を描いていく。まだ発明されていない蒸気機関のように、興奮して息を弾ませながら。

「各々の動物の身体には無数の骨、筋肉、神経、動脈、静脈、あるいは他の部分があるのに比較すれば、わずかな部品しか使うことなく、人間の努力によって、多種多様な〈オートマ

トン〉あるいは運動機械を作ることができると知っている人々は、これを不思議と思わないでしょう。この観点からして、人間の身体とはまさに、神の手によって作られた機械、そう、人間に発明可能ないかなる機械よりも、比較にならないほど巧みに組み立てられ、はるかに驚くべき自動運動を備えた機械と見なせるのです。」

あえて言うというわけでもないが、「自由意志」のようなものが本当は無いとすれば、人間と動物の違いは何なのだろう。

ジレンマ 10　第3段階── 2 つの基準

しかし、デカルト先生の講義はまだ途中。自由という目に見えない概念を持ち出さなくても、彼は人間と非 - 人間を区別する基準をまだ持っている。黒板の文字を叩き、時折、息をきらせながら、彼は講義を続ける。

「ここで私は特に立ち止まって証明したいことがあります。猿でも理性のない他のどんな動物でも構わないのですが、同じ器官と外見を備えた機械があるとしたら、機械が動物と同じ性質を持っていないことを確かめる手段を、私たちは何も持っていないはずです。他方、私たち人間の身体に似ていて、私たちの行動を可能なかぎり真似する機械があったとしても、だからと言ってその機械が本物の人間ではないと認識できる、非常に確実な基準が2つあることに変わりはないはずです。」

第1の基準：私たちは自分の考えを他人に伝えるために言語や他の記号を使いますが、この機械はそれらを使うことが決してできません。

「機械が言葉を発することができるように、しかも、部品に

変化をもたらす物理的働きかけに対して何らかの応答をするように、機械が組み立てられていることを、私たちは容易に理解できます。例えば、私たちが機械の特定の部位に触れば、私たちが何を言いたいのかと尋ねてくるかもしれませんし、別の部位に触れば痛いと叫ぶかもしれません。しかし、どんなに低能な人間でもできるように、目の前で何を言われても適切に応答しようと、機械が色々と言葉を並べるようなことは決してありません。そして第2の基準は……」

「機械には私たちと同じくらい、あるいは私たちの誰よりも上手くできることがあるにしても、他のことでは私たちに間違いなく敵わないということです。それを考えると、機械は知識によって行動しているのではなく、ただ部品の仕組みによって動いていることが分かるでしょう。」

「理性はどのような不測の事態においても役に立つ普遍的な道具ですが、機械の場合には、一つ一つの行動に特別に適合するような部品が必要なのです。ですから、理性が私たちの行為を可能にするのと同じように、生活すべての出来事に応じて機械を動かそうと、機械のなかに十分な仕掛けを施すことは、実際のところ不可能だということになります。」

満足したデカルト先生は、熱心な聴衆を見渡す。

「この2つの基準を用いれば、私たちは人間と獣との違いを認識することもできるでしょう。色々な言葉を一緒に並べ、自分の考えを伝えるための文章を作ることができないほど、頭が悪く愚かな人間など、よほどの間抜け者であってもいないのは、とても注目すべき事実です。他方、他の動物ならば、どれほど完全で恵まれた境遇にいたとしても、同じことができるものはいません。これは動物に器官が欠けているためで

はありません。なぜなら、カササギもオウムも私たちとまさに同じように言葉を発することができても、私たちのように、つまり、自分の言っていることを自分で考えている証拠になるように、話をすることはできないのですから。」

デカルトは前屈みになる。

「これに反して人間は、生まれつき耳が不自由だったり話すことができなければ、獣と同じくらいに、あるいはもっと話をするのに必要な器官を損ねていますが、それでも何らかのサインを出して、自分の考えを伝えようとしますし、まわりの人間も彼らの言語を理解しようとすることもできるのです。こうしてみると、獣は人間にくらべて理性を少ししか持っていないどころか、まったく持っていないことが分かります。話をすること自体には、ほとんど理性を必要としないのは明らかなのですから。」

「何か質問は?」とデカルト。沈黙。しかしそれでも、活気のある学生のなかには疑問を抱く者もいる。動物にしても仲間と互いに意思伝達をしていると、彼らは考えた。デカルトのいう第2の基準、すなわち、動物は特定のものにしか適応しないのに対して、人間はどんなものにも対応する能力を持っているという基準にしても、説得力が弱いように思える。

人間世界と動物王国の溝は、煎じ詰めれば、こうした疑問の余地ある想定にしかならないのだろうか。

ジレンマ *11* 最終段階──不死の魂

デカルトはもう1枚のカードを掲げる。それは彼の切り札だった。

「人間のあいだに不平等があるように、同じ種の動物のあいだにも不平等があることが認められ、あるものは他のものよりも学習能力があることが見て取れるのですが、猿やオウムのなかで最も優れたものを選んだとしても、人間の子供のなかで最も愚かな者、あるいは精神が曇っている子供であっても、これに匹敵することはないのです。獣の魂は私たち人間の魂とは、まったく異なる性質を持っているのではないかぎり、それは信じられません……」

デカルトは黒板に戻り、毛皮の切れ端で黒板を拭き、要点をまとめる。

「私は理性のある魂について述べてきました。そして、魂は他のものと違って、物質の力によっては、いかにしても生じることはありえず、特別に創造されなければならないことを示してきました。また私は、船員を動かす船長のように魂が人体に配備されているだけでは、手足を動かすだけなら別かもしれませんが、十分ではないことを述べました。私たち自身と同じような感覚と欲求を持ち、本物の人間を形成するためには、魂が身体により緊密に合わさって一つになる必要があることも示しました。つまり、ここで私は少しばかり魂というテーマについて議論を深めてきたのですが、それは魂こそ最も重要な問題の一つだからです。」

「神の存在を否定する人々の過ちを、私はこれまでさんざん指摘してきたのですが、それに劣らず、獣の魂が私たちの魂と同じ性質であると思い描いている人々の過ちもまた、弱い精神の持ち主を美徳のまっすぐな道から逸らせてしまうのです。このような人々は、人間とハエやアリの違いを認めないので、私たちもまた死後のことを怖れたり、死後のことに希

望を持ったりするには及ばないと考えています。しかし、そこにどれほど大きな違いがあるのか知るならば、私たちの魂はその本性からして、肉体から独立しているということ、したがって、魂は肉体とともに死ぬのではないということを証明する理由を、はるかによく理解することになるでしょう。そしてまた、魂を滅ぼすことのできる他の原因が見当たらない限り、私たちは魂が不死であると判断するのが自然になるのです。」

　待った！　デカルト先生は自分の議論の強みを捨てたのだろうか。魂は幸福なことに肉体から独立して存在することができ、肉体をコントロールするというが、そのとき人間はまたもや機械に還元されてしまう。

その場合、人間が動物を殺すのと同じくらい自由に、人間が人間を殺すことに対して、どのような反論がありうるのだろうか。

古代のジレンマ

ジレンマ 12　ギューゲースの指輪

　羊飼いのギューゲースは素朴で礼儀正しい男だった。彼はリディアの王のために羊の群れを世話することが、何よりも好きだった。厳しい生活とはいえ、曲がることのない人生。しかしそれも、大きな地響きとともに、大地震によって大地が揺れたあの日までのこと。恐ろしい音が止まり、土煙が消え、ギューゲースが起き上がると、前方の地面に大きな亀裂

が口を開けている……。つい先程まで、羊の群れが穏やかに草を食べていた場所の近くではないか。あわてて羊を数えると、王の羊が1匹なくなっている！

ギューゲースが恐る恐る裂け目の縁から亀裂を覗(のぞ)きこむと、ずっと下のほうで羊が悲しげに鳴いているではないか。勇気をふりしぼって、彼は下に降りていった。すると怯えた羊は、さらに遠くの谷間へと逃げていってしまう。ギューゲースは歯をくいしばり、羊を追いかけていった。すると薄暗がりのなかに、何か巨大なものが浮かび上がってくる。馬のように見える。地下の牢獄から、地震によって解き放たれたとでもいうのだろうか。ギューゲースは仰天した。羊のことも忘れて近づいてみると、やはりそれは馬だった。疾走していきそうな長い足。しかし、その馬はすべて銅で作られており、眼は虚ろに薄暗がりを見つめていた。そして、その動かない馬の横には、何枚かの扉がある。その1つをこじ開けてみると、ああ、なんと恐ろしいことだろうか、死体らしきものが転げ落ちてくる。確かに人間のようには見えるが、人間よりも大きい。指には、これもまた大きな指輪が……。

すっかり怯えてしまったギューゲースだったが、これを発見した証拠に何か欲しいと思った彼は、指からその指輪を抜き取ると、急いで地上に駆け上った。すると大地は再び鳴動し始め、亀裂が閉じられた。ギューゲースは羊を置き去りにしたことを後悔した。他の羊飼いたちと一緒に、王の羊の様子を報告しなければいけないが、そのとき何と言うべきか心配でならない。

その日がやってきたが、ギューゲースの心配は消えない。彼は他の羊飼いたちと一緒に、出番を待つよりほかなかった。

不安そうに指輪を握りしめ、祈り始めるギューゲース。すると、彼は不思議なことに気づいた。指輪をひねると、何とその部屋にいる誰もギューゲースを見ることができなくなる……。彼が立ち去ってしまったと思って、人々はあれやこれや言っている。仰天した彼は腕を大きく回して、注意を引こうと試みた。しかし、誰もそれに気づかない。彼は透明人間に変身したのである。

王宮に到着したときには、あれほど謙虚に後悔していたギューゲースだったが、この指輪の力に乗じて、とんでもないことを思いついた。彼は王の台所から晩餐会のごちそうを盗み、宝石を狙って王宮の宝庫に侵入した。ますます大胆になった彼は、王の寝室にまで忍びこみ、女王を誘惑しにかかった。そして、2人して王を失権させようと陰謀を巡らせたのである。貧しい羊飼いにも、非常に優しい主人だったというのに……。翌日、ギューゲースは「見えなくなるマント」を使い、究極の報酬と栄華である王座を狙って、とうとう王を殺してしまった。

魔法の指輪は存在しないので、この思考実験には弱いところがある。しかし、もしも魔法の指輪が存在するならば、人々は一生懸命に働いて、正直に暮らしていくだろうか。それとも、ギューゲースのように悪事を働こうとするだろうか。

ジレンマ 13 聖アウグスティヌスの懺悔

感動的な言葉を溢れるほど書き綴ったアウグスティヌス (354-430) は、著書『告白』のなかで自らの罪を悔悟し、自らを叱責している。例えば彼は少年の頃、悪いことと知り

つつ梨を盗んだという。しかも最悪なことに、窃盗を享楽したと厳粛に語るのである。なんということだろう！　私たちの人生に与えられている時間は限られているが、ここでアウグスティヌスの告白に耳を傾けてみよう。

「私はここで自分の過去の不正と、肉欲による魂の腐敗を思い出してみたいのです。いまだに不正と腐敗を愛しているからではなく、私は神を愛しているからです。神の愛を愛するゆえに、私は自分の邪悪な生活を厳格に自己点検し、思い出そうと思います。そうすると、あなたの甘美さが高じてくるのです。欺くことのないあなたの甘美さ。幸福で安心するあなたの甘美さ。」

「我が家の葡萄畑の近くに、1本の梨の木がありました。果実がたわわに実っていたのです。しかし、色も香りも魅惑的ではありませんでした。ある夜遅く、いつもの悪癖で、私たち若いごろつき連中は、街路で遊んでいました。そして、梨の木を揺らして、その実を盗みました。私たちはたくさん梨の実を持ち帰りましたが、それを食べたのではなく、何個か少し味見をしたあと、豚にやってしまいました。禁止されているだけにより一層、私たちはこの悪行を楽しんだのです。」

「それが私の本心だったのです、神よ。それが私の本心だったのです。あの底無しの地獄にいるときさえ、あなたは憐れみを与えてくれました。見て下さい。私はあなたに告白します。無意味に勝手放題していたとき、私の心は何を求めていたのかを。邪悪なことに耽っていたのではなく、邪悪そのものだったのです。私は汚名を愛していました。堕落を愛していました。過誤を愛していました。何か目的があって過誤を犯したのではなく、過誤そのものを愛していたのです。堕落

した魂は、平静を失い破滅へと転がっていきます。何かを求めて恥知らずな行いをしたのではなく、恥辱自体を求めていたのです！」

「私たちが盗んだ梨は、あなたの創造したものですから、すべてお見通しのことだったでしょう。おお、比類なき美よ。おお、万物の創造主よ。おお、善なる神よ。最高善たる神よ、私の真性なる善よ！　あの梨は本当に見た目が麗しかった。しかし、私の悲惨な魂が欲したのは、梨ではありませんでした。もっと良い梨をたくさん私は持っていたのですから。私がそれを盗んだのは、盗みをしたかったからにすぎません。盗んだあと、私はそれを捨てたのです。罪を犯すことが、私の孤独な喜びでした。私は罪を享楽したのです。梨の一つが私の口に入っていたとすれば、盗んだものを食べるという罪の味が、その旨味のすべてなのです。ああ、私の神よ、あの窃盗のなかで、私にあれほどの喜びをもたらしたものは、何なのでしょうか。」

「これほどに捩れて錯綜した結び目を、誰が解くことができるのでしょうか。分かりません。思案するのも嫌なのです。見つめるのも嫌なのです。しかし、私はそれをしていきたいと思います。ああ、美徳のある眼のすべてに麗しい正義と純真よ。それは尽きることのない充足を私にもたらします。そして、完全な安息や不滅の生命も。そこに入っていく者は、神の喜びのなかに入っていくのです。怖れることなく、至上の美徳に到達することでしょう。私は転落していました。ああ、神よ。若いときの私は、本当に私を支えてくれるものから、あまりに遠くを彷徨っていました。私は不毛の土地の住人になっていたのです。」

古代のジレンマ

随分と思いつめた告白だが、それにしても、禁じられた果実を盗んだときのアウグスティヌスは、本当に悪いと知りつつ悪事を選んだのだろうか。

ジレンマ 14　黄皇への忠告

　古代中国の黄帝は、学識の優れた岐伯にこう尋ねた。「今日」（紀元前2,700年当時）の人々が昔ほど長生きしないのはなぜだろう、どのような処方ができるだろう、と。白髪混じりの顎鬚をたたえた岐伯はこう答えた。昔の人々は「道」を生活の指針として実践していたからです。陰と陽の流れや、絶え間なく永遠に変容する宇宙のエネルギーなど、森羅万象の調和の原理を尊重していました、と。

　岐伯は黄帝に忠告する。「ところが今日、人々は生活を変えてしまいました。水のように酒を飲み、情欲のまま事に耽り、腎［腎臓の中心に位置する身体の精髄］を漏らし、気［生命エネルギー］を枯らしています。人々は自らの気、生命力を保つ秘訣を知らないのです。感情的興奮と金銭的快楽を求めるあまり、人々は自然のリズムと宇宙の秩序を蔑ろにしています。生活の仕方、食事の仕方を整えることもできず、睡眠も適切ではありません。100歳を超えて健康に生きるどころではなく、50歳にして老いて見え、すぐに死んでしまっても、驚くべきことではありません」（記録に残る最古の医学書『黄帝内経』）。

　皇帝はこの忠告を鵜呑みにすべきだろうか。

ジレンマ 15　ストア派クリュシッポスの禁欲

　快楽は善だと言う人がいる。しかし、これはナンセンス。快楽は善ではない。
　恥ずべき快楽もある。恥ずべきものは善ではありえない。快楽は善だと言う人は、それを忘れている。
恥ずべき善もありうる?

ジレンマ 16　エピクロスの分別

「あらゆる善の起源と基本は、食の快楽にある。知恵や文化さえ、この快楽なしで済ますわけにはいかない。(……)美徳が快楽を与えてくれるならば、それを敬うべきだ。しかし、快楽を与えてくれないならば、それに別れを告げなければならない。」
「美しいものが何の快楽も生み出さないならば、私は美しいものも、美を無為に賞賛する人々も唾棄(だき)する。」
　結局、人生における唯一の定数は、弛(たゆ)まぬ快楽の追求である。不断の快楽の供給を保証する唯一の方法は、これを軽んじる人もいるのだが、満ち足りた心の状態に到達することである。刺激を求めるのは楽しいかもしれないが、ひと時のものだ。かたや、満ち足りた心は長期にわたることができる。
「おい!　好きなときに宴会が開けるように、チーズを届けてくれ。」
これはOK?

古代のジレンマ

ジレンマ 17　魂の大きな人

　教区の牧師が、ゆっくりと深刻な声で唱える。「今日、朗読しますのは第4巻からの言葉です。」
「自分が偉大なものに見合う価値があると考え、実際のところ偉大なものに見合う人は、誇り高いと考えられる。自分の身の丈を知らずにそう思っている人は愚か者だが、徳のある人は愚かではない。誇り高い人とは、これまで記してきたとおりの人である。小さなことにしか見合う価値がない人、あるいは自分でそう思っている人は慎み深いが、誇り高くはない。美には大きな体が付きものであるように、誇り高さには偉大さが付きものである。小さな人は奇麗で均整がとれているかもしれないが、美しいことはありえない……。」
「本当に誇り高くあることは難しい。高貴で善良な性質が欠けては、不可能である。そのため、誇り高い人の関心は主として名誉と不名誉に向けられる。彼が節度をもって喜ぶのは、善良な人々から与えられる大いなる名誉に対してである。自分に見合う名誉と考える場合もあれば、自分には不十分な名誉と考える場合もある。完全な徳に値する名誉などないのだが、人々によって与えられる最上の名誉である以上、彼はそれを受け取るのである。しかし、平凡な人々から、取るに足らない理由で名誉が与えられるなら、誇り高い男はそれをまったく受けつけないだろう。彼に見合うのは、そのような名誉ではないのだから……。」
　誰の言葉の引用なのだろう。あまり「徳のある」言葉のようには響かなかったのだけれど。

ジレンマ 18 魂の大きな人（天国篇）

　オリンピア山の丘にかかる雲の上に、ギリシャの神々と数人の哲学者が住んでいる。ある日、小柄なイマニュエル・カントが、端麗な友人アリストテレスと「尊大に振る舞う」ジャン゠ジャック・ルソーと一緒に、湖畔を散歩していた。アリストテレスは道々の植物や動物を愛で、その起源や目的や「原因」について考えを巡らす。ルソーは花々の香りを嗅ぎながら、あちこち駆け回る。自然から学ぶことはないと高慢に主張していたソクラテスの言葉を、蔑みつつ思い出しながら。楽しい情景である。ところが、この無害な哲学遊びの最中に突然、恐ろしい叫び声が響く。「ゼウス！　ゼウス！」

　ふやけた白い指でルソーが興奮して指差す。その先には、水面からは見えない急流の渦に、為す術もなく飲みこまれていく子供の姿が。「あそこを見ろ！　湖の渦巻のなかに奴隷の少年がいる。恐ろしい！」動揺した声で、こう続ける。「しかし、友よ、あそこの水はとても速く、深い！」事態の真相を突き止めようという意図が彼にないのは明らかである。

　ところが、カントはもうすでに水のなかに飛びこんでいた。奴隷の少年に向かって泳いでいくが、思うように進まない。水の流れは強い。カントの重い黒のガウンは水を吸いこみ、とてつもなく重くなっていく。数メートル進んだところでカントは乱流に捕まり、彼自身が危ない状況に。ルソーとアリストテレスに必死に手を振るが、カントは水面下に沈んでいく。どうするのが最善なのか、熱心な議論が闘わされる。

　アリストテレスは思慮深く頷いている。良く通る太い声で、

彼は動揺する友人に応える。
「小柄なカントよ、君は正しい。この湖を誰も泳ぎきれない理由を、身をもって見出したと言えよう！」だが、アリストテレスは意を決し枯れ木に歩み寄ると、力強い身振りで素早くいちばん大きな枝を折る。「何をしようとするのですか!?」とルソーが叫ぶ。カントと少年が渦に飲みこまれ叫びながら必死に格闘しているのを見ているだけの自分と、偉大な哲学者の行動とのあいだで、ルソーは引き裂かれている。アリストテレスはルソーの言葉には応じることなく、枝を持って水辺に戻ると、オリンピア競技祭の最強選手のように枝をカントの近くに投げ入れる。カントはその枝をつかみ、それを使って奴隷の少年に近づいていく。

しばらくして２人は無事に助かり、岸辺に戻ることができた。アリストテレスの冷静な行動を讃えるカント。自分自身の才気に高笑いしながら、アリストテレスはこう語る。「私はアトラース〔神罰によって天空を肩に担ぐことになった巨神〕の力強さを持つのみならず、投げ技の正確さは、ご覧の通り、タイタン〔ゼウスと闘った巨神〕を除けば右に出る者はいないのだ！」しかし、アリストテレスは自分のことだけでなく、高邁にもカントの善意を称える。カントが彼の通常の良識を押しのけ、自分の非理性的側面を見せたことをたしなめつつも。神妙な面持ちのカントは、自分の哲学の根本教義の一つを捨てて言う。「ええ、友よ、あなたは正しい。善意は十分ではありません。」

誰もルソーに声をかけなかった。自分自身の道徳的資質の欠如と、（晩餐のときにアリストテレスが高笑いして揶揄したような）自分の「女々しい度胸」に困惑したルソーは、その困

惑を隠そうと、奴隷の少年の濡れた体を衣服で包むのに忙しくしていた。

英雄は誰？

反社会的ジレンマ

ジレンマ 19 「e-Ville」への対抗

ロレンスとリナは株式会社「e-Ville」を嫌悪していた。「e-Ville 食品」、「e-Ville 林業」、そしてもちろん「e-Ville 自動車」……。2人は「e-Ville」を相当に嫌悪したので、「STUMP」という名前の闇の組織に加入していた。「STUMP」の目的は、巨大ビジネス（特に株式会社「e-Ville」）への抵抗運動を組織することだった。

「STUMP」活動家のための週末特別訓練の一つとして、彼らは巨大な敵である「e-Ville」のことを学習した。「e-Ville」の名は「de Ville」一族に由来するが、「インターネットに対応した」ビジネスの印象を強めるために、最近、「e」の文字が追加された。（「STUMP」も何かを意味していたが、正確なところは誰も知らないようだ。ロレンスは「多国籍企業の搾取を止めろ Stop Transnationals Uprooting」云々ではないかと思っていた。リサは「森林を守れ、市場の権力に抵抗して団結せよ Save Trees, Unite against Market Power」ではないかと最良の推測。）何れにせよ、「e-Ville」はアメリカ合衆国の外に拠点を置き（太平洋の離島に本社を置いて税金対策をするのみならず）、ブラジルと南アフリカを除けば、南アメリカ

やアフリカのどの国よりも大きな取引高を持っていた（そして、南アフリカを急速に追い抜こうとしていた）。「e-Ville」は多方面にわたって事業を展開していた。世界的競争力のあるブランドの一つは「リアル・ウッド」。「今日買わなければ、明日には無くなっているかもしれません！」という魅惑のコピーで、最高品質の樹木を「本物の熱帯雨林」と名付けて販売していた。建設業「e-Ville Dam-Roads」は、大規模な「管理された生態変化」——「e-Ville」のパンフレットによれば、最新の舗装技術を用いた河川全域のコース変更や広大な未開森林の開発——を伴う、数多くの巨大プロジェクトに関与していた。そして食品会社「GM食品」。製品の包装には、「最新の科学による改良食品」と大々的に記されていた。その巨大スーパーマーケットに並ぶ「希少でエキゾチックな野生の食肉」（猿、カンガルー、トラの足、そして時にはコアラ）に、ロレンスは最も我慢がならなかった。「マグロにやさしい」という触れこみの「イルカの缶詰め」にも、感情を害するところがあった。

　週末の活動家集会で、まばらに顎髭を生やした熱心な若者が説明をした。「第三世界にある e-Ville の子会社は、大規模な児童労働訓練計画にも関与しています。負債のある大人たちは、e-Ville の工場で子供たちが無償労働をすることによって負債を支払うという契約に合意してしまったのです。」すべて世間に周知の事柄であるが、それに反対する者は誰もいないようだ。市民による非暴力の抵抗運動によって、この状況を変えていくのが「STUMP」の役割だった。

　最初に「STUMP」が組織したのは、ニューヨークの「e-Ville」株主総会に合わせて行なう、大規模な「世界正義」

の行進。リナたちは花を身に着けた。「e-Ville」グループ（特に「GM食品」）の関与によって、動植物の生息地や種類が失われてきたことの象徴として。行進自体は大成功を収めた。ほとんど混乱もなく終わったことに、ニューヨーク警察さえ賛辞を寄せた。だが、「STUMP」の主導者たちは新聞報道を読んで落胆した。そこには長い行列の写真もなければ、「e-Ville タワー」の対面に座りこみをしたフラワーパレードの写真すらなく、「e-Ville」側の傲慢なコメントだけが掲載されていたからだ。抗議は「政治的に動機づけられている」にすぎず、消費者の選択を制限して「進歩」を阻むことは許されない、と。

次回はもっとうまくやる必要があると、「STUMP」のメンバー全員が合意した。たんなる行進や不服従の市民運動を超え、市民による動乱を起こそうと彼らはしていた。

ロレンスとリナのジレンマは、それが自分たちの掲げる非暴力の信念に反するのではないかということだった。しかし、活動家仲間たちが指摘するように、止まることなく「e-Ville」によって、もっとひどい暴力がふるわれていたのである。

だが、悪（evil）に対して別の悪（evil）で対抗するのは本来、「非倫理的」なことでは？

ジレンマ 20 **窮地**

次の「e-Ville」株主総会はロンドンで行われた。これが終わったとき、英国警察が「STUMP」を賞賛することは絶対にないだろう。法や体制の権力と闘うその日、

「STUMP」の突撃隊は行進の列から離れ、「e-Ville」グループの記念碑にスローガンをスプレーで書き殴り、窓を叩き割った。リナは「e-Ville」ビルのなかで「STUMP」の暴動に怯える雇用者たち（あるいは通行人？）を見て、申し訳ないと感じざるを得なかった。ロレンスは警察の馬に投げつけた小石を心配していた。また、「e-Ville 林業」本店への攻撃によって、経営者が心臓発作で死亡したことを知って、ショックを受けていた。しかし、後に活動家仲間たちが言ったように、殺害や傷害を意図したのではないのだから、その責任を負うことはできない。

　だがそもそも、人間や動物を傷つけることになれば、その抗議活動を正当化することはできない。少なくともロレンスにはそう思える。非暴力と傷害回避の原則は、「e-Ville」にも「STUMP」にも等しく適用しなければいけないと彼は考える。ロレンスは後日、リナにこう語っている。「君は非暴力を信じているのだろう？　もっとひどいどんな暴力が行われていたとしても、君自身が暴力的になってしまったら、暴力に暴力を重ねているにすぎない……。君は自分自身の道徳の基盤を失うよね？　それがガンジーの信じたことではなかったのかい？　世界を変えたいと思うなら、君自身がその世界を体現していなければ……。」

「e-Ville」の存続も結局のところ消費者次第なのだから、「e-Ville」に変化を求める市民の意見の影響力を期待して、平和な運動を続けようと、ロレンスは訴えた。しかし、リナは同意しなかった。とうとう、リナとロレンスは決裂した。「STUMP」は窮地に陥る（STUMPed）。

「ところで、あなたはどっちの味方なの⁉」とリサは金切り

声を上げた。ロレンスの古い書類の箱を窓から投げ捨てながら。

ジレンマ 21 分裂？

　その頃、「e-Ville」も明らかに動揺していた。一方で「e-Ville」は、公安機関による「STUMP」の厳重な取締りと、会社の国際会議が開かれる地区への関係者以外立ち入り禁止を要求していた。しかし同時に、「道徳的理由から不適切だと感じる地域社会」では、例の「野生の食肉」の販売を中止し、生産ラインの完全停止を検討中と「e-Ville」は発表したのである。（もっとも、その生産ラインは食肉が希少のため、会社の利益にとって重要ではなく、もともと停止の予定だったという説もある。）これ見よがしに「e-Ville」は、幾つかの他の部門においても、「環境監査」を導入することにした。

　リナには大勝利と思えた。「非暴力」などと言っても、それは権力側の人間が、抑圧されている人々を騙そうとする一種の詐術である。「非暴力」はインチキな道徳なのである。結局のところ、政府は自分たちの利益になるなら戦争をする。誰が名づけたか、「市民の不服従 ＋（プラス）」という新しいアプローチをリナは支持するようになった。ロレンスは仲間から外れていった。

　新しいアプローチは成功するのだろうか。

ジレンマ 22 激化

　それどころか、運動の成果を疑っているメンバーもいる。

グループの実質上のリーダーである「マッド・ドッグ」は、成功を口にする人々に激怒している。「e-Ville」の唱える改革は窓飾りにすぎないというのだ。「e-Ville」の組織は依然として存在し、従来通りに巨大ビジネスを展開し続けているのだから。錬金術の「賢者の石」を手に入れたような態度で、「マッド・ドッグ」は新しい教理を発表する。「暴力によってのみ、体制を変えることができる。」

激論の後、次の行動をめぐって「STUMP」の活動家は分裂。不意にリナは、急進派の論理を理解する（何れにせよ、「マッド・ドッグ」が怒るだけのことはあるのだから）。そして、「死のSTUMP」と怖れられている分派に加わり、株式会社「e-Ville」の経営陣に対して「直接行動」に出ることにした。リナは「死のSTUMP」の「補給部将校」になり、「e-Ville」のメガストアや役員の家に仕掛ける小爆弾を、(面白い皮肉なのだが) タバコの箱を使って製作する。

爆弾は電池を使って小さく点火させていた。ほとんどの場合、「被害」は標的の店舗の自動火災スプリンクラーによるものだった。数カ月内に、22余りの標的が「襲撃」された。会社の修理費は巨額に上ったが、「STUMP」の実行者6人が刑務所に入れられた。(幸運にも、「死のSTUMP」のメンバーはまだ逮捕されていない。) ある夜、「e-Ville」の取締役と彼の家族が火事に見舞われた。火は予想以上に早く燃え上がり、家は全焼した。1週間後には、「STUMP」による別の放火で屋根が落ち、1人の消防士が亡くなった。

「e-Ville」の取締役ではないのに巻き添えになった人々のことをリナは気の毒に思い、そうした気持ちを伝える新聞発表の準備を手伝う。しかし、自分自身を納得させるためには、

「STUMP」は第三世界のもっと多くの人々を救っていると功利的に考えていた。

何れにせよ、運動の意図しない結果にまで、彼女が責任を負うことはできないのではないだろうか。

ジレンマ 23　流出……

政府のなかの「e-Ville」協力者は、悪意をもって反撃に出る。多くの「STUMP」メンバー、そして今度は「死のSTUMP」のメンバー数人も、刑務所に入れられる。恐ろしい秘密警察が至るところで見張っているため、リナは爆弾を製作している郊外の小さな廃屋を離れることができない。そこで彼女は、過去最大の作戦に集中することになる。貯水池に放つぞと脅迫に使う生物兵器の製作である。都合の良いことに、この生物兵器は急速に感染する。これは脅威に違いないとリナは身震いする。今度ばかりは「e-Ville」も、「死のSTUMP」と交渉しないわけにはいかないだろう。それどころか、この生物兵器は地球上から（他の動物を除く）人間を消滅させることができるほど強力である。ある意味では、それも悪くないだろう。（しかしながら、「マッド・ドッグ」の意向とは関係なく、リナはその生物兵器をもっぱら交渉のための道具、「貧民の核兵器」と決めていた。）

ところが、ある日、リナが車両爆弾の製作に没頭しているとき、助手が間違って生物兵器のウィルスの入った容器を取り出し、流しに捨ててしまい……。ウィルスが外部に放たれてしまう。

さて、誰の過ちなのだろうか。

医学倫理

ジレンマ 24　品種改良計画

　広く知られてはいないが、プラトンの理想国家は猟犬から影響を受けている。ソクラテスは友人グラウコンの狩猟小屋を訪れた。彼はそこで、キジを追いかけ、撃ち落とされたキジをくわえて戻ってくるように訓練された猟犬を見た。そこからプラトンは、彼の最も議論の的になってきた思想の一つを引き出していく。プラトンはソクラテスとグラウコンの会話を、次のように記録している。

ソクラテス「君の家には、猟犬や血統の良い鳥がたくさんいる。そこで教えてほしいのだが、これまで猟犬や鳥の結婚と繁殖に関心を持ったことはあるかな？」
グラウコン「どのようなことについてでしょうか？」
ソクラテス「まず、君の動物たちはみな良い血統とはいえ、あるものは他のものよりも優れているのではないか？」
グラウコン「その通りです。」
ソクラテス「では君は、すべてのものから同じように子供を生ませるだろうか、それとも、最も優れたものから子供を生ませるように取りはからうだろうか？」
グラウコン「最も優れたものからです。」
ソクラテス「では君は、最も老いているものや最も若いものを選ぶのだろうか、それとも、盛りの年頃のものだけを

選ぶのだろうか？」
グラウコン「盛りの年頃のものだけを選びます。」
ソクラテス「では、十分な注意をもって繁殖にあたらなければ、君の犬や鳥はひどく劣ったものになっていくだろうね？」
グラウコン「確かにそうなります。」
ソクラテス「では、同じことは馬や他の動物にも当てはまるだろうか？」
グラウコン「疑いなく。」
ソクラテス「何と！　親しい友よ、同じ原則が人間にも当てはまるのなら、私たちの国家の統治者は、どれほど婚礼術を必要とすることだろう！」

　何と！　原則が定まったところで、ソクラテスは続ける。「……最も優れた男たちは最も優れた女たちと、できるだけたくさん交わるべきだし、最も劣った男たちは最も劣った女と、できるだけ交わらないようにしなければいけない。群れを最良の状態に保っておきたいのなら、後者から生まれた子供たちではなく、前者から生まれた子供たちを育てるべきである。さて、こうしたことは統治者だけの秘密にしておかなければならない。さもなければ、群れが反乱を起す危険が高くなるのだからね！」

　2人は何を心配しているのだろうか。その理由は？　科学を用いて繁殖という重要問題に効果を上げることは、もちろん正しいことなのでは？

ジレンマ 25　デザイナー・ベビー

　エレノア・フランケンシュタイン博士は遺伝子工学の熟練した専門家である。彼女に委託された仕事、それは独裁国家「ディクタティアス」の新生児健康管理選別計画のために、望ましい遺伝子と望ましくない遺伝子を区別することだった。

　フランケンシュタイン博士はある野心的な計画を抱いている。まず、重度の病気と障害をすべて取り除く計画。もはや現代社会は病んだ人を必要としない。肉体の障害をかかえて今日の世界に生まれる必要などない、というのである。代りにもたらされるのは、長寿や強壮な遺伝子、そして優れた知性さえも。「高級遺伝子」のメニューから、両親は人気のある著名人の赤ちゃんの「見本」をガイドにしながら、子供の眼や、肌の色、身長、骨格のタイプなどを選ぶこともできる。さらには内務省の要請に合わせた、社会的に有用な性質（誠実さ、他者への思いやり、温厚さ等）のリストもある。また、「マイノリティ管轄省」の関心に合わせて、欠陥をあえて保持しておくサービスまである。例えば、両親が特に改善を望むことがないのならば、喘息の子供を選ぶことも、不機嫌な子供を選ぶことも、耳の不自由な子供を選ぶこともできるのである。それが最初から胎児の性質であったならば、その性質を「選ぶ」ことにはならないのだが。

　すべては非常に民主的に行われる。しかしそれでも、「ディクタティアヴィル」市の教区牧師は心配している。胎児の欠点を治さねばならないとすれば、欠点をもって生まれてきた赤ちゃんは根絶すべき存在になってしまう。牧師は演壇か

ら怒りの声を上げた。「赤子を選びとるのは政府の仕事ではなく、神の御業なり！」

そうなの？

ジレンマ 26　クイックベビー

　クイックベビー社は「ディクタティアヴィル」市の洒落（しゃれ）たショッピング・ストリートに店を開き、この輝く街の多忙な職業人たちに、新しい受胎サービスを提供し始めた。開店当日、胎生と受精促進のサービスを求める人々が、ショッピング・ストリートに列を作った。カップルが午前中に店に立ち寄って卵子と精子を提供すれば、残りはクイックベビー社が行います。試験管のなかで、完璧な遺伝子をもった可愛い赤ちゃんを作ります。御婦人の都合に合わせて、お腹に戻しても結構ですし、適当な時期まで保管することもできます。このサービスに何か不都合なことでもあるのでしょうか。

　クイックベビー社が「お洒落で無理なし」の広告で売り出している、もう一つのサービスは、育った赤ちゃんを売ることだった。カップルはクイックベビー社専属の熟練した（普段は外国にいる）「代理母」を選び、9ヵ月間、その体内で赤ちゃんを育ててもらうことができる。それどころか、胎児を人工胎盤に移し、栄養素を計算した「特製クイックベビー食」を与えるという、新しい体外発生技術の利用可能な医院もある。

　こうした技術は健康面の多大なる進歩をもたらす。クイックベビー社の広告によると、その利点とは……。

・健康な赤ちゃん・アレルギー低減・癌のリスク低下

　もっと露骨な広告もある。

お母さんたち！
喫煙を続けてください。
お酒を飲み続けてください。
運動は必要ありません。

　健康な外見の顧客用には、違うパンフレットも用意されていた。「危険なマリンスポーツも、お好きなだけ！　1月にわずか1000ディクタディア・ドルで、あなたの赤ちゃんは人生の最高のスタートを切ることができます。あなた自身も安心して、自分の好きな生活を続けることができます。お忘れなく。あなたの体です。赤ちゃんのための体ではありません。」

　伝統的な母体出産のプロセスを経ないと、何か重要なことが失われたと考えて、旧式の妊娠を望む人々もいた（特に男性に）。しかし、いったい何が失われたのだろう。確信を持って答えられる人は誰もいなかった。分かったところで、それが本当に問題なのかも不確かだった。

「本物の赤ちゃん」を求める運動は短命で終わり、健康面での新技術の利点がさらに明らかになった。クイックベビー社のコンサルタントが熱心に説明するように、こうした出産は自然ではないかもしれないが、現代生活に付きものの自然改良の一例にすぎないのでは？

ジレンマ 27　安価な競争相手

　ある日、シャロンがウィンドウショッピングをしていると、DIY ベビーズ社の店の外に置かれた看板に目がとまった。性労働者に関する法律改正に伴い、新しいタイプの民間セックス・クリニック（旧態依然とした人は「売春宿」と蔑視していた場所）が許可されるようになっていた。しかし、最も人気のある DIY ベビーズ社のサービスは、性行為の肉体的快楽を求めて来る人ではなく、子供が欲しい女性（なんと珍しい！）に対するサービスだった。事実、DIY ベビーズ社のスペシャル・パッケージでは、子供が欲しい人に対しては、カトリックの基準に照らし合わせ、欲情の入る余地のない匿名性を保証していた。これは有名な話だが、女性の顧客が着る重いガウンには、神を怖れる大昔の民衆の場合と同じように、性交に必要な部分にだけ穴が開けられていたのである。そのため、男性の性労働者から女性の顧客に重要な精子が注がれているあいだ、最も大事なところ以外、肉体的接触をする必要はなかった。それに加えて、部屋の照明レベルを相当に落としているため、女性も男性も匿名性は完全に守られていた。

DIY SEX　100 ドル
5 分以内で完了。赤ちゃんが生まれなければ、代金はお返しします。

「DIY ベビーズ」のドアの外に貼られたポスターの文句で

ある。もちろん、赤ちゃんが生まれる、あのきっかけのことを言っている。

　品質：古びた男性とではなく、品質保証テストを通過したプロの男性と赤ちゃんを作りましょう。

　DIYベビーズの店で交代勤務しているのは、大学出の教育ある美青年ではなく、匿名のマントの影に隠れて働いている、街中の「古びた男性」という噂もある。しかしながら、広告は臆することなく神聖な振りをした言葉で結ばれている。

　倫理：お母さんたち、赤ちゃんは自然な方法で作りましょう！

　DIYベビーズ社のサービスのほうが、競争相手である試験管受精クリニックのサービスよりも優れていると言いたいようだ。競争相手のほうは、多重妊娠や「望んでいない」胎児の処分等の問題で騒がれていた。しかし、DIYベビーズ社のサービスはどこか少し、低所得者向けの安価なものという感じがする。

　どちらを選ぶ？　それがシャロンのジレンマである。

ジレンマ 28　ウィザリングスプーンX病

　幸運なパープルパッチ氏の担当する患者に、悪い知らせがあった。実験室の検査結果によると、ブランク婦人は不治の「ウィザリングスプーンX病」を患っているという。「ウィザリングスプーンX病」は極めて珍しく、病気になるのは

10万人に1人の割合である。しかし、95％の決定的正確さを持つテストによると、やはりブランク夫人は病気にかかっているというのである（多分）。

パープルパッチは慎重に状況を説明する。その病は進行性で、治癒の機会を得ようとするならば、迅速な治療を必要とする。しかしながら、その治療は腎臓や時には肝臓も切除する、非常に侵入性の高いもの。たとえ成功しても、後日にわたって恒常的な医療介護と治療が患者には必要になる。

ブランク夫人は……頭が真っ白(ブランク)になっているようだった。彼女は危険な治療を受けるべきだろうか、それとも検査の誤りという望みにかけて、治療を受けない危険な道を選ぶべきだろうか。彼女はパープルパッチに意見を求める。彼は重々しく頷いて、こう答える。「ブランク夫人、私たちのとる道は1つしかないでしょう。」

パープルパッチは何を助言すべきだろうか。

ジレンマ 29　病院のジレンマ

独身の女医ドウは悲しげに頭を振った。とても悲しい状態！　ジョン・ブラウンの人生には前途があるはずなのに、彼は今や生命維持装置につながれ、病院のベッドに横になり、深い、深い眠りについている。

ジョンはバイク事故で重傷を負ってしまった。彼の両親、ブラウン氏とブラウン夫人はドウ医師の診断報告を待っている。難しい状況になるだろう。ブラウン夫妻の待つ部屋に入ってきたドウ医師はあえて背を向けて座り、咳払いをしてから始める。

「ブラウンさん、あなたがたの息子さんは……残念ながら、回復の見込みはありません。」ドウ医師はそう告げると、テーブルの上のカルテを整理し始める。ブラウン夫妻はうなずく。長い沈黙。まだ納得していない表情の２人に対して、ドウ医師は言い添える。「回復の望みを持ち続けることはできません。」
「でも先生、あの子は治るかもしれないでしょう？　希望は捨てていません。」気の毒にブラウン夫人の顔は青ざめ、憔悴しきっている。
「ブラウンさん、このような時に、お二人の悲しみを増やしたくはありません。僅かでも望みがあれば、そう伝えます。しかし、私の臨床医としての判断では、あなたがたのご子息が回復する見込みは本当にないのです。生命維持装置によって彼の命を長引かせることはできますが、限られた装置ですからその有効性について、ある時点で私たちは判断しなければなりません。」

　ブラウン夫人はため息をつき、すすり泣く。ブラウン氏は夫人を抱きかかえる。

　ドウ医師は立ち上がりながら、「しばらく、お二人だけでお考え下さい」と告げる。「分かりました、先生」と夫妻。

　しばらくすると、「病院の哲学者」が部屋に入ってきて、ブラウン夫妻に話しかける。陽気なナット医師は明るく手を叩きながら、こう問いかける。「私たちはこの若きジョン君について何を知っているのでしょう。彼は功利主義者でしょうか、それともカント主義者でしょうか。」
「待ってください、先生。私たちのジョンは教会に行ったことはないのです。申し訳ありません。」ブラウン夫人はすす

り泣く。「ああ、彼が教会に行っていれば……」

ナット医師は少し表情を曇らせる。「ええ、確かに。しかし、私が本当に知りたいのは、ジョン君が生命維持装置の効率的活用やQALY（Quality Adjusted Life Year 質を考慮した生存年数）等に関する見解を持っていたのか、少数の単純な原則に、いわば堅苦しく執着していたのかということなのです。」ブラウン夫妻の顔に困惑の色が広がっていくのを見て、彼は補足する。「私が知りたいのは、彼の哲学的な立場と信念なのです。」

「いいえ、先生、ジョンはそんなことは……。」再び長い沈黙。ナット医師は笑顔を見せる。「それならば、ここで私たちが頭を悩ませる必要はありませんね。私たちが決めれば良いのです。しばらく生命維持装置を使うのか、それともスイッチを切るのか。どちらを選ぶかは、こいつに聞いてみましょう。」

気のきいたナット医師は、自分のポケットからコインを取り出す。

「さあ、ブラウンさん、表か裏か？」

どのようにブラウン夫妻は応じるべきだろうか。

検閲官のジレンマ

ジレンマ 30　惨劇

検閲官モーリスの仕事は、公衆が読むことを許可できるもの／できないものを査定するという不愉快なものだった。最初に回ってきたのは、安っぽい印刷の雑誌数冊。ページをめ

くると……

　独房の中央に、ネグリジェ姿の召使の少女が体を横たえている。少女の苦悶を満足げに見下ろしているのは、覆面をつけた臆病な２人の悪漢。少女の服は引き裂かれ、肌も露に。鉄製の拷問器具が少女の胸に押しつけられると、煩悶のうめき声が……

挿絵も入っている。怯(ひる)むことなくモーリスは読み進めた。

　まず男たちは、怖がる哀れな少女の足首と手首を太い縄できつく縛りあげた。そして、さらに２本の縄を絡(から)ませ、巧みに、おぞましい独房の床の上に少女の体を拡げさせた。このように抵抗できない体勢の少女に、男たちは北アメリカのインディアンの部族も眉をひそめるような拷問を加えていく。少女が苦しめば苦しむほど、どれだけ男たちは悦に入ったことか！　少女が沈痛な叫び声をあげればあげるほど、男たちの笑い声は大きくなっていった。男たちは少女の胸部にさらに重しを課し、赤く燃える火かき棒で少女の鼻の先を燃やすと脅迫する。拷問は止まることを知らず、１人の男はおぞましい煙草をふかし、もう１人は大きな石のブロックを運んできて、少女の体の上に置いた。これほど酷い拷問は知らない！（しばらくすると、男たちは犠牲者を石の重み(むご)から解放し……）。

モーリスは自問する。こうした雑誌は悪事をそそのかすことになるのか、それとも、たんなる「娯楽」なのだろうか。

ジレンマ 31　犯罪との関連

モーリスはその雑誌を許可することにした。結局はフィクションにすぎない……。ところが、次に新しく回ってきた出版物には、実際の犯罪行為が詳細に描写されているではないか！　ギャングを賞賛するこの出版物のなかには、政府の特別高等警察によって無残に殺されたギャングの継父の様子と、復讐を誓う呪いの言葉が、生々しい挿絵とともに描かれていた。

「神聖なる存在の名において、私は復讐をここに誓う！　この恨みは血によって贖(あがな)われるだろう！」

モーリスはこれも許可したが、ここまで自由にしてはならないという圧力が……。上司が主張するには、実際の不道徳な犯罪行為とメディアの表象との関連を示す証拠が増えてきている、というのである。

モーリスに手渡された資料には、グレイズ・イン（ロンドンにある法律家のための格式ある法学院とクラブ）のオフィスで起きた犯罪が記録されていた。犯人を逮捕した警官の所見を読んでみたい。

4時頃、私はベッドフォード街の7番地に向かいました。私はオフィスにワイアット氏がいるのを見ました。彼は私にテーブルの引き出しを見てくれと頼みました。コンスタブル［容疑者のオフィス・ボーイ］もいました。私はコンス

不適切な読み物

タブルに鍵をくれと頼んだのです。彼は言いました。「鍵は私が持っています。でも、家に持って帰ってしまいました。」机には新聞にまぎれて、週刊誌が数冊ありました。『泥棒譚』や『路上生活』というタイトルの週刊誌で、カラーや白黒のイラストも混じっています。私は、「こんなものを読んではいけない」と言いました。コンスタブルは私の腕に触れながら、言いました。「表に出ましょう。あなたにお話ししたいことがあります。」私が踊り場に出る

と、彼は言いました。「物語を読んで僕はこういうことがしたくなったのです……」

1872年の古い事例ではあるが、それを読んだモーリスは注意深く熟考する。思い出したのは、バーケンヘッドの巡査部長が1936年の年次報告に残した言葉である。「子供に犯罪行為を吹きこむ映画、子供に盗品を隠したり、警察の尋問をはぐらかしたりするのを教える映画はすべて、公開されてはならない。」

もしも犯罪との関連が明白ならば、若者のためだけでなく万人の幸福のために、検閲は必須ではないのか？

ジレンマ 32　基準の問題

1940年代末、ニューヨーク州のいくつかの学校の外で、コミック本が燃やされたことがあった。大変な事態に至ったため、1953年6月には上院特別小委員会が調査のために設立された。矢面に立たされたのは、ECコミックスの出版人ビル・ゲインズ。野球場の白線に人間の腸を使う話などを載せた物語「ファウル・プレイ」など、たくさん出回っている「扇情コミック」の元締だった。公式尋問記録の一部を読んでみたい。

上院議員「『クライム・サスペンストーリーズ』の5月22日号が、ここにあります。血まみれの斧を持った男が、切断された女の頭を手に持っている表紙です。あなたはこれが良い趣味だと思いますか？」

発行人「ええ、そう思います。ホラーコミックの表紙としては。悪い趣味の表紙というのは、例えばですね、女の頭をもっと高く掲げているとか。そうなれば、首から血がしたたるところが見えてしまうでしょう。横たわる女の体を見せないとなると、今度は少年の血まみれの首が見えてしまいますね。」

上院議員「女の口から血が出ていますよ。」

発行人「少し、ですね。」

上院議員「斧にも血がついています。大人でもこれを見れば、たいていショックを受けると思います。」

委員会議長（熱心に身を乗り出す）「私が彼に見せたいもう1つの資料があります。」

上院議員「これは6月号です。男が女と一緒にボートに乗っているようですが、男は鉄の棒を使って、女を窒息死させようとしていますね。これは良い趣味でしょうか？」

発行人「私はそう思います。」

上院補佐官「これ以上、悪いものはないのでは？」

モーリスは目の前の扇情コミックに目をやる。それから、発行人の答弁を読む。少し説得力を欠いているように思える。しかし、単なる「良い趣味」という基準によって、改心しない発行人の腐敗から公衆を守るべきだろうか？

ジレンマ 33　猥褻な写真

さて終にと、モーリスは少し手を震わせながら、猥褻な出版物の入った黒いケースを開き、大文字で「SEX」と記さ

れた包みを取り出す。ペーパーナイフを手にしたモーリスは一瞬、躊躇する。『ロンドンの7つの呪い』の著者ジェイムズ・グリーンウッドの声が、時を超えて、1世紀前のロンドンから聞こえたように感じたのである。

　出来ることなら、事物をそのままの形態や色彩で提示するほうが、無理に描写しようとするよりも常に望ましい。文明国家の恥辱たる虐待と窮状の半分は、公衆が他人の意見を信用するのではなく、自分自身の眼で見るようになれば、改善されるかもしれない。伝聞に頼るのは確かに非常に便利であるが、それによって決断が遅れたり、個人の義務が軽視されたりすることになるのは間違いない。伝聞に頼ることは可能な限り、避けるべきなのである。人々は自分が耳にする半分のことしか信じない。重大な決定に関与することは決してないとはいえ、他人と一緒になって非難の声を上げるだけで満足してしまう。そして、社会の問題を探求してきた人々、したがって問題のすべてを知る立場にある人々に、改善の方策を任せてしまうのである。この不法な少年の読み物や、それに対する突然の非難の声も同じことである。こうしたジャンルの読み物を、誰もが不快で忌まわしいと思っている。皆、そう言っているという理由で。こんなものを刊行している「イヌ」だが（そう呼ばれて当然だろう）、絞首刑にはならない。村八分になるだけだ。不潔で病気持ちの雑種。臭いを嗅ぐのも、触るのも嫌がられ、まともな人なら誰でも彼を遠ざける。だが、こうした輩(やから)は世間ではなく空き地で生きることを望むだろうし、道を開けてやって、餌を漁り歩き続ける生活を容認してや

れば、にやりと笑うだろう。私たちがこの獣を捕まえ、絞め殺そうという気にならなければ、こいつが私たちの可愛い子供たちに、しつこく触っているところが発見されるに違いない。

　裸の女を写した2枚の写真を含む、いやらしい画像の束が床に落ちる。モデルの「メリュジン」〔絹のようなフェルトの商標名〕は胸もあらわに浴槽につかり、両手で自慰を思わせるポーズを取っている。これは白黒写真。もう1枚はフルカラー。裸の女が貝殻のようなもののなかに立っている。またもや両手が思わせぶりに……。3枚目は、数人の裸の男と女が壁画の前で……。

　モーリスも注目するように、最後の写真はイタリアの教会に展示されたオリジナルに基づいている！　国によって異なる基準！　他方、モーリスは以前の検閲以来、ロンドンの下層階級の人々が性的逸脱に耽る場面を描いたトマス・ローランドソン（1756-1827）の風刺版画を自分のコレクションにしているが、これなどあまりショックを与えないものの、モーリスにはポルノグラフィに見える。

あなたならどこに線を引く？

ジレンマ 34　下劣なポップ・グループ

　2000年10月、ドイツ警察は（最も人気があるわけではないにしても）最も有名なポップ・グループの一つを強制捜査した（彼らのいつものやりかた）。グループの名前は「ランツァー」（ドイツ兵士を意味する旧式の言葉）。このグループは前に

「最終解決」と名乗っていたが、すでに一度禁止されて以来、「ランツァー」と名前を変えていた。ファーストアルバムのタイトルは『帝国の再来』。ユダヤ人、ジプシー、政治的な抵抗勢力への攻撃を呼びかけていた（過去とまさに同じように）。新しいCDには、（皮肉ではなくストレートに）このような歌詞も入っている。

> ここではクロンボも自由に投票できると言ってるヤツがいた
> ああ、それで構わない
> あいつらは投票できる
> その代わり、首にロープを巻いてやろう
> 腹に弾丸を撃ちこんでやろう

あなたはこれを買おうと思う？

ビジネス週間
ビジネス倫理のジレンマ（重点をビジネスに置いて）

ジレンマ 35　怠惰な秘書

月曜日
　この数ヶ月間、書類課の3人の秘書の1人サンドラは仕事を怠けていた。文書をタイプする回数はジャッキーとボブより少なく、経営陣のために作成するメモはより短く。とうとう今朝、ジャッキーは我慢の限界に。「上司のムスタファに訴えない？」とボブに持ちかけるジャッキー。「それとも、人事課に行ったほうがいいかしら。」ボブもサンドラの怠慢

には気づいていたが、書類課は仲良くやってきたのだから、会社の上層部に持っていくべきではないと思っている。何れにせよ、これが2人の有能ぶりを見てもらうチャンスになる。サンドラにひと言、言っておく価値はあるだろうけれど、とボブは考える。

誰が正しいのだろう？

ジレンマ 36　不正コピー

火曜日

　今日、ジャッキーは見てしまった。サンドラが会社のソフトウェアをコピーして、家に持ち帰っている……。同じソフトウェアを買おうとジャッキーは節約していただけに、なおさらサンドラのことが腹立たしい。それは高いのよ！　こうなったら、サンドラも大丈夫だったのだから、何も言わずに自分もコピーしてしまおうか……。でも、上司のムスタファあるいは倫理課に報告すべきかもしれない……。最低でも、今度サンドラと2人きりになったときに、コーヒーでも飲みながら、会社のソフトウェアをコピーするのは不正だと言わなければ……。

責任と倫理感のある一人の社員として、ジャッキーは何をするべきだろう？

ジレンマ 37　タバコの煙る倉庫

水曜日

　今度はボブがジャッキーに監視される番に。会社は禁煙に

もかかわらず、ボブが倉庫から出てくるたびに、タバコの煙の臭いがすることにジャッキーは気づいていた。ボブに忠告するべきだろうか、それとも目をつむる（鼻をとじる？）ほうが良いのだろうか。黙ったまま数週間が過ぎたのだが、ジャッキー自身もタバコを吸うので、時々、倉庫で一服し始めることに……。ボブが吸っているのだったら、自分だって……。

しかし、ジャッキーは火災報知器を避けて、倉庫の戸棚のなかにタバコを吹かしながら、「待てよ」と思い始める。ボブの行動が怪しいことを人事課に報告してしまおうか……。そうすれば一件落着だ……。

さて、ジャッキーは何か「非倫理的」なことをしようと考えているのだろうか？

ジレンマ 38　ラジオの音楽

木曜日

印刷室のトニーは、ラジオから一日中流れてくるポップ・ミュージックに苦情を述べている。自分は優れたバイオリニストであり、非常に敏感な耳をしていると彼は言うのである。しかし、主任が印刷室の社員全員に聞いて回ったところ、ほとんどの人は今流れているような音楽が好きだと言う。立腹したトニーは、ムスタファ部長に助けを求める。

上司はどうするべきだろう？

A　ポップ・ミュージックの好きな人が多いので、何もしない。
B　日替わりで音楽を変えるように、印刷室の主任に忠告す

る。例えば、月曜日は弦楽四重奏曲、水曜日はジャズファンク、金曜日はテクノ……。

あるいは、上司が今流れている音楽を気に入らなければ、主任に他の音楽を流すように命令する。
あるいは、音楽に関する苦情を聞いていられないと上司が思って、ラジオの電源を切ってしまえば終わりでは？

ジレンマ 39　感染病

金曜日
　ついに週末。書類課のジャッキーが、上司ムスタファに宛ててメモを書いている。ボブが HIV 陽性 [HIV：ヒト免疫不全ウイルス Human Immunodeficieucy Virus] であることを耳にしたと報告している……。（ボブは他人に知られたくないと思っているのに。）休憩室でボブと同じマグカップを使っていたジャッキーは、とりわけ動揺している。いつも大変なムスタファ。今度はどうするべきだろう？

A　HIV に感染した社員を、ジャッキーと接触のほとんどない部署に移動させる。いや、それどころか、他の社員たちとも……。
B　ジャッキーに状況を確認してから、次の社員ミーティングで、エイズ患者を差別することは法律で禁じられていると伝達する。

あるいは法務部に電話をして、余剰人員解雇の手続きに入

る。気の毒なボブには、なるべく寛大な処置を……。
あるいは、ボブ本人が電話すべきだろうか？

ジレンマ *40* 証人

超過労働時間
　土曜日、業務は停止しているにもかかわらず、ムスタファは社員を呼び出して、書類をシュレッダーにかけろと指示する。顧客の一人が破産したので、「その書類はもう必要ないだろう」と言うのである。さらに悪いことに、昼食時、調子の悪いシュレッダーでボブが大怪我をしてしまう。前回の衛生・安全チェックが実施されたとき、シュレッダーを片づけておくように命令された経緯をサンドラは思い出した。しかし、ボブはそれを知らず、自分が間違ったボタンを押したに違いないと思っている。サンドラはどうすべきだろう？

A　会社に事情を報告して、今回、安全装置が点検されていたかを確認する。負傷した同僚に連絡を取り、証人として出廷すると申し出る。
B　黙っておいて会社を守る。

もしボブに頼まれても、サンドラは自分が証人として出廷する準備がないことを明かす？

ビジネス倫理のジレンマをもう1つ──
（重点を倫理に置いて）

ジレンマ 41　悪魔の化学者

20世紀ビジネスの大成功物語の一つは、ドイツの化学産業である。それは「IGファルベン」という名の巨大トラストが、どのように世界制覇に近づいたのかという物語でもある。

もともと「IG」は染料を作っていたにすぎない。19世紀の中頃まで、染料の原料はすべて果実、昆虫、花、樹皮を潰したものだった。ところが、石炭から染料を作り出す製法が発見されると、この新しい化学技術をもとに、すぐにドイツでは6つの大企業（BASF、バイエル、ヘキスト、アグファ、カッセラ、カレ）が誕生した。会社一丸となった経営は革新的な研究につながり、東洋の陶磁器に特有な青を人工合成する方法が発見された。同時に、容赦ない価格低減、「損失覚悟の目玉品目」、特許取得者に対する攻撃的な訴訟、産業スパイ、さらには賄賂といったマーケティング手法が確立されていった。

こうして6つの企業は大成長。バイエル社ともなると、以前はチリから多大な費用をかけて遠路を船で運んできた硝酸塩（エステル）を人工合成する新製法を開発する十分な資金を持っていた。もともと硝酸塩は主に肥料用だったが、瞬く間に、第2次世界大戦では大きな爆薬「ニトログリセリン」として使用されていく。

バイエル社の主導のもと、6つの企業は相互の無駄な競争を避けるために合併し、1つの巨大トラスト──ドイツで言

うところの「利益共同体」——を作った。独占会社あるいは企業連合である。(同様に、このとき日本では「財閥」カルテルが出来ていた。)何れにせよ6つの企業は、ホームグラウンドで競争相手に攻撃される心配もなく、自由に新市場を開拓していった。そして巨大な「IG」は、インペリアルケミカルズ社やスタンダードオイル社など世界の他の巨大企業まで自らの「コミュニティ」に参加させ、そのルールに従うように説得することができたのである。

しかし、「IG」に富を集中させたのは何と言っても戦争である。ナチスは「電撃戦」の兵器を製造するための合成樹脂と燃料を必要としていた。その要望に応えることができたのは、「IG」のような巨大トラストだけだった。戦闘的愛国主義者の必要物資を生産する巨大複合工場がアウシュビッツに作られた。強制収容所の囚人を労働力として使うために、そこに置かれたのである。この巨大工場はベルリン市全体よりも多くの電気を消費したとも言われている。そして、工場を作るだけで2万5000人の生命を犠牲にしたのである！

終戦時には、「IG」の重役が24人ほどニュルンベルク戦争裁判で有罪判決を受けた。彼らの罪状は、「人類の歴史のなかで最悪の業火と壊滅を作り出した主な責任」、「大規模な奴隷化、略奪、殺戮」であった。戦時中の自分たちの事業を正当化できるかどうか、重役たちは説明を求められた。提出された戦時中の資料には、こう記されていた。

新しい催眠薬の実験を企図するために、是非、大勢の女性を調達して頂きたい……

回答を受け取ったが、女性1人あたり200マルクも支払うのは高すぎる。1人あたり170マルク以下の支払いを提案する。もし同意が得られれば、女性たちを買い取ろう。我々は約150人を必要としている……

注文した女性150人を受領。痩せ衰えているが、これで十分だろう。この実験開発事業に継続して協力してもらいたい……

実験終了。被験者は全員死亡。
新しい任務については追って連絡する。

24人の重役は「悪魔の化学者」と呼ばれることになった。だが、告訴された彼らはナチス党員でも、過激派でもなかった。彼らは知識も分別もあるビジネスマン、エンジニア、科学者にすぎなかったのである。政府から戦争協力を求められたとき、彼らはそれに応じた。平時にオペラやアート・ギャラリーやチャリティーから援助を求められて応じるように。
彼らは法律には違反していない。利益を獲得するために最善を尽くしたにすぎない。道徳に欠けていたのだろうか？

神の正義を探し求める5つの物語

ジレンマ 42　実のならない木

繁盛している商人が遠くの国に呼ばれ、商いの旅に出た。

いくつかの会計年度にわたる長旅になるだろう。彼は出発前に部下を集め、資金管理を頼んだ。各自に金貨を数枚与え、最善の運用をするように伝えたのである。最も信頼できる部下には金貨を5枚、もう一人には2枚、最後の一人には1枚を与えた。そして間もなく彼は旅立った。

5枚の金貨を与えられた者はそれを原資に商売し、資本を2倍にすることに成功した。2枚の金貨を与えられた者も同じように儲けて、資本を2倍にした。しかし、1枚の金貨しか与えられなかった者は、金貨を袋に入れて、自分のベッドの下に隠した。

数年が経って商人は戻り、再び部下を集めた。まずは、託した資金がどうなったのか……。最初に口を開いた部下は、誇らしげに10枚の金貨を見せながら答える。「見てください、私はあなたのお金を2倍にしました!」喜んだ商人は言う。「よくやった。お前は有能で忠実な部下だ。小さな原資を大きく増やしたお前には、これから沢山のことを任せよう。」2枚の金貨を4枚にして戻した部下にも、同じことを。だが、最後の一人が古びた袋を取り出すと、たった1枚の金貨が机の上に転がり出て……、商人の顔は曇っていく。

怒鳴る商人。「どうしようもない怠け者! お前になんか期待していないことは分かっていただろう。お前は金貨を銀行に預けておけば良かったのだ。そうすれば利子が付いたというのに!」

そして終には……。「この役立たずから金貨を取り上げて、10枚に増やした者に与えるのだ。こんなやつは闇に放り出してしまえ!」

ビジネス倫理に適っている話?

ジレンマ 43　ヨブの運命

ヨブはとても善良で、とても信心深い男である。彼はとても穏やかに、他人を傷つけることもない（しかし成功した）人生を送っている。神と悪魔が賭けをすることに決めた、あの日までは……。

悪魔は言う。「ヨブが善良なのは、快適な人生だったからにすぎない。少しでも困難なことが起きれば、ヨブは信仰を失い、たちまち他の人間と同じように、悪いことを始めるに決まっている！」

神は悪魔の挑戦を受けて立ち、ヨブを試すことに合意する。まず、蜘蛛の群れを地上に送りこむ悪魔の業を許し、ヨブの育てた作物を食い荒らさせる。ヨブは動じない。彼は肩をすくめるだけで、後は好機を祈っている。そこで悪魔は異常気象――今日ならば、地球温暖化に結びつけられるような気象――を作り出し、ヨブの息子たちや娘たちの命を奪う。これに衝撃を受けた可哀想なヨブは頭髪を剃り、跪きながら言う。「主によって与えられ、主によって召されました。主の名を讃えたまえ。」これを聞いた悪魔は激怒する。ヨブの全身を腫れ物で覆ってしまう。渋々ながら神はこれを許してしまう。

ヨブは信仰を失った。

神の正義はどこに？

ジレンマ 44　贖罪の小羊

アブラハムは小羊を屠畜場に連れて行く。

年齢を重ねてから生まれた子供に、アブラハムとサラはとても喜んでいる。弾むばかりに元気な男の子イサク。すべて神の加護があってのことと、2人は感じている。事実、神はアブラハムに神の意志を告げる。アブラハムの子孫は、「夜空の星々、砂漠の砂粒ほどたくさん」になるだろう、とも。

　時は流れ、イサクが素晴らしい若者に成長したとき、神が再びアブラハムの前に現れる。この度はアブラハムに頼みたいことがあると言うのである。山頂に贖罪を供えて欲しいとのこと。これは罠だろうか？　贖罪は彼の息子でなければいけないとは……。

　さすがにアブラハムは意気消沈してしまう。薪を担いで、一緒に山に登る理由をイサクに説明することも躊躇うアブラハム。何も知らないイサクは、「火と木はありますが、お父さん、小羊はどこにいるのですか？」と尋ねるばかり。アブラハムは「神が小羊を与えてくれる」とごまかすことしかできない。（ところで、これは嘘だろうか？　誤解を与えやすいのは確かであるが。）山頂に着くと、アブラハムはイサクを贖罪の石に縛りつける。（この時点で真実を明かしたほうが良かったかもしれない。）アブラハムの手は高く掲げられ、短剣を振り下ろす準備が整えられる。すると、神の声が響き渡る。「アブラハム、手を止めよ！　これはお前を試したにすぎぬ。」アブラハムが信仰の深い男であると確信した神は、イサクの身代わりとして贖罪の小羊を与えた。

ここから学ぶことは？

神の正義を探し求める5つの物語

ジレンマ 45　現代の「善きサマリア人」

　エルサレムとジェリコを結ぶ道を旅する男がいる。すると突然、茂みから飛び出してきた数人の泥棒が、男を袋叩きにして、金だけでなく服まで盗んでいった。傷を負った男は、道の脇に放置され瀕死状態……。激しい痛みのあまり、男は通行人たちに助けを求めることもままならない。多くの人がこの道を通るわけでもない。たまたま数時間後、幸運にも、馬に乗った司祭が通りかかり、横たわる人の影に気づく。ところが、司祭ならば他の誰よりも為すべき使命があるだろうに、その司祭は見なかったふりをして、急いで立ち去ってしまう。重傷の男は灼熱の太陽に照りつけられたまま……。うめき声をあげ、意識を失ってしまう。さらに何時間かが、無情に過ぎていく……。ああ、神の恵みか！　向こうからやってくるのは教会の人ではないか。ところが、彼もまた一瞥をくれただけで、急いで通り過ぎてしまう。

　社会から追放された民であるサマリア人がロバを連れてやってきたのは、もう日が暮れようとしていたときのことだった。彼は土の上に横たわる哀れ男を見つけると、すぐさま駆け寄り、傷を和らげるために包帯を巻く。そして、傷ついた男をそっとロバに乗せ、近くの宿屋まで運ぶと、傷を洗ってきれいにし、夜通しで介抱したのである。翌朝、男の具合はかなり良くなったが、まだ深い眠りに……。

　サマリア人は宿屋を出る前、こう言って余分にお金を主人に預ける。「哀れな私の友人の具合が良くなるまで、面倒をみてあげて下さい。もっと費用がかかることになれば、また

来たときに私が払います。」

　これは聖書の有名な物語である。ここで唐突ながら、1992年1月にアメリカ合衆国で起きた事件を考えてみよう。深夜、男が高速道路で運転していると、前方に故障した車が止まっているのが見えた。他の何人かもその車に気づいていたが、通り過ぎて行ってしまった。そこは停止するには恐ろしい場所である。しかし、故障した車に人がいたら……。

彼はどうするべきか？　車を止める？　急いで通過する？

ジレンマ 46　乞食のラザロ

　昔々、高価なシルクと立派なリネンの服を着た金持ちの男がいた。彼は毎食、フォアグラのパテにホイップクリームを載せたチョコレート・ブラウニーなど、太りやすい食べ物ばかり食べていた。贅沢三昧の生活に1つ「汚点」があるとしたら、それは毎日、仕事場に向かうとき醜い乞食の前を通ることだった。ボロを着て、ずんぐりした、腫れ物だらけの醜い乞食……。「パテのお恵みを！」乞食の名はラザロといい、豪華な食卓から何かおこぼれに与(あずか)れるのではないかと、金持ちの男の家の門の外に座っていたのである。犬が寄って来ては腫れ物を舐めてやるのだから、犬さえもラザロを憐れんでいたに違いない。ところが、金持ちの男はラザロを見るのも嫌だった。彼はラザロに何一つ施すことがなかった。

　ある日、金持ちの男が亡くなった。死後の世界で彼が目を覚ますと、何と地獄の業火に炙(あぶ)られていたのである。さらに驚くべきことに、遠くを見上げると、何とあの忌まわしいラザロが、聖なる父アブラハムの膝の上に座っているではない

神の正義を探し求める5つの物語　083

か。金持ちの男は思わず叫んだ。「アブラハムよ、わたしに慈悲を！ 指を水に浸しているラザロをこちらによこして、私の舌を冷やしてくれ……。この炎が苦しい！」しかし、老アブラハムは眉をひそめて、こう言った。「覚えておくがよい。お前は前世において、すべてに恵まれていた。かたや、ラザロは凶事ばかりだった。ここではラザロが楽な生活を送る。お前は苦しむ定めなのだ。」

これが正義である。しかし、「メタ天国」(「天国の後の天国」?）では、どうなるのだろう？

業火に苦しむ金持ちの男を助けなかったアブラハムが、今度は罰せられるのだろうか？

いくつかの「猿罪（えんざい）」

ジレンマ 47 「猿罪」

話をするチンパンジー、アルバートとサミュエルの登場は大きな衝撃だった。巧みなトレイナーのフェリシティがチンパンジーに記号言語を使うように教えたところ、今では人間の5歳児に匹敵するほど、多くの記号を使えるようになったのである。だが、チンパンジーがどの程度、記号の意味を本当に理解しているのか議論の余地はある。トレイナーとチンパンジーとの会話を聞いてみよう。

「ハロー、アルバート」
「ハロー、フェリシティ」
「バナナがほしい？」

「うん!」
「青い箱のなかよ、アルバート」

 素直にアルバートは青い箱に向かって歩いていく。ところが箱には鍵がかかっていたので、アルバートは困惑して戻ってくる。
「箱じゃない!」
「鍵をかけてあるからよ。鍵がほしい?」

 このあたりがアルバートの理解の限界だと、フェリシティは考えていた。彼女によくモノを投げてくるからだ。しかし、フェリシティが「赤い箱の、2番目の引き出し」と教えれば、アルバートはすぐ赤い箱に向かって行って、鍵を探して持ってくるだろう。チンパンジーが単純な言語を把握しているのは確実だと、フェリシティは結論づけた。こうした日々が続いていったのだが、ある日、大きな研究プロジェクトの一環として、サミュエルがアルバートから引き離されることになった。

 翌日、フェリシティは仰天した。アルバートがこれまでとは違う記号を使っている!
「サミュエルだめ、食べてはだめ!」
「かれはここにいないのよ、アルバート」
「サミュエルだめ、食べてはだめ!」

 アルバートはくり返す。そしてその後、黙ってしまった。フェリシティはとても心配だ。

 その日から、アルバートはみるみる痩せていく。具合も悪いようだ。「アルバートはハンガーストライキをしているようです。サミュエルをここに戻すことはできないでしょうか?」と、フェリシティは上司に所見を述べる。生体解剖(ヴィヴィセクション)

を支持するヴィヴィアン・セクション博士の返事は「ノー」。サミュエルを実験に使って、脳を解剖する計画なのだから、と。「後でアルバートには別の仲間を用意しましょう」と、セクション博士は援助を差し伸べる。だが、それを聞いたフェリシティは、セクション博士を裁判で訴えようと考えた。アルバートには裁判で人間の言葉を使うチャンスがあるではないか。

裁判官（懐疑的に）「あなたは類人猿研究実験室の所有物であるチンパンジーのアルバートですね？」
アルバート「ノー！」
　（法廷に笑いがもれる。裁判官は気取った顔でフェリシティと弁護士を見る。チンパンジーに何が分かると言わんばかりだ。アルバートの弁護士は急いでフェリシティと相談をする。）
アルバートの弁護士「裁判官。私の依頼人は実験室の『所有物』であることを受け入れられません。審議では、そうした言い回しを避けていただけませんか？」
裁判官「[ため息をつきながら] 結構でしょう……。[陪審員に大きなウィンクをすると、アルバートに向かって] あなたは類人猿研究実験室に捕らわれているチンパンジーのアルバートですね？」
アルバート「イエス。」
裁判官「あなたは仲間のサミュエルを戻して欲しいですか？」
アルバート「イエス。」
実験室の弁護士「異議あり！　これは何の証拠にもなりません。猿がでたらめに『イエス』と言っているだけです！」
裁判官「静粛に。原告に質問をしているのは私です！　[アル

バートに向かって] アルバート、ここは非常に重要です。なぜあなたがサミュエルを戻して欲しいのか、法廷で説明できますか？」
アルバート「[アルバートは裁判官をじっと見つめている。そして突然、身振りを交えながら、これまでにないほど長いスピーチを行う。] サミュエルと僕は同じ森で暮らしていました。人間に捕まったときも、僕たちはずっと一緒にいました。だから、捕らわれの身になっても、生きてこられたのです。でも今、僕はサミュエルのことがとても心配です。人間たちは彼に何をしようと……？ どうして僕たちは一緒にしてもらえないのでしょうか？ [そしてアルバートは頭を机に打ちつけた。]」

　法廷全体が驚愕した。衝撃を受けた。心を揺さぶられた。しかし、実験室の弁護士はさらに強硬に弁論する。

実験室の弁護士「裁判官。センチメンタルになって2匹のサルを一緒にしてあげようなどと思う人々もいるでしょうが、人間だけに帰属する本当の感情や理性を動物が持っているなどと考えるのは、まったく不適当です。サミュエルと名づけられた猿は、人間の福祉のために極めて重要な医学研究に必要なのです。猿のアルバートは人間の権利を求めています。猿にその権利はない。[陪審員の方を堂々と向きながら] もしもこの法廷がサルの言うことを聞いてしまったら、私たちは人間の権利よりも動物の権利を優先することにもなってしまうのですよ！ 私たちは断固、猿の申し出を拒否するべきです。」

そして彼は着席する。人々の判断を揺るがせるようなジレンマを法廷に残して……。確かに、アルバートは悲嘆にくれているように見える。長いスピーチをした後は、ため息をつくこともできず、大きな茶色の目で陪審員をひたすら見つめている。アルバートのスピーチは素晴らしかった。しかし、彼の眼差しは、やはり人間とは違う……。

法廷の裁定はいかに？

ジレンマ 48　もう1つの「猿罪」

アルバートに見つめられて、当然ながら陪審員はアルバートに勝訴の判決を下す。しかし、これも当然ながら、実験室側は上訴をする。今度は、チンパンジーは責任能力を欠いていると論じる弁護士。「**責任なくして、権利もなし。以上。**」弁護士は吐き捨てるように言う。

アルバートは法廷に立ち、彼のために記号言語も使用して裁判が行われたが、上訴に彼の出番はなかった。アルバートは嫌悪感を覚えているようだった。(それに、あれ以上、言うべきことはないだろう。)

アルバートの弁護士は、責任能力のない人間にも法律は権利を認めていると反論する。あまりに若齢の場合、あまりに高齢の場合、重度の障害の場合。しかし、意見を述べることができるときには、考慮されるではないか。例えば慢性的な障害者にしても、彼らに関係する事柄の場合、意見の表明が許可されるのが普通である。彼らがサミュエルのように扱われることなど、とうていありえないと思うのではないだろう

か。友人や家族から引き離されたり、実験台になったり、殺されたり……。信じられないことだが、ご存知の通り、それがナチスの第三帝国の強制収容所の実験室で実際に行われたのだ。したがって、不幸なことに、それは考えられないことではない。

再び法廷はアルバートに勝訴、実験室に敗訴を言い渡す。実験室はまたもや上訴を決めた。今度は最高裁への上訴である。さらに高額の費用を支払って新しい弁護士が雇われ、さらに入り組んだ議論を展開する。カササギやカラスも鏡に自分の姿を認めたり、隠された物を発見したりすることができると、短い前置きをした後、しかしながら、権利の起源は社会的慣習、そして共同体における労働にあると弁護士は説明する。チンパンジーやボノボは人間社会において何の役割も果たせないのだから、そこにまで権利を拡張することは意味がない、と。

ここでアルバートは証人席から立ち上がり、フェリシティの所へ歩いていくと、毛むくじゃらの長い腕をゆっくりと彼女の体に回す。

これは弁論に対する応答なのだろうか？

子供をめぐる2つのジレンマ

ジレンマ 49　人生は不公平

トーマスはすねている。自分のノートに落書きをしただけなのに叱られる。自分よりもたくさん小遣いをもらっている

子供もいる。あなたはハンサムではないからデートはしないと、サマンサに言われる。ジェームズはトーマスよりサッカーが上手い。頭脳明晰なブレーンズはトーマスより数学が得意である……。まったくもって不公平だ。数学はブレーンズの好きな科目ではないのだから！

他にも色々と……。ツキから見放されたトーマス。時々、彼は日記に書くことがある。自分には呪いがかけられているのでは……。彼のリモコンのボートは、誤作動を起こして転覆。学校では、何か「正しい」ことをしなさいと注意される。なぜ、自分だけが……？　世界は「正しい」わけではなく、自分はその世界で生きていかなければならないというのに！トーマスは担任のミセス・ヘファランプ〔「くまのプーさん」に登場する象に似ている先生〕に食いさがる。

ヘファランプ先生はこの反抗的な生徒を学校の図書館に連れて行き、青色の本棚から手垢のついたプラトンの『メノン』を取り出す。この対話において、ソクラテスは友人メノンに「美徳」の本質を教えてくれないかと頼む。私たちを「善良」で「有利」にしてくれる、あの望ましい「美徳」についてである。そしてソクラテスはメノンから、自信に満ちた答えを聞くことができる。ヘファランプ先生は軽く咳払いして、朗読を始める。

　難しいことはありません。男性的な美徳というのでしたら、やはり市政を有能に執行することに美徳があります。美徳のある男は友を助け、敵に損害を与え、当然、自分自身の不利にならないようにします。女性的な美徳というのでしたら、これも簡単に述べることができます。美徳のあ

る女は家事を念入りに行い、夫に従順な良妻でなければいけません。(……) あらゆる行為、あらゆる人生の時間、あらゆる職務に、それぞれの美徳があり、また、こう言わねばなりませんが、悪徳もあるのです。

「違う、違う、違う!」トーマスは叫ぶ。「ヘファランプ先生、これは下らない理屈だ!」
トーマスは正しい?

ジレンマ 50　子供っぽい自己主張

　トーマスは校長室に置いてあるキャンディーを盗んだところを見つかってしまった。非常に良く勉強した生徒へのご褒美に、校長が缶に入れておいたキャンディー……。「トーマス!　なんて子だ!　欲しいものを皆が何でも食べていたら、どんなことになると思う!」と、防波堤役のボラード先生が注意する。しかし、早熟の若者や子供に典型的なように、トーマスは反省するどころか言い訳を始める。「先生、本当に空腹で疲れきっていたら、普段はきちんとしていても、目の前にたくさんキャンディーがあり、誰も見ていなければ、自分の身を助けるのは悪いことではないと思うのです。」ボラード先生は黒板消しでトーマスの頭を叩きたくなったが (これは彼の得意技)、思いとどまる。トーマスの言うことにも一理ある?

　給食を作っているクック夫人がこれを立ち聞きし、先生を援護しようと中に入ってくる。「ねえトーマス、あなたのしたことは間違っているわ。そのお菓子はあなたのものではな

いでしょう？ それを盗むのは、とてもいけないことよ。」ボラード先生はこれで解決と安心して、大きくうなずく。しかし、この恐ろしい子供は恥じることなく、再び主張してくる。
「クックさん、『盗み』とはずいぶんな言葉ですね。例えば、無政府主義者(アナーキスト)は常識と違う『普遍的な』価値を目指しているかもしれません。ただ間違っていると言うのではなく、その理由を説明してもらわないと。」
「あなた、何ですって！」
「Petitio principii！(説明ガ必要ナ原理ヲ証明シテイナイ！)」
「いい加減にしろ、トーマス！」

黒板消しが飛び、この場での議論はボラード先生の望むかたちで終わる。
クック夫人の「料理」は美味かった？

良き人生を探し求めて

ジレンマ 51 　金持ちのジレンマ

哀れなジャスティン・メガバックス(バックス)。巨額のお金を、彼はどう使ったらよいのか分からない。子供はいないため、子供のためにお金を使うこともできない。子供のために貯金するのではなく、自分で使ってしまおうというのが彼の計算だったのに……。豪邸、自動車、ジェット機、ボートなど、自分の欲しいものはすべて買ってしまった。そこで彼は時折、自分の貯金を豪邸に届けさせ、千ドル札を庭で燃やして気晴ら

しをする……。

　以前に一度、地方新聞がジャスティンの浪費を批判する記事を書こうとしたことがある。しかし、自分で働いて稼いだ自分のお金なのに何が問題なのかとジャスティンは言い張った。（確かに彼はかつてポップ歌手として、よく働いていたのだ。）しかも、彼よりお金を持っている人が沢山いるではないか！　だから、どうしたと言うのだ？　浪費をしていると批判する人は、億万長者がどういうものか知らないから批判できるのだ、それに批判するのは嫉妬からだろうとジャスティンは指摘する。自分は他人を援助する義務も負っていない……。

　ジャスティンに一理有り？

　ある日、いつものように盛大な酒池肉林の間、札束を燃やすことに余念がないジャスティンのところに、家政婦のジョーンズ夫人がコカインを載せたお盆を持って来て、こう言う。「大切なお金をすべて燃やしてしまうとは、何と無駄なことでしょう、メガバックスさん。私や夫ジョーンズはこれまで感じてきたのですが、あなたはもう少し、例えばそうですね、社会に関わることにお金を使えないのでしょうか？」

　忠実な使用人にまで忠告されたメガバックスは、これは何かしなければいけないと思い始める。ずっと眠っていた良心がチクリと刺されたのである。彼はお金を燃やすのを止めて、周りの意見を聞くことにする。最初に友人たち（本当の友人ではなく、雇用された友人だが……）に助言を求める。全財産を慈善団体に寄付すべきだという友人もいる。しかし、メガバックスは慈善団体なるものを信用していない。彼らは組織の運営費に寄付金を使用しているだけで、それこそお金が無

駄になっている、と。そこでサマンサ（彼が雇用している魅力的な公認会計士）は、フラワー・パーティーを開催するのにお金を使ったらどうと提案する。数年前に購入していた「ジャスティン山」の風吹く山間に、エキゾティックな蘭の花を何千と植えるというのである。「なんのために？」とジャスティン。「一つのアイディアよ」とサマンサは甘い声で答える。メガバックスはこのアイディアを気に入り、実行に移す。

これで解決？

ジレンマ 52　美の罠

平凡なプレイン夫妻に最初の女の子が生まれた。2人は幸せだった。洗礼を行いバーディと名前をつけた。本当に普通の女の子で、全く人並みの容貌。特筆すべき能力もない。2人目の女の子には、大きな黒い目にちなんでウルフィと名付けた。次女も普通の女の子だと思っていたのだが、不幸なことに、それは間違いだった。2人の娘が学校に行く年齢になる頃には、ウルフィが人並みの女の子ではないことが、誰の目にも明らかになった。彼女は目が覚めるくらい頭が良く、バーディと同じ学年に1年の飛級をした。性格も良く、そして最悪なことに……美しかったのである。これだけの美徳を妹がすべて持ち合わせていたため、平凡な姉は何とか妹に遅れを取らないようにと苦しむことになった。

両親の目には2人とも「美しい娘」。しかし、ウルフィは他の誰が見ても美人。この「事実」は、ますます明らかになっていった。バーディは歯並びも悪く、たくさん詰物をしていたのに、ウルフィは優しい微笑みの向こうに、真っ白な歯

を魅力的にのぞかせていた。バーディは十代に特有のニキビやオデキに不安を覚えて苦しんでいたが、ウルフィの肌は本当になめらかで、その魅力を発散するばかり。バーディの髪は傷んでおり、フケがよくデコボコの頭に付いていたが、ウルフィの髪はスリムな肩からいつもエレガントに流れ落ちていた。ウルフィは大きな黒い目をしていたが、バーディは鳥のような目をしていて、まるで妹の輝きに目が眩んでいるかのごとく、神経質に目を瞬かせていた。

特に目の大きな違いは、両親の悩みの種だった。行く先々で人々は足を止めてウルフィを見つめた。ウルフィをちやほやするのも、彼女の虜(とりこ)になるのも当然だと言わんばかりに。それでも人々は公平であろうと努力していた。しかし、バーディの16歳の誕生日に問題は見過ごせないものに……。バーディは「ビッグ・ジョン」(フットボールチームのキャプテンで、非常に人気のある男の子)を、誕生日パーティーに招待した。バーディは金色のラインが入った新しいジーンズを買い、フットボールのシャツとお揃いになるように、白いジャケットにきらきら輝くスパンコールを縫いつけ、丸一日かけてパーティーの準備をした。しかし、到着した「ビッグ・ジョン」はぞんざいに「ハロー」と言ったきり……。後はずっと、プレッツェルやフルーツポンチをふるまってパーティーの手伝いをしているウルフィを見つめていた。(「ビッグ・ジョン」は最低な男だろうか?)

可哀想なバーディ。彼女は自分が惨めになった。階段を駆け上がると、自分のベッドに倒れこみ、不公平すぎると泣き始めた。彼女の姿が見えないことに気がついたプレイン夫人は、心配して階段を上っていった。哀れなことに、バーディ

はこう言うではないか。「みんな私よりもウルフィのことが好きなの。彼女は美しく、私は美しくないというだけで……。男の子も女の子も、それに先生も！」
「そんなことはないわ。先生は生徒を公平に扱うのが仕事なのよ」と答える母親。

しかし、悲しみに沈むバーディはパーティーでの出来事を訴えるばかり。「男の子たちはみんな、完璧なルックスとプロポーションを持ったウルフィのような女の子を求めているの。私たちは心を持った人間として扱われているのではなく、遺伝子か何かで優劣が決められているみたい！」

プレイン夫人がさえぎって言う。「あら、それは正しくないわよ。美の観念がまったく主観的なもの、社会によって構成されたものだということは誰でも知っているわ。主な目的としては、女性の力を弱めるためにね。中国の纏足(てんそく)のことを考えてごらんなさい！ 他の人より魅力が少ないと思われている人は、そうした差別の犠牲者なのよ！」まだバーディは泣きべそをかいていたが、それを聞いて少し気を取り直したようだ。

ここで止めておくべきだったのだが、プレイン夫人は調子に乗って続ける。「いいわね、いわゆる女性美の観念は特に、時代や地域によって異なるものなの。ほら、マオリ族の人々はふっくらした女性を、パドゥン族の人々は垂れた胸を高く評価するでしょう？ だから多くの文化では、あなたのほうがウルフィよりきっと美しいと思われるわ。」

逆効果だった。バーディは泣き出した。「愛らしいというだけの理由で、蝶はゴキブリよりも『善良』なんて言えるかしら？ 私たちには両方とも必要なのよ」とプレイン夫人が

慰めても、何の効果もなかった……。こうしてバーディの誕生日は終わり、翌日に家族「作戦会議」が開かれた。こうした不幸や不和を生み出す社会の刷りこみに、どのように立ち向かっていくのか。

　ウルフィはとてもショックを受けた。姉がこれほどボロボロになっている原因の一端が自分にあるなんて、思いもよらなかった。この状況をすぐ改善するために何かしたいと、ウルフィは思った。同時にウルフィは自分の状況も説明した。男の子たちにつけ回されたり、絶えずデートを申しこまれたりするのが、どれほど嫌なことなのか……。バーディはそのようなことを考えたこともなかった。優しくバーディはこう言った。「ウルフィも私と同じく、外見で人から判断されるという罠に入れられた犠牲者なのね。」

　プレイン夫人はウルフィと相談。ハサミでチョキチョキ！ウルフィの流れるような長い髪が床に落ちて、イガグリのような頭に。「2人とも私の可愛い子供なんですもの、どちらが可愛いとか言わせないわ！」とプレイン夫人。そしてウルフィを連れてショッピングに出かけ、わざわざ流行遅れの服を買った。また、ウルフィの特別の希望で眼鏡屋に行って、明るい青の大きな眼鏡も手に入れた。検眼士は納得がいかない。ウルフィは「最高に愛らしい大きな目をしているだけでなく」（検眼士が思わず口にした言葉）、素晴らしい視力を持っていたのだから。

　ところが困ったことに、ウルフィはどれほど冴えない服を着ても、どうしても魅力的に見えてしまう。基準が変わって、彼女が着ている服が魅力的、ということになってしまう。だから何を着ても同じなのだ。イガグリのように刈りこんだ頭

もスタイリッシュに見えてしまう。しかし、そのことにウルフィはまだ気づいていない。翌朝、ウルフィは揚げ物たっぷりの朝食（彼女は食生活も変えていた）をお腹に詰めこみながら、買ったばかりの眼鏡の奥からバーディに微笑んで言った。「今は本当に幸せだわ。囚われていた牢獄から自由になったみたい！　他人から美の観念を押しつけられるなんて、もうこりごり！　普遍的な観念だと思われているけれど、美なんて本当は社会的に構成されているのね。」するとバーディの小さな額が困惑に歪んだ。いつも通りのたっぷり健康的な朝食ではなく、彼女のお皿にはたった2枚のクラッカーと、すり潰したニンジンだけが乗っていたのだから。

誰が罠にかかっているのだろう？

ジレンマ53　良き人生

　王子のゴータマ・シッダールタ（紀元前563-483）は美しい妃と結婚し、人生のあらゆる喜びが約束されていた。しかし、ある日、護衛から離れてしまったとき、生まれて初めて自分一人で行動することになった。そして、自分が生まれたインドの街の普通の人々のなかを、彷徨い歩いたのである。
　彼がそこで見たものは……。半睡状態で木の下に座っている衰弱した老人。地面を虚ろに見つめ、心ここにあらずという感じで、意識のないまま木を手で叩いている……。家の中からは何やら恐ろしい音がする。窓から覗いてみると、薄暗く汚い部屋の中には、病気に苦しみもがきながら、体を丸めて汚いベッドに横たわる人影……。背筋が寒くなったシッダールタは、足早にそこを立ち去り、冷たい噴水のある王宮に

戻ろうと決心した。だが、安全な王宮に近づくというのに、死体を運ぶ人々の行列が……。思わず避けた彼は、汚れたドブにはまってしまった。

その夜、シッダールタは神妙に自分の人生と今後の計画を考え直していた。これまで人生とは、喜びにあふれた出来事、酒宴、象狩り、親しい友人との豪華な食事など、愉しいことの連続だと楽天的に思い描いていたが、本当はそうではないのでは？　ひょっとして人生とは、反対に、不毛で平凡な毎日、落胆、悲劇の連続ではないのか？　避けがたい腐敗、衰弱、苦痛、悲嘆、そして最後は死。

数週間後、こうした憂鬱な思念に引き続き心奪われていたとき、鮮やかなオレンジ色のガウンを着た丸坊主の僧が通り過ぎた。穏やかで整った容貌……。これは何か重要な兆候、いや、もしかすると、これが答えではないかとシッダールタは感じた。彼は永遠に王宮を離れ、禁欲的で厳格な修業生活を始めると皆に告げた。これぞ「美徳ある人生」。しかし、物語はここで終わらない。自己を否定し飢えに耐える生活をしばらくしたシッダールタは病気になり、ある日、道端に倒れてしまったのである。幸運にも友人たちの看病によって彼は健康を取り戻し、太陽の下、花咲く菩提樹の木の下に座りながら、療養生活を送っていた。じっくり考えをめぐらせていた彼は悟った。自分が行った苦行もまた、贅沢三昧の空虚な生活と同じく、「理にかなった」ことではない。禁欲的修業もまた利己的な放縦にすぎないのだ、と。

それでは、良き人生を送るには？

監視の権限

ジェレミー・ベンサムの一望監視装置(パノプティコン)。囚人全員の行動を常に監視する円形の監獄。

ジレンマ 54　パノプティコン I

「デモクラティア」の善良な国民は、慢性化する犯罪の激増に苦慮していた。反社会的マイノリティが窃盗、破損、略奪を行い、時折、他の市民を殺すこともあったのである。状況はどれほど悪化しているのだろう？　忌まわしい事件が新聞報道されずに過ぎる日は、ほとんどなかった。悪い状況である。何れにせよ国民の意見は一致していた。何かをしなければならない、と。

犯罪者を見つけるために、野心的な監視プログラムが発動された。

限定的受信者に向けられた閉回路カメラが使用された。監視するのは、通勤中に自動車や自転車を運転しているところ、職場に到着したところ、そして仕事をしているところ……。さらには、職員の飲食施設やトイレにもカメラが設置された。買い物をしているところ、フットボールを応援しているところまで監視した。パブやクラブには警戒して隠しカメラが設置された。そして、カメラに写った顔と名前、名前と場所をスーパーコンピュータが照合していた。

コンピュータは休みなく夜どおし作動して、人々をチェックしていた。疑わしい電子メールをふるいにかけ、すべての端末のインターネットの履歴を取り調べる。また、不適切な取引がないかどうか、銀行口座とクレジットカードをチェックする。さらには、買い物の傾向を調べるために、請求書やレシートの監視までしていたのである。

また、電話の声にアクセスし、いつどこで誰が誰に電話し

たか、その詳細を照合した。人々が家で電話するときにも、受話器がマイクロフォンになっていて、聴取することができる。テレビ装置は映し出された光を解読して、人々がテレビを観ているときに、逆に人々を監視できるようにしていた。

さすがは民主主義(デモクラシー)を標榜する政府……。新しい政策をめぐる議論は、内閣(キャビネット)(閉じたドアの後ろ)で行っていた。政治家が不平の声を漏らしているところまで、モニタによって検知され、高級紙に掲載されていたからである。

ううむ……。大臣たちが疑問を口にした。プライバシーを守る個人の権利と情報を集める社会の必要性との微妙なバランスは守られてきたのか？ それとも、限度を超えてしまったのか？

ジレンマ 55　パノプティコンⅡ

限度にはまだ達していないという結論を政府は出す。個人のプライバシーと社会のコントロールの両方を達成する方法があるはずだ……。監視を継続するが、その代わり新しく個人情報保護法を施行する。個人は自分のどの情報が収集されたか知る権利が与えられることになる。無論、公務上の秘密はその限りではない。警察もこれに異議はない……。

この特別措置に乗って、「総合警備省」の大臣が提案をする。医療記録、税金資料、社会安全資料、そして様々な政府組織から集められた全情報を注意深く照合し、すぐに政府の機関や関係者の利用できる巨大なスーパーデータベースに収集すること。また、国民の遺伝子プロフィールを新しく作成し、身体／精神の疾病傾向に関する有益な情報をリストアッ

プすること。

「潜在的被疑者」となる普通の市民から不満の声が上がる。しかし、大臣がラジオで語るように、収集される情報はすべて政府の情報であり、もっぱら国民を助けるために必要なのである。

こうした情報効率化に対して、どのような反対がありうるだろうか？

ところが、この体制への異議が持ち上がる。ある陳情団体(ロビーグループ)が核施設の監視カメラ情報へのアクセスを要求し始めた。また、政治家の開発事業への癒着を調べるために、地方議会議員の金銭利益の情報開示を求める団体もある。大臣の休日の予定まで要求してきた新聞社もある！

「監視の原則」は「監視する側」にも適用しなければならないのだろうか。

ジレンマ 56　パノプティコンⅢ

政府の説明によると、有効性の見地から、政府自身の計画など数項目は監視の原則から外さなければいけないという。これを除けば、情報収集は上々に進んでいるのである。近い将来、公式発表された数字が示すように、記録・探知されることなく犯罪行為に及ぶことは、現在よりもはるかに難しくなるだろう。それどころか、発生間際に犯罪を止めることさえ可能であると政府は見ている。違反を犯しそうな人間を特定し、何か兆候をキャッチしたら、悪事を働こうと考える前に逮捕してしまうのである。

後日、監視の対象となる行動の幅は、犯罪行為にとどまら

ず、望ましくない行為一般にまで拡張された。性的異常、政治的過激主義、職務怠慢など、あらゆる反社会的性質が見受けられる人間には要注意。学校の生徒や大学生に対する早期介入には特に効果があるだろう。個人情報のファイルは政府に大きな権力を与えたが、「デモクラティア」の政府は善良で厳正につき、国民の誰も（無論、犯罪者をのぞいては！）気にしていないようだ。

社会の福祉を高めるのか、それとも、問題を引き起こす「贅沢」を個人に認めるのか。明白な選択である。「戦争や大嵐は読むのがベスト。平和と平静は享受するのがベター」。「安全社会調和省」の大臣は誰かの言葉を引いて、ロビー・ジャーナリストたちに説明する。問いつめられた大臣は引用の出典を忘れていたが（「この発言はオフレコだぞ」と睨みをきかせる大臣）。

何れにせよ、こうして新しい監視システムがスタートした。
しかし、監視された子供たちは楽しく平和に遊ぶことができるのだろうか!?

ジレンマ 57　パノプティコンIV

残念ながら、この監視システムには膨大な費用がかかった。もっと消費者に効率的にアプローチしたいビジネスやサービスにも、収集した情報が利用できるようにしたいと、大臣は提案することになった。そうすれば、監視システムは産業においても社会的価値を生み出すことができるというのである。ビジネスの世界ではすでに、クレジットカードや店舗のカードから入手した購買傾向や「郵便番号によるプロファイリン

グ」などの情報を用いて、独自の精巧なデータベースを構築し始めていた。今や、経済全体が健康や社会安全の情報などの公的記録（及びそれに付随する情報）から、手数料を含め、利益を獲得し始めていたのである。

もちろん情報のなかには、ポピュラー・ミュージックや映画のスターの病気や、政治家の収入など、新聞にとって非常に価値ある情報もあった。「フォーカスされた」有名人のビデオクリップは最も高い値で売れて、テレビの人気目玉番組になった。新聞も有名人のスキャンダルや下世話な写真で一杯になった。

これにはさすがに不安を感じ始めた大臣も１人、２人と出てきた。若いときにやってしまった「ちょっとした過ち」を思い出したのである。互いに不平の呟やきを漏らしたが、これもまた監視されているため、下手をすると「誤解の種になる」。

個人のプライバシーの権利を守る（少なくとも企業から守る）法律が、必要だったのでは？

大学倫理のロールプレイング・ゲーム
大学のモラルを高める企画

ジレンマ 58　学部長の娘

サンディ・イエロー博士は大学の哲学科で教えている。新しく研究資金を獲得した彼女は、共同研究者を探している。偶然ながら応募者の一人（おそらく、最優秀な応募者）が、学部長の娘だった。これもまた本当に偶然なのだが、学部長はサ

ンディの教授への昇進申請を考慮しているところだった。あなたがサンディだったら、どのような決定をするだろうか?

A 学部長の娘を共同研究者に迎える。
B 人事課に相談する。あるいは、人事課との議論無しに共同研究者を決定するのは気まずいと学部長に伝える。

あるいは(面倒を避けて)、2番目に優秀な応募者を選ぶ?

ジレンマ 59 コピーのジレンマ

ケチなスティンジー大学の2人の講師は普段から、事務室から取ってきたコピー用紙とコピーカードを学生たちに与えていた。もしあなたが理事だったら、この状況にどのように対処するだろうか?

A 用紙とカードは教員と事務局にのみ支給されていることを、2人の講師に伝える。そして、学部のスタッフ全員に宛てた以下の警告を、(事務文書らしくコピーして)貼り出す。

用紙とコピーカードは教員と
事務局の使用に限定
違反にはしかるべき措置を取ります!

B 支給を中止して、使用時にのみ署名をさせてコピーカードを渡す。

あるいは、すでにこの時点で支給横領を大学本部に報告する？

ジレンマ60　フェンス（2部構成）

モリスはスティンジー大学の施設課主事。彼は自分の家のフェンスを新調するにあたって、下見のために材木工場を訪れている。話し合いをしていると、材木工場の主任はモリスにこう言う。「あなたはスティンジー大学に勤めているのですね。スティンジー大学はお得意さんですから、あなたに特別割引を致しましょう。」

良い話だ。モリスはどうするべきだろう？

A　もちろん割引をしてもらう。「それは感謝します！」
B　確認する。「特別割引は大学のすべての教職員にしてもらえるのでしょうか？」

ちょっとした試金石……。

第2の場面
モリスは特別割引に有頂天になっている。彼は材木工場の主任に説明する。大学は間もなく材木を「大量購入」する予定ですよ、と。事務室に相談に行った主任は、戻ってきて言う。小さなフェンスですから、「工賃はいりません」。

もちろんモリスは、この話に乗らない手はない。「それは感謝します！」

材木工場に感謝。しかし、帰路の途中でふと思う。「こん

なにうまくいって、本当にいいのだろうか？」

ジレンマ 61　教員資質監査

　ヘレンは大学の学部の教員資質監査に参加している。評価の仕事を終えた後、ヘレンは気づく。彼女が評価するように求められた同僚の仕事の質に関して、自分と学部長の意見が大きく食い違っている……。学部長は「国際レベル」と評価していたが、自分は「3等級」と評価していたのである。暇を持て余し、手に丸めた新聞紙でスウィングする学部長。新聞がヘレンの座っている椅子の背にぶつかり、彼女の紅茶がこぼれてしまう。ヘレンはどうするべきだろう？

A　残った紅茶を学部長にかける。
B　学部長の行動は容認しがたいので、学長あるいは倫理課に報告すると学部長に告げる。

　あるいは「ほんの冗談だよ！」と学部長は苦笑いしているので、水に流す（紅茶ではなく）？

ジレンマ 62　懐かしの「かわい子ちゃん」

　倫理学の老教授ジョンは、女性の講師全員にいつも「かわい子ちゃん(スウィーティ)」と呼びかけている。ジョンが優しくウィンクしながらこの言葉を使っているのを、あなたは何度か耳にしてきた。あなたが責任ある学部長だとしたら、何か注意するべきだろうか？

A 何もしない。女性講師を「かわい子ちゃん」なり他の愛情表現で呼ぶことに、何の問題も無いからだ。何れにしても、誰も不平を訴えていない。
B 性的意図がないとしても、「かわい子ちゃん」と呼ばれることに憤りを感じる講師がいるかもしれないと、教授に忠告する。

それよりも、すぐに教授会で教授に謝罪させる？

アニマルズ（ベジタリアンのジレンマ）

ジレンマ63 プルタルコスの「好みに合わない食事」

「哲学天国」（地獄？）で大きな議論が沸き上がる。肉を食べる選択をした者を天国に迎え入れるべきだろうか？
　プルタルコス（46 - 120）がベジタリアンを支持して口火を切る。
「人間が肉を食べるのは自然ではない。私たちの体型が何よりもそれを示している。人間の体は肉食動物の体とは全く似ていない。鉤型に曲がった嘴も、鋭い爪も、尖った歯もない。重厚な肉質の食物を消化する強靭な胃袋、あるいは熱い息もない。」
「肉を食べるのが自然だと主張するならば、食べたいものを自分自身で殺すだろうか。刃物や棍棒や斧を使わず、狼や熊やライオンのように獲物を殺して貪り食うだろうか。あなた

の歯で牛や豚の肉を嚙み切ってみたまえ。羊やウサギの肉を引き裂いて、まだ生きているうちに食べてみたまえ。動物が完全に死ぬまで待ち、霊魂が肉に残っている間に食べるのを恥じるのならば、自然に反して、なぜ動物を食べようとするのだろうか。死んでいるものを、そのままで食べたいと思う人は誰もいない。煮たり、焼いたり、ソースを加えて温めたり、スパイスをたくさん加えて血糊の味を柔らかくしたり……。こうして味覚は欺かれ、好みに合わない食事を受け入れることができるようになる……。」

なるほど……。これは味のある考えだ……。

投票ボタンを押して下さい！　肉を食べる人は天国に入れる？　入れない？

ジレンマ 64　獣

肉食を代表するのは、「ナチ哲学者」オスヴァルト・シュペングラー。その背後には、興奮気味に会釈する彼の良き師フリードリヒ・ニーチェ。ベルトルト・ブレヒト（1898 - 1956）は仲間の同国人たちを励まそうと、「まずは食事、次に道徳」と囁く。シュペングラーは「肉食獣は能動的生命の最高の形態」と宣言する（周りに警戒しながら）。「総統」自身はベジタリアンだった……。

「肉食獣は戦闘、征服、絶滅、自己肯定の最高度の必然性を要求する生命の様態である。人類が高位に位置づけられるのは、人類が肉食獣の階級に属しているからなのである。したがって、我々は人間のなかに、勇敢で抜け目のない肉食獣に固有の生命の戦術を見る。人間は攻撃、殺戮、絶滅に余念な

く生きるのだ。人間は存在するかぎり、主人であろうと欲する。」

　敏感な哲学者たちは衝撃を受け、身震いしながら寄り集まって相談する。これにどう応えるべきだろう？

抜け目のない獣！　彼を天国に入れるべきだろうか？　閉め出すべきだろうか？

ジレンマ 65　プルタルコスの応答

　再びプルタルコスの出番である。
「暴君による殺戮も、すべて同じように始まった。アテネで最初に殺されたのは、誰もが死に値すると言うような、最悪の密告者だった。2番目に殺されたのも同じような男。そして3番目も。しかしその後、アテネの市民は血なまぐさい殺害に慣れてしまい、ニキアスの息子ニケラトス、トラメネス将軍、哲学者ポレマルコスが処刑されたときも、ただ眺めているばかりだった。同じく、最初に殺されて食べられた動物は、人間に有害な荒々しい獣だった。その後、鳥や魚が捕まえられた。こうして始まった殺生はとうとう、私たちの労働を助けてくれる牛や、衣服の材料となる羊、家の門番を務めてくれる鶏にまで及んだ。そして、少しずつ私たちの欲望は高じて、殺人、戦争、虐殺へと続いていったのである。」
「ピタゴラスが肉を遠ざけた理由を尋ねる意味があるのだろうか。私ならば、むしろ初めて血の塊に口をつけ、死んだ生き物の肉に唇をつけた人、死んで腐りかけた肉を食卓に出し始めた人、少し前まで唸り、叫び、動き、生きていた肉片を、あえて食物や栄養と呼んだ人に、こう問いかけたい。一体ど

のような偶然によって、そして、どのような魂や心の状態で、そのようなことをしてしまったのか。喉を引き裂き、皮を剝ぎ取り、肢を毟り取る屠殺に、どうしたら目が耐えられるのだろうか。どうしたらその異臭に、鼻が耐えられるのだろうか。その汚れに味覚が遠のくことなく、皮膚の破れに口をつけ、深い傷口から肉汁や血を吸うことができるのは、どういうわけなのだろうか。」

「聞いてくれ！　聞いてくれ！」とジョージ・バーナード・ショー（1856‐1950）が不意に入って来る。「動物は私の友達だ……。私の友達を食べないでくれ。」

　むむむむむ……。

ジョージの友達を食べてしまう人々を、天国に入れるべきだろうか？

ジレンマ 66　聖パウロの見解

　今度は長髪の人物が演台に近づいてくる。傷んだ白い上着を着ている。「使徒」と呼べるかどうか論争の余地があるパウロだ。彼はタバコの汚れで黄色くなった歯をむき出して、含み笑いをする。

「肉市場で売られているものなら、良心の呵責を覚えることなく、何でも食べなさい。この世とそこのすべては主のものなのだから。」

　パウロは顔を歪めてニヤリと笑いながら言う。「コリントの信徒への手紙(1)。10の14から33。」彼は腰を下ろし、自

己満足げに賛同の声を期待して見回す。

投票が始まる。肉を食べる人は天国に入れる？　入れない？

ジレンマ 67　クリュソストモスの警告

「待たれよ！」油質の黒い長髪が眼まで垂れた、修行僧のような痩せた人物が姿を現す。青白い手に1束のメモを握りしめている。教父クリュソストモスである。恐ろしいパウロから絶えず目を逸らしている彼は、嘆き悲しむ。「私たちキリスト教の指導者は、肉体を鎮めるために動物の肉を節制しているというのに……。肉食の不自然な営みは、悪魔に由来する……。肉を食べると汚れていく……。」

クリュソストモスは天を見上げ、体を前後に揺さぶる。彼の声は力を失い、無気味に響く囁きとなる。「食肉とワインは官能の素材……、危険、悲嘆、病気の源……。私たちは生きていることで満ち足りなければ……。健康を保ち、他に何も求めないような……。酒池肉林の毎日は、死と闇への埋葬の道……。魂と体に襲いかかる、贅沢から生じる嵐を描ける者はいないか……？」

クリュソストモスは力尽きている。しかし、ここで彼は止まるわけにはいかない。「絶えず曇った空からは太陽の光が射しこまないように、贅沢の煙は……脳を包み……厚い靄を投げかけ、理性が働かないようにしてしまう……。」彼の太い声が呻くように響く。「私たちの眼で魂を見ることができるならば、魂は不幸に喘ぎ、悲しみに沈み、惨めで、貧弱のあまり、やつれているのが見えるだろう。肉体が艶やかになればなるほど、肥えれば肥えるほど、魂はより貧弱で弱々し

くなっていくのだ。肉体が甘やかされればされるほど、魂は自由を妨げられていくのだ……。」

「ナンセンス！　絶対にナンセンス！」ローマ教皇ピウス12世（1876‒1958）が無粋にも割りこんでくる（ウィトゲンシュタインのように。しかし、これはまた別の話……）。「動物に感情はありません！　動物の叫びを聞いて、気まぐれに同情を覚えるべきではありません。ハンマーで叩かれた赤く燃える金属に同情するようなものです！」そう言うとピウス12世は鉄の棒で演台を2つに叩き割り、混乱のまま議論を終わらせる。

評決は？

倫理的に疑わしい御伽噺

ジレンマ 68　カエルの王様

　願いごとが叶えられた昔のお話です。王様が暮らしていました。その王様の娘はみんな美しいのですが、末娘はとりわけ愛らしく、さんさんと輝く太陽さえ、彼女の顔を照らすときには明るくなるほどでした。王様のお城の近くにはライムの古木があり、木の下には池がありました。暖かい日には、末娘が金のボールを持って出て、木の下でボールを空に投げては取って遊んでいました。金のボールは王女のお気に入りになりました。

　ところが、あるとき、金のボールが落ちてきませんでした。木の枝にひっかかってしまったのです。王女は枝を力いっぱ

い引きました。ボールは落ちてきたのですが……池のなかに真っ逆さまです！　そして、みるみるうちに、ボールは池のなかに姿を消してしまいました。池の水は深く、底は見えません。王女はすすり泣き始めました。その泣き声はどんどん大きくなっていきます。そのとき、ゲコゲコと小さな声が聞えました。「どうしたのかな？　なぜ泣いているのかな？　石まで心配しているよ！」

　王女は驚いてまわりを見ました。どこから声が聞えてくるのでしょう。するとカエルが水のなかから、ずんぐりした、みにくい頭を出しているではありませんか。「あら！　カエルさん、あなたなの？　私の金色のボールが、あなたの池のまんなかに落ちてしまって泣いていたのよ。」

　するとカエルは言いました。「おとなしくしていてね、泣かないでね。ぼくが助けてあげるから。でも、そのかわり、ぼくに何かしてくれない？」

　王女は答えました。「カエルさん、あなたの好きなものならなんでもいいわ。あなたが望むのなら、私の服でも、真珠でも、宝石でも、黄金の冠でもなんでも、私の身につけているものはすべてあなたのものよ。」

　するとカエルはゲコゲコ鳴いて、こう言いました。「チェッ！　ぼくはきみの服も真珠も宝石も黄金の冠もいらないよ！　もしもきみがぼくを愛してくれて、ぼくをきみの友達や遊び相手にしてくれるなら……、もしもぼくがきみのそばに座って食事をし、きみの黄金のお皿で食べたり、きみの小さなカップで飲むことができるなら……、もしもぼくがきみのベッドで寝ることができるなら……、そう約束してくれるなら、ぼくは池にもぐって、金色のボールをきみのために取

ってきてあげるよ!」
「なんでもいいからすべて約束するわ、カエルさん。私のボールを取ってきてくれるなら!」ところが、王女は内心こう思っていたのです。「なんてバカなカエルかしら! カエルは水のなかで、ほかのカエルといっしょに生きていればいいのよ。人間といっしょに生きることなんてできないわ!」

けれども、王女の本心を知らないカエルは、約束のことで頭がいっぱいになりました。長い足をぴょんとさせて、池にもぐっていきました。しばらくすると、カエルは金のボールを口にくわえて戻ってきました。ほら見てよと言わんばかりに、王女のそばの草のうえにボールを転がしました。王女はボールをひろいあげます。ところが、大喜びの王女はそのまま、走り去っていってしまいました。「待って、待って!」とカエルは叫びます。「ぼくを連れていって。ボクはきみのように速く走れないよ!」カエルは王女の後を追っていきます。けれども、力いっぱいゲコゲコ、ゲコゲコ、ゲコゲコと鳴いてみたところで何になるでしょう? 王女はまったく聞いていません。家に走って帰って、あわれなカエルのことなんて忘れてしまいました。カエルは水の世界に戻るよりほかなかったとさ。

しかし待てよ……。王女は約束をしたではないか! 約束は守るべきでは? 相手がカエルだとしても。

ジレンマ 69　カエルの王様 (続篇)

翌日、王様と娘たちがそろって黄金の皿からキャビアを食べていると、遠くから物音が聞こえてきます。バシャパシャ、

バシャパシャ、バシャパシャ。大理石の階段を上ってくる音が……。だんだん音は大きくなっていきます。階段を上りきったところで音が止まりました。ゲコゲコと小さな声がするではありませんか。「王女、王女、ぼくのために戸を開けて。」末娘は急いで戸のところへ走っていきます。カエルが水たまりのなかに座っていました。大きな目で何か期待するように王女を見上げています。王女は戸をバタンと閉めました。どうしたらよいのでしょう。わからないまま晩餐の席に戻りました。すると、その一部始終を見ていた王様がこう言ったのです。「何をそんなに怖がっているのだね？ 巨人でも外にいて、おまえを連れ去ろうとしているのかね？」王様は大笑いしました。

「ちがうの、ちがうの」と王女は答えます。「もっと嫌なものなの。巨人じゃなくて、気持ち悪いカエルなの！」王女は父親に一部始終を話しました。また戸を叩く音、そしてゲコゲコという叫び声が聞こえてきました。「王女！ 王女！ ぼくのために戸を開けて！ 池の冷たい水にかけて、ぼくに約束したことを忘れたの？」王様は咳払いをして、意見を述べます。「約束したことは守らなければならない。彼を入れてあげなさい！」

　王女は肩を落として戸を開けました。するとカエルが元気よく飛びこんできて、王女の椅子のところまでピョンピョン、ピョンピョンと跳ねていきます。カエルは立ち止まり、ゲコゲコと言いました。「ぼくを持ち上げて！」王女がぐずぐずしていると、王様がそうするようにと命じます。カエルはテーブルに乗っかると、こう言いました。「さあ、いっしょに食べようよ。きみの小さな黄金のお皿をぼくの近くに持って

倫理的に疑わしい御伽噺

きて。」王女はいやいやながら、カエルのいいなりになりました。晩餐は沈黙のまま続きます。カエルは食事を楽しんでいる様子。王女は一口ごとに胸がつまる思いでした。カエルは言います。「食べた、食べた、満足だ。ぼくは疲れたよ。きみの可愛い部屋に連れていってね。シルクベッドで眠りたいな。一緒にね。」

　王女は泣き始めました。冷たく濡れた汚いカエルが、奇麗で可愛い自分のベッドに入ってくるなんて……。けれども、王様は怒ってこう言いました。「困っているときに助けてくれた者を、あとになって嫌うとはなにごとだ！」しかたなく王女はカエルをつれて、足取り重く階段をのぼっていきます。しばらく考えた王女は、カエルを部屋の遠くの隅に置きました。ところが王女がベッドに入ると、カエルが近くまではってきて言いました。「ぼくは疲れたよ。ぼくもきみのように眠りたいよ。ぼくを持ち上げてよ。お父さんに言いつけるよ！」これには王女もひどく腹を立てます。指のあいだに用心ぶかくカエルをはさむと、壁にカエルを投げつけました。「これで静かになるでしょうよ！　いまわしいカエル！」ところが、カエルがシーツのうえに落ちてきて、のびていると思ったら……、カエルではなく、美しく優しい目をした王子だったのです。

　王女は父親の命令に従い、王子を伴侶にしましたとさ。
ジレンマは消えた。しかし、教訓はどこに？

ジレンマ 70　レダマの木──悪魔の御伽噺

　昔々、仲睦(なかむつ)まじい夫婦がいました。2人は子供が欲しかっ

たのですが、なかなか授かりません。夫婦の家の前庭には、レダマの木が生えていました。

　冬のある日のこと、妻はその木の下でリンゴの皮をむいていました。すると指を切ってしまい、血が1滴、雪のうえに落ちました。「ああ」と彼女はため息をつきます。「ああ、血のように赤く、雪のように白い子供がほしい！」そう口にすると、彼女はとても嬉しくなりました。その願いが叶うような気がしてきたのです。それから1ヶ月が経つと雪がとけ、2ヶ月が経つとあたり一面が緑になり、3ヶ月が経つと花が一斉に咲き出し、4ヶ月が経つと森の木々が茂りました。緑の葉をつけた枝が絡み合い、森には鳥の鳴き声がこだまし、花が木から落ちんばかりに歌っていました。そして5ヶ月が経つと、妻は再びレダマの木の下に立ちました。そのとても甘い香りに彼女の心はときめきました。彼女はひざまずき、喜びに我を忘れたのです。そして6ヶ月が経つと、レダマの木に大きな実がなりました。彼女も安静にしています。7ヶ月が経つと、彼女はレダマの木の実をもぎとり、むさぼるように食べました。すると具合が悪くなり、悲しくなりました。そして8ヶ月が経つと、彼女は夫を呼んで、泣きながら言ったのです。「私が死んだら、レダマの木の下に埋めて下さいね！」9ヶ月が経つと、妻は男の子を生みました。雪のように白く、血のように赤い子でした。

　けれども、妻は喜びのあまり亡くなってしまったと言い伝えられています。夫は妻の亡がらをレダマの木の下に埋めました。しばらく経ち、夫は後妻をもらいました。2人のあいだには、マリレナという名の娘が生まれました。後妻は娘をとても愛しましたが、前妻から生まれた男の子を見るたびに、

身を切られるような思いがします。憎しみのあまり、平手打ちをすることもありました。男の子は心休まる居場所がありませんでした。とうとうある日、男の子が戸のまえにやって来たとき、悪魔が後妻にささやき……。男の子に優しくこう言ったのです。「ぼうや、リンゴが欲しいかい？」[懐かしいイメージ！] 男の子は答えます。「お母さん、ぼくにリンゴをちょうだい！」後妻は誰かに操られているかのように、こう続けます。「一緒においで。」そして、食べ物を置いてある小屋に一緒に行って、オーク材の箱の大きく重たいフタを開けると、後妻は言いました。「自分でリンゴをお取り。」男の子が箱のなかに身をかがめると……バタン！　後妻がフタを閉めたのです。男の子の首が飛び、赤いリンゴのなかに落ちました。

　後妻は怖くなってうろたえました。白いハンカチを持ってきて、男の子の頭を胴に乗せ、首が見えないようにハンカチを巻きました。そして戸のまえの椅子に座らせ、手にリンゴを握らせました。しばらくすると、娘のマリレナが台所に入ってきました。マリレナは台所の火のそばに立って、お鍋でお湯を沸かし、ずっとかきまぜていました。

　するとマリレナは言いました。「お母さん。お兄ちゃんが戸のまえに座っているけど、顔は真っ白だし、手にリンゴを持っているの。私にリンゴをちょうだいと言ったけど、返事がないのよ。」

「もう一度、行ってごらんなさい」とお母さん。「それでも返事をしないようだったら、顔をはたいてやりなさい！」

　マリレナは言う通りにします。「お兄ちゃん、リンゴを私にちょうだい。」何も返事がありません。マリレナは顔をは

たきます。すると頭がゴロンと落ちました！

　マリレナは怖くなって泣き始めました。そして、お母さんのところに走っていって、こう言いました。「お母さん、私ね、お兄ちゃんの頭をたたいて落としちゃったの！」お母さんは応えます。「マリレナ、困った子ね！　なんてことしたの。でもね、黙っていましょうね。だれも知らなくていいことなのよ。もうどうすることもできないの。お兄ちゃんをブラック・プディングに作りかえてあげましょう。」お母さんは男の子の亡がらを台所に持っていって、小さく切りきざみ、鍋に入れて、ブラック・プディングを作りました。けれども、マリレナはそばで泣いてばかりです。マリレナの涙が鍋に流れ落ちます。これで、塩をくわえる必要もありません。

　お父さんが家に帰ってきて、食卓につきました。お母さんは見事なブラック・プディングをお皿に盛りつけました。ところが、マリレナは泣いてばかりで食べません。お父さんは娘の様子を心配しましたが、妻にはこう言うばかりです。「うむ、これはうまいな。もっとくれ。」食べれば食べるほど、ますます食べたくなります。「もっとくれ。みんなは食べなくていい。ぜんぶ俺のものだ。そんな気がする。」そう言うとテーブルの下に骨を投げ捨てながら、どんどん食べていきましたとさ。

　　グリム兄弟（ヤコブとヴィルヘルム）『童話集』1812年版を、自由にアレンジしてお送りしました。

確かに興味深い。しかし、ここから倫理は学べない。いや、学べる？

倫理的に疑わしい御伽噺　121

ジレンマ 71　レダマの木（続篇）

　夕食後、マリレナは戸棚のところへ行って、自分の一番のシルクのハンカチを取り出すと、テーブルの下の骨をすべて集め、ハンカチにくるみました。そして泣きながら、骨を入れたハンカチを戸の外に持っていったのです。するとレダマの木が揺れ始めました。まるで枝々が拍手をしているかのように……。すると、木から霧が立ちのぼるように見えました。霧の真ん中には炎が燃え、美しい鳥が鳴きながら空へと飛び立っていったのです。鳥がいなくなったあと、レダマの木はもとの姿に戻りましたが、ハンカチと骨は消えていました。

　鳥は遠くに飛んで行き、鍛冶屋の家の上に舞い降りて鳴き始めました。「クー、クー、ぼくはなんてきれいな鳥なんだろう！」金の鎖を作っていた鍛冶屋は、屋根の上から聞こえてくる鳥の鳴き声に聞き惚れて、こう言いました。「ここに、おまえのための金の鎖があるよ。だから、私のためにもう一度鳴いておくれ。」すると鳥が舞い降りてきて、金の鎖を右の足の爪に引っかけ、鍛冶屋の前にとまって鳴きました。「クー、クー、ぼくはなんてきれいな鳥なんだろう！」

　それから鳥は靴屋のところに飛んで行き、靴屋の屋根に舞い降りて鳴きました。「クー、クー、ボクはなんてきれいな鳥なんだろう！」その声を聞いた靴屋はシャツ姿のまま出てきて、屋根を見上げました。なんと美しい鳥。きれいな赤と緑の羽。金色の首。星のように輝く目。靴屋はこう言いました。「鳥よ、私のためにもう一度鳴いておくれ。」すると鳥はこう応えました。「いやだよ。何もくれないのに、ぼくは二

度も鳴かないよ。」そこで靴屋は妻に伝えます。「1番上の棚に赤い靴があるから、それをこっちに持ってきてくれ。」すると鳥が舞い降りてきて、赤い靴を足の左の爪に引っかけ、鳴きました。「クー、クー、ボクはなんてきれいな鳥なんだろう！」

　鳥は歌い終わると、今度は水車に飛んで行きました。ライムの木にとまり、石臼がガタゴト、ガタゴト、ガタゴトと動くのに合わせて鳴きました。すると粉屋が言いました。「鳥よ、おまえはなんと美しく鳴くのだ！　私のためにもう一度鳴いておくれ。」すると鳥はこう応えました。「いやだよ。何もくれないのに、ぼくは二度も鳴かないよ。石臼をちょうだい。そうしたら、もう一度鳴くよ！」鳥が舞い降りてきました。粉屋で働く全員が竿を持って、石を持ち上げました。鳥は石の穴のなかに首を入れ、首輪のように石を巻きつけると、ライムの木に舞い戻って鳴きました。「クー、クー、ぼくはなんてきれいな鳥なんだろう！」

　さていよいよ、鳥は翼を広げてレダマの木のある家に戻り、木の枝にとまって鳴きました。この声を聞いたお母さんは、耳をふさぎ、目を閉じました。何も聞こえないように、何も見えないように……。彼女の耳には、荒れ狂う嵐のような唸（うな）り声が響いていたのです。目は雷の閃光に燃えんばかりでした。それを知らない夫は言いました。「ああ、なんて美しい鳥だろう！　すばらしい鳴き声だ。穏やかな陽の光に、シナモンの香り。外に出てみようか。あの鳥を近くで見てみたい。」

「行ってはだめ、行ってはだめ」と妻は言います。「家全体が揺れて、火に包まれているようだわ。」けれども夫は外に

倫理的に疑わしい御伽噺

出て、鳥がこう鳴いているのを見ました。「お父さん、ぼくを食べましたね。クー、クー、ぼくはなんてきれいな鳥なんだろう！」すると鳥は金の鎖を落とし、鎖はお父さんの首にかかりました。大きさもぴったりの美しい鎖です。喜んだお父さんは家に戻って、こう言いました。「見てごらん。あの鳥がこんなに素敵な金の鎖をくれたよ。なんて可愛い鳥だろう！」けれども、妻はおびえて床に伏せたまま震えていました。娘のマリレナは言いました。「わたしも外に出て、鳥を見てくるわ。」

　マリレナが近づくと、鳥は鳴きました。「ぼくの妹、可愛いマリレナ。きみはぼくの骨をみんな集めてくれたね。シルクのハンカチに包んで、レダマの木の下に置いてくれたね！」そして靴をマリレナに落としました。「クー、クー、ぼくはなんてきれいな鳥なんだろう！」マリレナは新しい赤い靴をはいて、踊ったり跳びはねたり。家に戻って、こう言いました。「さっきまでとても悲しかったのに、今はとても幸せな気分なの。あの鳥はすばらしいわ。わたしに赤い靴をくれたんですもの！」

「よおし」とお母さんは立ち上がりました。髪の毛が炎のように逆立っています。「私も外に出てみよう。鳥がわたしの心を軽くしてくれるかどうか試してみるわ。」家の外に出たところで、ドスン！　鳥はお母さんの頭に石臼を落として、ぺっちゃんこ。

　お父さんとマリレナはその音を聞いて、庭に出てきました。すると煙と炎が立ちのぼっているではありませんか。そして火が消えると、そこには可愛いお兄さんが立っていました。お兄さんはお父さんとマリレナの手を取り、みんなで喜びあ

って家に入っていったとさ。
　さて、教訓は？

ジレンマ 72　警告の御伽噺

ポーリンとマッチのこわいおはなし
ママとバアヤがおでかけする日
ポーリンひとりお家でおあそび
よろこぶポーリンとびまわって
手をたたいて、おどって歌って
ふとテーブルに目がとまる
マッチのハコがおいてある
やさしいママとバアヤに言われたの
マッチにさわったら、おこられるの
でもポーリンは……「ああ、なんて残念なの！
だって、マッチがもえると、とてもきれいなの
パチッとすって、火をつければ、炎が上がるわ
よくママは燃やしていたわ
私だってマッチのひとつふたつ、お手のもの
ママがするのを見ていたもの」

「哲学猫」のミンツとマンツがこれを聞いて
前あし上げて、鳴きだして
「ミャウ！　ミャーウ、ミャオ！
そんなことをしたら、もえて死んでしまう
してはダメだと言われたでしょう」

倫理的に疑わしい御伽噺

でもポーリンは言うこと聞かない
マッチに火をつけたら、それはきれい！
パチッとすったら、とても明るい
まるでここに絵があるみたい
ポーリンよろこび、とび上がったり、走りまわったり
よろこびすぎて、火を消すのを忘れてしまったり

猫のカント派、ミンツとマンツはこれを見て
「ああ、言うことを聞かない、行儀のわるい子！」って
爪のばして
前あし上げて
「これはとても、とても悪いことだよ
ミャーウ、ミャオ、ミャーウ、ミャオ！
そんなことしたら、きみは燃えてしまうよ
絶対にしてはいけないことだよ」

ほれ、ごらん！　ああ！　なんと恐ろしい
火がエプロンのヒモに燃えうつり
エプロン火だるま、腕も髪も
彼女は火だるま、どこもかしこも

哲学者たちはどう鳴くだろう？
あわれな猫たち、何ができるだろう？
立場を議論し、「すべてムダ」
そこで2匹はこう言った。「議論しなおしだ。
論点そろえろ、論文書こう！　ミャーウ！　ミャオ！

ぼくたちが言ったとおり、彼女は燃えて死んでしまうよー」

そのとおり、服もすべて燃えてしまった
腕も手も、目も鼻も燃えてしまった
もう燃えるものがないところまで燃えてしまった
真っ赤な小さな靴だけ残った
床のうえにポーリンの遺灰
ほかの何も見つからない

良い猫たちはそばに座る
灰から煙が立ちのぼるのを見て、こう叫ぶ!?
「ミャーウ、ミャオ!!　ミャーウ、ミャオー!!
ママとバアヤはどうするだろー?」
涙がほおをすばやく伝い
哲学者たち最後に少しの手伝い

それにしても、ポーリンはそんなに悪いことをしたの?

ジレンマ 73　不法入国者——現代の御伽噺

　空軍のクラクションが鳴り響いた。「船が見える! 緊急発進(スクランブル)! 緊急発進(スクランブル)!」震えの止まらないウィグルズ大尉はジンをストレートで飲み干し、ゴーグルを直すと、勢い良く戦闘機に向かった。瞬く間にウィグルズの操縦する戦闘機は、枯れたユーカリの木々が並ぶ埃(ほこり)まみれの滑走路を移動していく。今回の任務は、ボートピープルの不法入国をブロックすることだった。数分後、戦闘機は南太平洋の青い海原を

飛行し、目標めがけて急降下していくことになるだろう。
「あそこにいやがる。」イヤホンから声が届いた。単細胞のナヴィゲーター、ディッキーだ。「驚いたね、乞食どもは陸地からたった30キロのところだ！」
「了解、とらえたぜ」と歯切れの良いウィグルズ。戦闘機は海上の小さな点に向けて急降下する。近づいてみるとそれは荒廃した古い漁船で、その上に数百人もの人影が見える。上下逆になった顔の数々。戦闘機に向かってシャツを振っている。「やつらの船首に一発入れてやれ、バルジー。ゲームは終わりだ」とウィグルズの残忍な声。2双の機関銃がカタカタ鳴って、不法入国者たちに冷たい鉛の警告をお見舞いだ。パニックになった船上で人影が走り回る。「不法な船に帰り道はないことを思い知ったか」とウィグルズは冷たく微笑んだ。

　カタカタカタカタカタカタ。船に弾煙が立ち上り、甲板に穴が開いた。「おい、警告弾だけだぞ、バルジー！　規則を知っているだろ！」
「ああ、分かってるよ！」とバルジーは無線電信で苛立ちの声を送る。「だけど、毎日こんなことしていても、ナンセンスだろ。手が出せないなんて。一発はっきりさせてやろうぜ。そうすりゃ撃つ弾も省けるし、浸水して波間に消えてく命も浮かばれるってものさ！」

　ウィグルズは含み笑い。うまくヤッたなバルジー！　いつもジョークをとばす。ウィグルズは高速パトロール船ハンマーブローに乗っている友人"マッド"・ハリー大佐に無線電信を始めた。「ハリー、ひと働き頼めないかな。ボートピープルを太平洋の真ん中に連れ出して欲しいんだ。」

しかし、ディッキーはコックピットで眉をしかめていた。ちくしょう、バルジーの言う通りだろ？　2、3の船を沈めて、（新聞に報道されているところの）質の悪い「人身売買」に止めをさせば、もっと多くの命が救われるかもしれない！ところが、ディッキーが文句を言っている間に、眼下の小さな船の甲板に書かれた奇妙な文字が目に入った。一体、あいつらは……何を伝えようとして……。「S」……「O」？　すると最後の文字は？　ディッキーの眉が吊り上がった。あいつらめ「S.O.B」と書いてやがる！「Son Of a Bitch（売女の息子）」の国際コード！　ディッキーは無線のマウスピースを再び握った。「船の上の文字を見たか？　バルジー、あいつらにお見舞いしてやれ！」
「待つんだ、ディッキー」とウィグルズが制止した。「あれはS.O.Sだ。意味は分かるよな……」
「これは参ったね」とバルジー。だが、ウィグルズはマイクに向かって吠えていた。「ウィグルズからハンマーブローへ。この仕事はお前にやるぜ。気をつけな。船は沈んでいくかもな！」

　沈没しかけた難民の船は避ける。それが海軍規則だった。彼らが甲板に上ってきて、移民の資格を要求してくるかもしれないからだ。小型戦闘機が調査のために再び急降下してきて、車輪が船のマストをかすめていった。空中から見ても明らかに船は沈没しかけていた。「ハリー、すでに船首が傾いているぞ！」ウィグルズは肩をすくめながら、無線で連絡する。そして、操縦桿を強く引いて上空に戻っていった。
「了解、航路変更だ」とハリー。

　意見の一致したウィグルズ、バルジー、ディッキーが基地

倫理的に疑わしい御伽噺　129

に戻るとき、彼らは小さなフリゲート艦を追い越した。2双の200ミリ大砲を威圧的に空に向けた艦は、ゆっくり難民たちを回避しながら基地へと戻っていく。

　難民はどうなったのだろう？　それは誰も知らない。一人として陸に辿り着けなかったのは確かだ。

沿岸パトロールは倫理的に大成功？

相対主義国「レラタヴィア」の物語──────

ジレンマ 74　「髪の国」のハゲ族

「髪の国（ヘアランド）」には2つの民族集団がいる。ロンゲ族とハゲ族である。ロンゲ族のほうがハゲ族よりも少し人口が多い。時代とともに、ロンゲ族は次第に行政の重職をほとんど独占していった。しかし、それにもかかわらず、「髪の国」は幸福な国である（かなり家父長的であるとはいえ）。国民全員が国家システムのなかの自分の居場所を理解している。非常に「民主的な」出産選択のプログラムまで実施され、ハゲ族の子供が生まれる可能性を除去するサポートをしている。そのため首相は、通商会議のために隣国の相対主義国「レラタヴィア」から訪れた混合代表団（この国ではロンゲ族とハゲ族の混合が典型的）を見ると苛立ちを隠せない。しかも、「レラタヴィア」の代表団は「髪の国」の状況に反意を表明している。「私たちは懸念しています。ハゲ族の国民には、保険、教育、雇用機会などが等しく与えられていません……」と代表団の一人が言う。

「なるほど、ううむ……その通りですね。」長身長髪の首相は顎鬚(あごひげ)を撫でながら応える。「しかし、あなたがたは理解しなければいけません。我々の文化においては、ロンゲ族のみが中上級職に就くことができるのです。したがって、限られた財源をハゲ族に充てるのは意味も必要もないのです。」困惑している様子の代表団に冷たい視線を投げかけ、堂々と言葉を続ける。「さらに言えば、我々の社会では、教育と保健を2つの集団に別々に提供することが、公共の秩序と道徳のためにも必要なのです。2つの集団を公共空間で混合させるのは、極めて疑わしい倫理であると我々は考えています。あなたがたの社会では、混合して当然と考えているようですがね。」それから、和解を求めるような調子で、「ハゲ族に対するロンゲ族の相対的な経済価値を考慮すれば、我々は当然、ロンゲ族に財源と機会を充てなければならないのです。あなたがたの国にも、同様の制度があると思いますが。」

「レラタヴィア」の代表団はこの率直な回答を歓迎する。彼らはみな、文化の相違に極めて寛容であると自負しているだけに……。彼らの多くは、ある制度が別の制度よりも優れていると発言するのは、帝国主義の一種であると考えているだけに……。しかし、背が低く、髪のない、過剰に熱心な代表団の団長だけは納得がいかない。

「ハゲ族を殺害していることに関してのお考えは?」

会談の席は険悪な沈黙に包まれる。ロンゲ族の主導者は大きく喉を鳴らして、「あなたは我々の出産選択のことを仰しゃっているのですかな? あれは特にハゲ族の両親の要望で行なっているのですがね。」

「ええ、そうですとも。しかし、それだけではありません」

と団長は応じる。

「それならば、栄誉ある代表者として、きちんと説明していただけないですかな？」と首相。

「もちろんですとも。これは正しいことなのでしょうか。最近の洪水のときもそうでした。先週、複雑に変動する通貨リグマロウルが下落したときもそうでした。ワールド・クロケット・シリーズ敗退のときも……。自然災害や"国家の危機"の際にはいつも、ハゲ族党員が検挙され、公開の場で処罰される……。報告によると、いくつかの町では、石を投げつけられて死者が出たというではないですか！」

自国の生活様式に対するこの「厚かましい」攻撃に、「髪の国」の高官たちはこれ以上ない屈辱感と不快感を覚えたようだ。自国の命運を左右する怒りを鎮めるためには、どのような権力・武力に訴えることも辞さないのが、「髪の国」の政治の伝統である。それに加えて、ハゲ族を見せしめに懲罰するのは良い政策だと「髪の国」は考えていた。（そうしないとハゲが広がってしまう。）

「回答する前に、私から『レラタヴィア』の紳士の皆さんに質問をさせていただきたい」と「髪の国」の首相。「あなたがたは自分たちの価値を我々に押しつけようとしているのですか？」

「レラタヴィア」の応答は？

ジレンマ 75 「髪の国」のハゲ族 II

相対主義国「レラタヴィア」側は協議に入る。なるほど、ここ「髪の国」の体制は安定しており、国民のほとんどが現

在の体制を支持しているようだ(もっとも、国家の体制に同意しない者は死刑になるのだが……)。「レラタヴィア」代表団の団長は、すでに相当の不和と外交的損害を引き起こしていたが、まだ気持ちが収まらない。ハゲ族を抑圧するのは、犯してはならない普遍的な人権(特に生存権)の侵害であり、これを「文化の違い」と見なすことはできないと彼は言う。「髪の国」の主導者は、異なる社会の価値観を尊重することが不可欠だと言って突き放すが、それでも代表は食い下がる。世界を複数の「社会」に分割することさえ、地理的・歴史的に意味がないと言って受け入れない。彼が指摘するように、50年前、「髪の国」ではロンゲ族とハゲ族は特に区別されていなかった。ハゲ族の首相もいた。「髪の国」の社会がハゲ族を断固として抑圧し始めたのは、「小胞意識教会」の原理主義者が影響(と資金)を増したとき以来のことにすぎない。

「郷に入っては郷に従え」と代表団の一人が刺々しく言い返す。「相対主義国『レラタヴィア』の国民である私たちは、時代や地域によって価値が異なることを認めているではありませんか。」

「その通りです」と、もう一人が言う。澄ました外見の女性。彼女には言葉を復唱する侮りがたい癖がある。「現在において正しいことは、現在において正しいのです。過去において間違っていたとしても、現在においては正しいのです。未来において間違っているとしても、現在においては正しいのです。他の場所で間違っていると考えられているとしても、現在においては正しいのです。」

包囲された代表は、自分に反対するメンバーの空気と格闘

する。「君たちの思い描く地理区分は、誤解に基づいている。殺害されたハゲ族の大多数は南西地方の出身だ。南西地方は『愛の国(ラブランド)』の領土なのに、10年前に『髪の国』が侵攻してしまった！ （「愛の国」は無論、抵抗しなかった。）私は疑わない。南西地方のハゲ族とロンゲ族は、今でも寛容と友愛の精神を信じていることを。『レラタヴィア』の私たちもまた、その精神を熱心に抱いていたのではなかったか！」

この内輪揉(も)めを見ていた「髪の国」の首相は、次第に苛立ちを覚えて回答を要求する（ハゲ族も後で苛立つことに！）。「レラタヴィア」は自国の方針を他国に押しつけるのか、それとも通商会議を続けるのか？

代表団の代表は答える。回答はこれから「レラタヴィア」流に、代表団のメンバーの各々が順々に個人的見解を述べるかたちで行う、と。

結論は出るのだろうか？

ジレンマ 76　ほんのデザート

「髪の国」の首相は「レラタヴィア」の代表団の収拾のつかない議論を黙って聞いていたが、我慢の限界とばかりに議論を突然遮(さえぎ)る。「静粛に！　我々の合意の大枠はできると思います。『Veni Roma veni Romani！(羅馬(ローマ)ニアッテハ、羅馬人(ローマ)ニナラェ)』」[「髪の国」の学校では不幸にも、いまだにラテン語を教えていた。] さて、皆さん。あなたがたの見解は、そのすべてではないにせよ、我々が深く信じている価値観を侮辱するものです。通商交渉を続けるためには、何かしら小さな犠牲を払っていただかねばなりません。私たちの習慣では、不

和が生じた場合、不愉快の原因を作った来客は、この後の晩餐会の準備のために、我々と一緒に『ハゲ狩り』に参加して頂きます！　ほんのデザートです。安心なさってください。メインには特製のキッシュなど、他にも沢山の料理が出されますから！」首相は「レラタヴィア」の人々の顔にうかぶ警戒の表情を読み違えていたようだ。そう言い残すと向きを変え、口論を続ける気の毒な「レラタヴィア」の人々を後にする。

　これにはさすがの「レラタヴィア」の代表団も、急いで結論を出すことになった。団長を除く全員が、他国の習慣を尊重しなければならないと合意する。それに、ハゲ族は「髪の国」において常に迫害されているのだから、ここで何を言おうと変わらない……。（結局のところ、代表団内部の小さな不合意は団長を犠牲にするが、「髪の国」との対立は経済制裁や大量虐殺につながりかねず、これは本国の人々の望むところではないだろう。）

「私たちには何の原則もないのか？　私たちは『レラタヴィア』国の通商の車輪に油を注すためだけに、人命を犠牲にするのか？」と、団長は修辞的に訴える。しかし、それも届かない。夜の狩りは非常にエキサイティングであり、引き続いて素晴らしい料理の晩餐会が催された。

　翌日、「レラタヴィア」の代表団は沢山の重要な貿易合意書にサインをし、凱旋気分で本国に戻っていった。数年後に初めて、苦境に立つ「愛の国」の新聞が、この交渉の裏舞台をつかみ、これはまったく非倫理的な振る舞いであり、「原則に対する背信行為」だと声を上げる。「レラタヴィア」政府は「しかし誰の原則か？」と激怒。議論は立消えになって

いった。特に「平和」のために行われたならば、人間を食べたことも倫理的に……問題だろうか？
それこそ習慣の違い？

ジレンマ 77　親族の名誉

　実際のところ、相対主義国「レラタヴィア」の面白いところの一つは、これだけ多くの異なる文化が隣り合せに存在していることである。他人に命令しようとする人は誰もいない。しかし、異なる共同体のメンバーが接近しすぎると、問題の生じることがある。

　ジョーンズ夫人は隣人から連絡をもらってショックを受けている。息子のジョナサンが女の子と外出していたというのである。翌晩、ジョナサンが嬉しそうに戻ってくると、ジョーンズ夫人は声を震わせ、「誰かに会っていたの？」と尋ねる。ジョナサンは率直に答える。「ああ、母さん、僕はサリーと映画館に行ったんだ。」ジョーンズ夫人は顔面蒼白になって激怒する。自分はジョナサンがサリーと会うことは認めていない。息子が誰と会うことができるのか、それから誰と結婚するのか、それを決めるのは自分の役割だとジョーンズ夫人は思っている。「愛の国」出身のサリーなど、道徳意識に薄いのだから、問題外だとさえジョーンズ夫人は考えている。ジョナサンは母親の気持ちをもっと理解しておくべきだった。さらに悪いことには、ジョーンズ夫人は黙っていたが、ジョナサンのカラー(えり)に口紅がついていたのである。

　その夜、ジョーンズ夫人は親族の全女性メンバーを集めて、特別「会議」を開いた。祖母ジョーンズ、ジョー伯母さん、

エセル伯母さん、そして、ジョナサンの姉妹であるフロウとケイト。許されない関係を持ったジョナサンは、伝統的な処罰を受けなければいけないと祖母は述べる。フロウは憤慨して、弟は「忌まわしい男娼」のような行動をしていたと告げ口をする。

翌日、ジョナサンがサリーとの密会から戻ってくると、祖母は急いで8つの弾丸が入った拳銃を孫娘たちに渡す。フロウとケイトは決意する。「バン！　バン！　バン！」ジョナサンは床に倒れる。「バンバン！　バン！　カチッ！」もう十分だ。哀れなジョナサンは死んでいる。ジョーンズ夫人のみならず、家族全員が胸を撫で下ろす。家族の名誉は保たれたのだ。

婦人警官が物音の原因を取り調べに来る（隣人が通報していたのだ）。ジョーンズ夫人は状況を説明して言う。「もう大丈夫、ありがとう、これから死体は片づけますわ。」

だが、婦人警官は理解を示さない。彼女は一番上のポケットから手帳を取り出し、取り決められた罰金を記し始める。そして、「罰金を払って下さい、奥様、これが新しい法律です」と厳しい言葉。夫人は憤慨してこう言った。「一体何なの新しい法律って！　近頃みんな善悪の感覚を失ってしまったのかしら？」

罰金を課そうとする婦人警官は正しい？

戦争倫理

ジレンマ 78　見事な戦闘

廃墟と化したドレスデン……1945 年 2 月　© Hulton Archive.

1939 年、ヒットラーによるポーランド占領後、英国とフランスはドイツに対して宣戦布告をした。そして、アメリカ合衆国のローズヴェルト大統領から、「民間人や無防備な都市を空爆することは、いかなる状況にあっても自制しなければならない」と求められていたにもかかわらず、第 2 次世界

大戦は新たな航空戦へと突入していったのである。この悪魔のような戦争行為は、すでに世界の知るところになっていた。イタリアがアビシニア〔エチオピアの旧称〕の農村を攻撃したのが最初であり、それを精密にしたのがドイツの急降下爆撃機によるスペイン空爆だった。

翌年の5月までに、デンマーク、ノルウェー、ベルギー、そしてフランスさえドイツ侵攻に陥落すると、英国はドイツとの宥和協定を取り消し、爆弾を使用し始めた。首相のチャーチルは次々と協定を破棄していった。最初は「軍事的な攻撃目標」に限定して爆撃していたが、攻撃目標に鉄道の駅や港などが含まれるにつれて、「付随的損害」(民間人の死)を認めるようになったのである。爆撃の精度も約800メートル以内の範囲にすぎなかった。1940年6月20日からは、攻撃目標に工場が含まれるようになった。9月にドイツはイングランドの都市や民間人に対する大空襲に乗りだし、10月にチャーチルは爆撃司令部の新しい司令官アーサー・ハリスに「地域爆撃」の開始を許可した。これは男、女、子供……都市のあらゆるものの破壊を意図した空襲だった。こんな逸話がある。ある夜、「爆弾投下者」のハリスはロンドンからハイウィコム〔ロンドンの西北西の町〕の自宅まで車をとばしていたところ、警官に捕まった。「そんな運転をしていたら、人を殺してしまうぞ！」と警官は叱責した。するとハリスはこう答えたという。「わたしは毎晩、何千人も殺しているのです。」

チャーチルの説明によれば以上の変化も、軍事的な攻撃目標に限定する慣習の「いくぶん広い解釈」でしかなかった。しかし、「バレンタインデー」メモ (1942年に空軍大臣アーチ

ボルド・シンクレア卿から爆撃司令部に発せられた指令22)には、爆撃によって「敵国の市民、特に工場労働者たちの士気」を打ち砕くことを目標にすべきであり、爆撃機の狙いも当然ながら「例えば造船所や航空機工場ではなく、市街地」になると記されていた。それにもかかわらず、あの戦争を通じて英国の国会議員や民衆は、空爆はつねに用心深く「軍事的な攻撃目標」に限定されていると思いこんでいたのである。

ヒットラーは指令を軍隊に送った（毎度のごとく細切れな言葉で）。

ポーランドを植民地にする……私は指令をナチス親衛隊SSに発した……当面の間は東部戦線のみだ……ポーランドの男、女、子どもは情け容赦なく殺すのだ。

1942年5月30日、1,000機のランカスター爆撃機を編成した英国の「大きな翼（ビッグ・ウィング）」によって、ドイツのケルンの大部分が破壊された。その1年後にはハンブルク空襲において、ドイツによるイングランド空襲の犠牲者の合計よりも多くの人々が、一夜にして殺された。都市の防衛を撹乱するためにアルミニウム・ホイルの雲が使用され、爆撃はとりわけ正確なものになった。古い木の家々は猛火に包まれ、未曾有の事態になった。防空壕に群がった市民たちは、ほとんど粉塵と化した。空襲のあと救護員たちは、たった1つのブリキのバケツのなかに、全家族の残骸を入れて片づけることができたほどである。

爆撃司令部の民間人書記フリーマン・ダイソン（後の有名な原子物理学者）は、細心の注意をもって英国国民に隠して

いた空爆に関する報告について、後年に回想している。「私は最後までオフィスに座って、数百万人の人間を最も経済的に殺戮する方法を慎重に計算していたのです。」ダイソンは吐き気を催していた。想像できない数の（おそらく1200万人もの）無防備な市民を、ヒットラーの絶滅部隊が殺していることをダイソンは知っていたが、英国の爆撃司令部がそれと全く違うことをしているとは思えなかったのである。

ドレスデンといえばドイツの古い文化的中心だった。歴史が多く刻まれ、建築や美術の傑作もあふれていた。また、ロシアの侵攻から逃れてきた難民もたくさんいた。1945年2月に空爆が決定されたとき、ドレスデンは無防備も同然だった。ハンブルグで大成功をおさめた空爆による猛火がくりかえされた。燃えたぎる炎は推定10万人の人々を焼き尽くしてしまったのである。

目的は手段を正当化したのだろうか？

ジレンマ 79　正義の戦争

ヒューマニズムの偉大な主唱者であるオランダ人のエラスムスは、戦争を非難した最初の人物の一人としても記憶される。「戦争ほど邪悪で、悲惨で、破壊的で、忘れることができず、忌まわしいもの、要するに、人間にとって無価値なものはない」と彼は書いている。「百万もの動物が仲間同士を虐殺しようと躍起になっているなどと、誰が聞いたことがあるだろうか。ところが、人間は至るところでそうしているのだ。」戦争の不思議なところは、宣戦布告がなされるやいなや、通常の規則が適用されなくなるということである。特に、

良いことは悪いことになり、悪いことが良いことになる。

行為	平和なとき	戦争のとき
人を殺すこと	悪い	良い
物を盗むこと／叩き壊すこと	悪い	良い
嘘を言うこと／騙すこと	悪い	良い
自爆して他の人々を傷つけること	非常に悪い	非常に良い

「戦争自体の悪」を説明しなければならないと、ほとんどの哲学者が言うのも不思議ではない。(ニーチェは例外である。それから、古代の哲学者の数人も。)しかし、それほど単純なことなのだろうか。

(国連の賛成があろうとなかろうと)最近の「良い」戦争とは、武装組織や狂信的な体制による大量虐殺から自国民を防衛することだった。血の流れる河川や人骨に覆われた原野(まさにエラスムスも記したことである)。数百万規模で殺戮される無防備の人々を防衛するのが、「良い」戦争の大義だった。

人種の純潔の名においてヨーロッパ全土の「民族浄化」を進めるナチスを止めるためにドイツと戦ったことを、無論、忘れているわけではない。残虐行為や大量虐殺を伴う軍国主義崇拝を破壊するために日本と戦ったことを、無論、忘れているわけではない。「共産主義」に対抗し、「民主主義」に味方する口実で行われた数多くの戦争は別として……。平和を愛する者にとってのジレンマ。もし戦争が常に悪いものだとしたら、こうした治安維持活動もまた止めなければならない。

支配者たちが自国民や隣国の国民を大量殺戮するのを、た

だ放置しておく？

ジレンマ 80　抑止

　みんな小さく固まって住んでいる「リトル・ダンプリング」町では、隣同士の家族が双方の家の間の共有地をめぐり、長年にわたって激しい争いをしている。意地悪なミーニー家は垣根の植えこみを「目障りだ！」と言って、切り落としたくてたまらない。ところが、恩知らずのイングレイト家はその植えこみを育てようとしている。それどころか、イングレイト家は古い屋外トイレ（これも2つの家の境界にある）を取り壊して、生垣を増やしたいと思っている。「これこそ目障りだ」と。しかし、これにミーニー家は聞く耳を持たない。屋外トイレは非常に「便利」であり、「そのままに」しておきたいと言う。（念のため言い添えておけば、生垣もトイレも共同所有物である。）

　長期間の争いのなかで、不愉快なことが数多く起きていた。植えこみが無茶苦茶にされたり、古いトイレの窓が叩き割られたり……。不思議なことに、便器がひび割れていたこともあった。

　今もまた気分の悪い不快な口論が続いているので、イングレイト氏は決意した。もう十分、決着をつけようと。彼は「グレイター・ダンプリング」の金物屋に出かけて、高性能爆薬をまとめて買ってきた。そして彼は爆薬をつめた筒を40個、屋外トイレの（イングレイト家側の）裏壁に取りつけ、ミーニー氏に怒鳴りつけた。「トイレのフタを騒々しくバタンと閉める物音が聞こえたら、爆薬に火をつけるぞ」と。そ

うなれば、ミーニー家の愛用するトイレが破壊されるのみならず、ミーニー家の庭の大半、そして家屋の少なくとも半分が吹き飛ばされるだろう。イングレイト氏はそれを望んでいるわけではない。愛する生垣越しに彼はがなり立てる。「これは抑止にすぎない」と。

確かにこれは抑止である。ミーニー氏は爆薬に吹き飛ばされてしまうのを怖れて、トイレを整備するのを止めた。もう一つ効果があった。ミーニー氏も爆薬を買ってきて、仕掛けのワイヤーなど複雑なセットを組み立て始めたのである。生垣に少しでも手を入れしようとすると大爆発が起きるのだという。生垣とイングレイト家の家屋の少なくとも半分が破壊されるとミーニー氏は見積もった。彼はそれを望んでいるわけではない。ミーニー氏はトイレの後ろから隣人にむけてどなる。「これは保険にすぎない。」

こうして終に「リトル・ダンプリング」に平和が訪れた。他の居住者たちは、この静けさを論評し合った。ミーニー家とイングレイト家は「抑止効果」を維持するべく、定期的に新しい爆薬を仕入れたり、監視カメラを設置したりすることに、自分たちの行動を限定していた。

パブでは誰もが両家は狂っていると言う。しかし、ミーニー氏はその言葉はおかしいと反論する。いつも心配しながら生活してきた私の家族は、今や自分たちの都合に合わせて屋外トイレに行くことができるのだ、と。自分自身の賢明さに含み笑いをするミーニー氏。

また別のパブでは、似たような話をイングレイト氏がしている。だが、聴衆はその皮肉を聞き逃さない。両家は今や、最も恐ろしい惨禍を引き起こす、非常に危険な状態で生活を

しているのだから。屋外トイレや生垣を失うだけではない。夜中に突然、吹き飛ばされる危険と隣り合せなのだ！

パブの店員フィルはイングレイト氏に言う。「ミーニー家の男の子がふとトイレのドアをバタンと閉めたらどうする。本気でその子を吹き飛ばしたいわけではないだろう？」イングレイト氏は苛立つ。「いいかい、フィル。彼らが規則に従っている限りは、誰も吹き飛ばされないし、私の家族も平和にすごせるのだ。分かりきったことではないか。」フィルは納得しないが、イングレイト氏は自分の言い分で頭が一杯だ。「いいかい、フィル。以前のミーニー家の関心はただ一つ。どうしたら我々との戦いに勝つことができるかということだった。そのため妻は狭心症になり、可愛い猫のルーシーは食べなくなり、妻がまたそれを心配し……。ところが爆薬を手に入れてからは、どのようにしてトラブルを起さないようにするかが、ミーニー家の関心になった。これが悪いことだろうか？」

ミーニー家とイングレイト家は狂っている？　それとも冷静で理性的？

ジレンマ 81　テロの学校

ある国家には「テロの専門学校」と呼べる恐ろしい学校がある。「ある国家」とは縁遠い国ではなく、非常に近しい国。国際刑事警察機構(インターポール)もまさかその国にあるとは思っていなかっただろう……。50年間に何と6万人の学生がその機関を卒業している。卒業生のリスト：アルバラード、ホアン・ベラスコ（ペルー）、ガルティエリ、レオポルド（アルゼンチン）、

ノリエガ、マニュエル（パナマ）、ロドリゲス、ギレルモ（エクアドル）……。これは市民の血と苦しみの上に建てられた体制を列挙することに等しい。他の卒業生は彼らに比べれば有名ではないが、「テロの専門学校」が栄誉を与えるに値する「仕事」をしている。

事実、「テロの専門学校」の卒業生たちは南アメリカと中央アメリカの至るところで、「ある国家」の支援する未曾有の暴力を行使していった。「テロの専門学校」で学んだことを生かし、彼らは6人のイエズス会聖職者（及び家政婦と娘）の暗殺に加えて、オスカル・ロメロ大司教を暗殺した。900人以上の犠牲者を出したエル・モゾテの大虐殺や、ウルバのバナナ労働者の大虐殺など、悪名高い事件も見逃すわけにはいかない。

「テロの専門学校」ではテロの組織方法や、「暗殺団」が効果的に機能する方法を教えていた。卒業生の少なくとも9人が関与していたエルサルバドルのエル・モゾテの虐殺について、ルフィナ・アマヤはこう証言している。

私たちは全員で100人でした。子供たちは女たちと一緒にいました。彼らは私たちを午前中ずっと監禁していたのです。午前10時、教会にいた男たちを兵士たちが殺し始めました。最初は機関銃で。その後は喉を切り裂いて。午後2時、男たちを殺し終わると、兵士たちは女たちを連れに来ました。子供たちは監禁されたままでした。彼らは8カ月の娘と長男から私を引き離しました。彼らは私たちを殺そうと連れ去ったのです。殺害の場所に来たとき、私は抜け出して、小さな茂みの下に隠れることができました。私

は枝に隠れました。兵士たちが20人の女たちを並べて、機関銃で殺していくのを私は見ました。続いて彼らは別の女たちを連れてきました。そして、また銃弾の雨。それから次々と女たちが連れてこられたのです。

名前　　　　　　　【国】　　栄誉

ガルシ・メサ・テヘダ【ボリビア】1979年の暴力的な軍事クーデターを主導した。

アルマンド・フェルナンデス・ラリオス【チリ】自動車爆弾を仕掛ける先駆的な専門家。

ウーゴ・バンザー【ボリビア】教会批判者を永久に沈黙させる「バンザー計画 Banzer Plan」を書いた。

ファルーク・ヤニネ・ディアス【コロンビア】ウルバのバナナ労働者虐殺（1988）やビジネスマン虐殺などの暗殺団を組織した。

ガンベッタ・イッポリット【ハイチ】選挙妨害のため、ゴナイーベズの選挙事務所への発砲を自軍に命じた。

アレハンドロ・フレテス・ダバロス【パラグアイ】「コンドル」作戦——政敵を国境まで追いつめ、「消滅させる」のを諸国が許可した秘密協定——を取りまとめた。

バイロン・ディスラエル・リマ・エストラダ【グアテマラ】ホアン・ヘラルディ司教の暗殺を手配した。

ポーセリノ・ラトプレ・ガンボア【コロンビア】民間人の殺害を専門とする第20部隊のリーダー。

ホアン・ロペス・オリッツ【ホンジュラス】兵士が囚人たちの両手を縛って頭の後ろから銃殺した、オコシンゴの大虐殺を指導した。

グスタボ・アルバレス・マルティネス【ホンジュラス】子どもたちも殺す必要があるかと尋ねられて、「種は結局、実を結ぶ」(すなわち、「イエス」)と答えた。

ウラジミール・レーニン・モンテシノス・トーレス【ペルー】頭巾で顔を隠した 30 人の兵士によって生徒たちが誘拐されたラ・カヌタの襲撃 (1992) を実行した。生徒たちのその後の消息は聞かない。

 1996 年、「テロの専門学校」は訓練マニュアルを公式調査に提供することを義務づけられた。どのように暗殺団を設立するか……、どのように(「容疑者」と「容疑者の親族」の両方に対して) 恐喝・拷問・処刑を行うか……、どのように人々に最大の恐怖を与えるか……。こうした事柄がマニュアルに記されていた。そして、最大の恐怖を生み出す方法(例えば身体切断、強姦、拷問など) を伴う殺害が推奨されていた。もう十分! 今や国際刑事警察機構(インターポール)がすべてを知っている。**「テロの専門学校」を爆撃するのは正当化される?**

環境倫理 I

ジレンマ 82 ドードーの叫び

 オランダによる 1598 年のインド洋マスカリン諸島への航海報告には、「ドードーの絶滅」と題されたラフスケッチの下に、ドードーを捕える方法を綴った韻文がある。

食料求めて水夫は羽毛のある鳥の肉を狩る。
水夫は手の平を叩いて丸い尾のドードーを狩る。
水夫の飼っているオウムが騒ぎ立てる。
こうしてドードーは囮の罠にかかる。

　水夫は非常に空腹であり、ドードーは簡単に捕えることができた。しかも最初は、無数に生存していたのである。
　最初の1羽を捕えることが間違っていないとしたら、次の1羽を捕まえることも間違っていないはずだ。次の1羽も、そして次の1羽も……。
誰が未来を予測できただろう?
　カモメはたくさん残っている。

ジレンマ 83　オオカミを殺す

「私たちは大きな岩の上で昼食を取っていた。その下には、川が渦巻きながらL字に曲がって流れていく。最初は雌シカだと思った動物が、胸を白い水に浸して、激流の浅瀬を渡っていく。それが河岸に登ってきて、水を切るために尾を振ったとき、私たちは間違いに気づいた。それは狼だった。成長した6匹の子供の狼が柳の木陰から飛び出し、尾を振ったり戯れ合ったりの歓迎ぶりだった。私たちのいる崖の下の開けた平地の真ん中で、狼の一群が身をよじらせ転げ回っていた。」
「当時の私たちにとって、オオカミを殺す機会を逃すなんてことは考えられなかった。すぐに私たちは一群に銃弾を撃ちこんだが、正確さに気を配る余裕もなく興奮していた。崖の

環境倫理I　149

下に向かって撃つのはいつもながら難しい。ライフルの弾が空になったとき、老いた狼は倒れ、子どものオオカミの1匹は片足をひきずりながら、行き止まりの岩の間に入っていった。」

「私たちは時間を見計らって、老いた狼のところに行った。その目には、激しい緑の炎が消えていた。そのとき私は悟ったのである。それ以来、忘れたことはない。オオカミの目のなかには、私の見知らぬ何かがあった。狼や山だけが知っている何かが。当時の私は若く、銃を撃ちたくて仕方がなかった。狼が少なくなればシカが増える、そして、狼がいなければハンターの天国だと私は考えていた。しかし、緑の炎が消えるのを見た後は、狼も山もそんな見解には同意しないと私は感じた……。」

「それ以来、私は各州が次々と狼を絶滅させるのを見てきた。私は狼がいなくなった多くの山の表情を注視してきた。南側の斜面に皺(しわ)が寄っている。鹿が新しく通った迷路のような道である。私は鹿が食べることのできる、あらゆる茂みや苗木を見てきた。かじり取られて生気を失い、しばらくすると枯れていった。鹿が食べることのできる木の葉はすべて、サドルホーン〔鞍の角状の延長部分〕の高さまで失われていた。そのような山を見ていると、あたかも誰かが神に新しい植木バサミを与えて、刈りこみ以外の活動を禁じたように思えてくる。茂みや苗木を食い尽くして餓死した鹿の群れの白骨が、背丈の高いレダマの木の下にあるセージや腐植土の残骸の上に折り重なっていった。」

この文章を記したアルド・レオポルドは、「アメリカの自然保護の父」と呼ばれている。しかし、「緑の炎」が鹿や象

やカンガルーを殺す必要性に関するメッセージならば、「自然保護」とは何だろう？

ジレンマ 84　緑の革命（第1段階）

　環境保護主義者のなかには、「緑の経済学」の到来を待ちきれなくて、保護対象の土地の値段を操作する戦略に出る人々もいる。哲学書を印刷する紙のために木々の伐採が進んでいたバンクーバーの森では（そう、おそらく1冊か2冊の、それでもその価値はある本のために）、チェーンソーの安全作動を妨害しようと木のなかに釘を打ちこみ、伐採の価格を釣り上げる集団が現れた。活動家たちは犠牲者が出るのを避けるために、「釘を打った」地域を告知している。

　山間の自然保護区が新興住宅に侵食されているアリゾナ州フェニックスでは、フードをかぶった自警団員が新築の家屋を何棟か焼き払った。これは別荘所有者を気取ろうとする人々に高くついただけでなく、保険料の掛け金を増額させることになった。

　地方紙によれば、放火犯たちは家を焼き払う前に、誰も怪我をしないようにと祈りを捧げているという。入居前に燃やそうとするため、主として消防士のことを考えながら。「私たちは自分たちが捕まらないようにと祈るのではない。それを決めるのは神の意志」という、ある放火犯の言葉が引用されていた。

どれも環境保護主義に適った行為。しかし、倫理的には？

ジレンマ 85　緑の革命（第 2 段階）

　しかし、最も「緑の革命」らしい「直接行動」は、農作物を捨てることである。遺伝子組み替えのトウモロコシ、小麦、大豆、トマトなど、「フランケン農作物」を育てる土地には環境自警団員が侵入し、新種を叩き潰していく。
　何しろ捨てるべき農作物は沢山ある。2001 年、アメリカ合衆国の大豆収穫の何と 3 分の 2 は遺伝子組み替えである。その農地面積の合計は 2000 万ヘクタール。
　しかし、どこかの場所から始めなければ。
　この革命は正しい？

ジレンマ 86　苦痛は良いもの

　苦痛は常に悪く、快楽は常に良いというベンサムの考えは、生態学的な観点からは成立しない。痛みを感じるからこそ、私たちは歯医者に行こうとするのである。結局、環境哲学者 J・ベアード・カリコットが述べるように、「全く苦痛を経験しないままに生きている哺乳類は、神経系に致死的な機能障害がある」。カリコットは続ける。「苦痛は悪いものだから、最小あるいは零にするべきだという考えは、事態を改善しようと悪い知らせを運んできた使者を殺してしまう暴君と同じくらいに幼稚である。」
　言うのは簡単だが……。他に意見を聞いてみないと……。

お金は大事

ジレンマ 87　金を！

 あの抜け目のないスコットランド人アダム・スミスは発見した。(なおアダム・スミスは、同じく偉大で抜け目のないスコットランドの哲学者デヴィッド・ヒュームの友人である。)世界を回転させているのは、愛ではなく(多くの人々はそう思っていたかもしれないが)、金である……。

 他人のためにする行為も、自分のためにする行為も、私たちの行為のすべてを支配する見えざる手は金である。

 経済学者(金の哲学者)は、他の誰よりもスミスを好んでいる。しかし、道徳的意思決定において金が果たす役割を強調するスミスの議論は、ほとんど見落とされてきた。むしろ関心を集めてきたのは、「同情」ないし「感情移入」は社会生活の土台であるという、スミスの『道徳感情論』のなかでもそれほど独創的でも革新的でもない観察だった。どういうわけか、資本主義体制における道徳という彼の重要な主張は見過ごされてきたのである。それは実に単純なメッセージである。

 貪欲は善である。

 何故なら、利己心は社会における協同の土台に他ならないからである。例えば取引。これはスミスが特に関心を寄せていた事柄だった。スミスはこう述べている。

 犬がもう1匹の犬と、骨を公平かつ慎重に交換するのを見

たことのある人間はいない。

　貪欲が本当に善であり、利己心が人間的であるとしたら、道徳的に行動しようと望むパン屋や肉屋やロウソク台職人にとって、実際のジレンマはというと……。
　慎ましく生計を立てるのに十分な値段で商品を売る？　それとも、できるだけ高く売って儲ける？

ジレンマ 88　もっと金を！

　できるだけ高く売るほうが良いとスミスは考えた。貯蓄する金が増えるからである。宣教師が魂に対して義務を果たそうとするのに似た姿勢。熱意をこめて説教壇をつかんだ彼は、著書『国富論』を読み上げる。

> 濫費について言えば、出費を促す原則は現在の享楽への情熱である。この情熱はあまりに激しく抑制しがたいこともあるが、大抵は長く続かず、時々現れてくる。他方、貯蓄を促す原則は、我々の状況を改善しようとする欲望である。大抵は穏やかで冷静なものであるが、子宮から墓場まで我々につきまとう欲望である……

　これと「道徳意欲」を比べてみればいい。どう好意的に見積もっても、ほとんどの人は人生の大半を、「道徳意欲」とは無関係に過ごしている。
　道徳を勉強してからお金の扱い方を理解するよりも、お金のことを勉強してから道徳を理解したほうが良いのでは？

ジレンマ 89　死と税

太古の昔から色々な税があった。水税、穀物税、ビール税、顎髭税、窓税……。当然ながら、服や道具や「商品一般」には、ことごとく課税されてきた。今日でも、顎髭は別として、他はすべてお決まりのように課税されている。

しかし、そうした税のなかで最も嫌われていたのは、おそらく塩税だろう。古代の中国人が4000年前に塩税を考え出した。革命前のフランスの塩税は悪名高く、国民は毎週、最小限の量を買わなければならなかった。さもなければ鞭で打たれるか、牢獄に閉じ込められるというのである。

また、ガンジーが歴史上、最も有名な非暴力的な抵抗の行為（海まで行進して、海水から塩をつくる）を行ったのも、塩税が原因だった（非暴力の問題に関しては、ジレンマ20のディスカッションも参照願いたい）。

あまり知られていないのだが、英国支配の時代に塩税と関連して、中部インドを横断して数千キロにも渡る巨大な壁が造られた。これは中国の万里の長城のスケールに相当する。ただし、インドの壁は侵入者を防ぐためではなく、安い塩を中に入れないためのものである。この壁に囲まれた地域のなかで植民地の支配者たちは、塩という何気ないが生活に不可欠なミネラルをインドの人々が使用することに対して課税したのである。それにしても、なぜ塩を選んだのだろうか。実のところ、これはかなり必然的な選択だったのである。英国人はこの巨大で人口の多い植民地を支配し続けるために、裕福なインドの王族や地主の支持を必要としていた。だから、

彼らには課税しないことに決めた。とはいえ、支配に必要な費用をまかなうだけの収入は必要である。しかし、インドのほとんどの人々はまったく金銭を持っていなかった。また、課税の対象になるような商品も、ほとんどまったく持っていなかった。

そこで、英国人は昔からある塩税に目をつけた。そして、約1週間の労働に相当する割合の塩を毎月ごとに徴収したため、塩の密輸が行われるのは必定だった。それを防ぐために壁が作られたのである。壁はインドを、塩を生産する地域と残りの部分とに分断した。その壁は軍隊によって定期的に見張られていた。地域の住民は、厳しい選択を迫られていった……。

塩税を払う？　あるいは死ぬ？

法のジレンマ

ジレンマ 90　処罰の暴力

1720年1月、ロンドンの中央刑事裁判所。ウィリアム・スピゴットとトーマス・フィリップスは辻強盗の罪で裁きにかけられた。しかし、2人は「有罪」「無罪」一切の申し立てを拒否したため、法廷は大きな不快感に包まれた。公式記録にあるように、いくら議論しても彼らに「こうした頑固な訴訟手続きの不合理」を分からせることはできなかった。そこで法廷は法律に従って、以下の文面を読むように命じた。

辻強盗の罪で処罰される
ウィリアム・スピゴット
目的は手段を正当化する？

　囚人は刑務所に送られる。光の届かない惨めな部屋に入れられる。寝藁などは与えられず、剥き出しの地面に横になるしかない。秘所を隠すものを除いて、服も何も与えられない。囚人は頭巾をかぶり、素足のまま仰向けに横になる。片腕は縄で部屋の片側の壁に繋がれ、もう片腕は反対側の壁に。両脚も同じように。それから、囚人が耐えられるだけの、あるいはそれ以上の重さの鉄や石を、体の上に置く。初日の食事に飲物はなく、大麦パンの小片を3つ。

2日目は好きなだけ水を三度、飲むことが許される。水は独房の戸の横に貯てあるものを。ただし、パンはなし。死ぬまでこの食事を繰り返す。裁きが下されると、罪人の財産は王に没収。(当然か……)

それとも、辻強盗さえ「権利」を持っている?

ジレンマ 91 サムの息子

1953年6月1日、新生児デイヴィッドは生みの母に捨てられ、バーコウィッツ夫妻(ナットとパール)に預けられた。養父母はデイヴィッドにプレゼントをたくさん贈った。面倒もたくさんみた。このとき、「サムの息子」と呼ばれる連続殺人犯が誕生したと誰が想像したことだろう? しかし、デイヴィッド・バーコウィッツは学校の暴れ者には止まらなかった。両親に従わない「一匹狼」には止まらなかった。デイヴィッドは1488件の火事を起こしたと公言する放火犯になった(彼の日記は各々の火事を記しながら、放火する全能感を讃えていた)。そしてさらに、彼はニューヨークで最も悪名高い大量殺人者の一人になったのである。

デイヴィッドは14歳の時に養母を癌で亡くした。事前に誰も教えてくれなかったのは「陰謀」だと思いこみ、彼は深い精神的孤独に沈みこんでいった。18歳の時には家を飛び出し、陸軍に入隊して3年間働いた。特にライフルに夢中になった。ユダヤ教からバプティスト派に改宗した時期もあったが、すぐに関心を失っていった。

ある時、デイヴィッドは生みの母(ベティー・ファルコ)

を見つけた。実母と娘ロスリンは彼を家族に迎えようと、すべてを尽くした。しかし、デイヴィッドは言い訳を残して、2人からも離れていった。

1976年7月29日の朝、「サムの息子」は最初の殺人を犯した。その後の1年あまり、デイヴィッドは独り暮らしの女性をランダムに射殺あるいは刺殺……。自信を深めたデイヴィッドは、更なる犯行を予告する手紙（署名は「Mr.モンスター」）を送りつけ、警察を煽っていった。

女性を殺害するとしばらくの間、デイヴィッドの悪魔は宥められた。犯行後の彼は寛いで、よくハンバーガーやフライドポテトを食べに出かけた。当然ながら彼は結局、逮捕された。しかし、疑問は残るばかりだ。

誰が悪かったのだろう？　ベティー？　ナットとパール？　社会？

> I SAY GOODBYE AND GOODNIGHT.
>
> POLICE- LET ME HAUNT YOU WITH THESE WORDS;
>
> I'LL BE BACK!
> I'LL BE BACK!
>
> TO BE INTERRPRETED AS- BANG, BANG, BANG, BANK, BANG - UGH!!
>
> YOURS IN MURDER
> MR. MONSTER

ジレンマ 92　ツインキーズ——ただならぬ「芝居」

第1幕、場面1

　ネーサン・レオポルドとリチャード・ローブは共に18歳のアメリカ人であり、「野心」を持った若者だった。2人は完全殺人を計画していたのである。リチャードの14歳の従弟ボビーは、その日、不運にも2人の所に立ち寄ってしまった。ネーサンとリチャードはボビーを殴打して死に至らしめ、雨水管に放置した。2人は後悔することもなく、家に戻って休息を取ると、念入りに身代金要求書をタイプして、警察当局を混乱させようと送りつけた。

　(2人にとっては)不幸なことに警察当局は混乱するどころか、身代金要求書から犯人を割り出した。そして、2人は第1級殺人の容疑で裁判所に送られることになった。弁護士はこの事件に疑問を持っているようだった。2人の家族は息子たちを守るために、有名な弁護士クラレンス・ダローを雇っていた。弁護士の陳述の一部を引用しよう。

「彼らは亡くなった少年を後部座席に乗せて、毛布で包みました。そして、この弔いの車は出発したのです。正気の人間が死人を後ろに乗せてこれほどの道のりを進んだことなど、私は聞いたことがありません。他の誰も聞いたことがないでしょう。」

「彼らは車を32キロも走らせました。最初は人がたくさん住んでいる街路を。誰もが少年たちや彼らの家族を知っています……。そして、ジャクソン公園の一般道を抜け、ミッドウェーを下っていきました。ネーサン・レオポルドが運転し、

リチャード・ローブは後部座席です。亡くなった少年はその横に。ほんのわずかな事故、ほんのわずかな不運、ほんのわずかな好奇心、スピード違反による逮捕、すべてが破滅につながります。彼らは亡くなった少年を乗せて公園を抜け、ミッドウェーを下っていきました。何百台もの車とすれちがい、何千もの人間に目撃されていたことでしょう。」

「何のために？ 理由はありません！ 私の知る限り、匹敵するのは、『リア王』に登場する愚者の狂った行為くらいのものです。しかしそれでも、医者は彼らが正気だったと主張するでしょう。彼らには分別があったはずだと。」

「彼らは人がたくさん住んでいる街路を下って南シカゴを抜け、この街を5キロにわたって走るいちばん長い通りを選びました。ビルの建ち並ぶビジネス街です。通り一杯に停められた車。道を行き交う車。凝視する何千もの目。1人の少年が車を運転し、もう1人がまだ幼いボビー・フランクスの死体の横の後部座席に。死体からは血が流れ出し、車内は血に濡れていました。」

　吐き気を催させる事件である。罪もそれだけ重くなると思うだろうか？ ところが、事態は逆なのである!! 弁護士ダローは「少年たち」（ダローは彼らをそのように呼ぶ）の責任は、事件のこの不快さによって軽減されると考えている。

　2人は狂っているという理由。しかし、本当？

第1幕、場面2
「少年たちは正気だという報告があります。少年たちの脳は病んでいないという報告があります。しかし、専門家は必要ありません。X線も必要ありません。ホルモンの研究も必

要ありません。彼らの行いがすべてを語っているではありませんか。法廷に立つ2人の青年を精神病院で検査して、注意深く丁寧に扱うべきです。彼らは南シカゴを通り抜け、ハモンドに向かって一般自動車道を進みました。繰り返しましょう。何百もの車が走っています。どんな事故でも、彼らの身を滅ぼすことになるかもしれません。それなのに、彼らは分かれ道で立ち止まり、血に染まったボビー・フランクスの死体を車に残して、何の特別な感情も不安もなく夕食をすませたのです。」

「裁判官、奇跡を信じる必要はありません。同情を得るために奇跡に訴える必要はありません。これが他の訴訟ならば、一瞬たりとも躊躇することなどないでしょう。」

「繰り返しましょう。犯罪史において、これに匹敵する事件はありません。正常な人間が犯罪を行うときの動機や行動と、この事件は全く異なっているのです。最初から最後まで、正気な事柄は一つもありません。脳が病気になったときから、運命を待ちながらここに座っている今日まで、正常な行動は何一つ見当たらないのです。」

結論を先取りした循環論法であるが、これに反論する者はいなかった。ダローの声は少しばかり震えている。

「少年たちの首に縄を回す前に、私は青春期の感情を思い出してみたいと思います。私が子どもの頃、世界はどのように見えていたのか思い出してみたいと思います。私の人生を動かし続けていた本能的な感情が、いかに強いものだったか思い出してみたいと思います。子どもの心を支配する、あの押し寄せてくる感情を前にした若者が、いかに弱く、どうすることもできない存在であるか、思い出してみたいと思います。

自分を偽ることなく思い出し、自分に問いかけ、そして、閉じたと思っていた扉の鍵を開けようとする人は、少年のころを思い出す人は、少年を理解することができるのです。」

これも遺伝子の中に？

第1幕、場面3
「しかし裁判官、これは少年時代に限られたことではありません。自然は強大で、容赦のないものです。自然は不可思議なものであり、私たちは自然の犠牲者なのです。自分たちの思い通りになることなど、ほとんどありません。自然が主導権をにぎり、私たちは役を演じるだけです。『ルバイヤート』を著した老ウマル・ハイヤアムの言葉を引きましょう。

　我々は神のゲームの無力な駒
　日夜、チェッカー盤の上で
　動き回り、相手を追いつめ、殺し合う
　そして一人ずつ埋葬されていく

「この少年に何ができたでしょう。彼に本当の父はいませんでした。本当の母はいませんでした。本当の祖父母もいませんでした。そうした境遇に彼は投げこまれたのです。彼には面倒を見てくれる人も、財産もありませんでした。彼には身を立てることができませんでした。それでも、支払いを強いられるのです。」
「イングランドには前世紀の初めまで、裁判官が法廷を召集し、陪審員を呼んで馬や犬や豚の罪を裁いていた時代がありました。裁判官や陪審員や弁護士が集まり、老いた雌豚を裁

きにかけ、10匹の子豚の上に乗って殺した罪を言い渡したと、私の蔵書にあります。」

少し待ちたまえ、ダロー弁護士！　もう十分。陪審員の皆さんは、少年たちを減刑にしますか？

ジレンマ 93　ツインキーズ——悪役の登場

第2幕

しかし、ダローはまだ十分に強力な申し立てになっていないと考えていた。(ニーチェの著書の件を述べずに終わるわけにはいかない。)

「ネーサンはリチャードより少し年上で、年齢に似合わぬ非凡な精神を持った少年です。諸々の側面において、彼は特異な存在だと言えるでしょう。彼は感情に動かされません。哲学にとりつかれています。人生のあらゆる瞬間、学ぶことばかり考えているのです……。彼は半分だけ少年なのです。傑出した頭脳の持主です。面倒を見てくれる人もなく、バランスを失ったまま動いている知的な機械なのです。彼は人生のすべてを知的に見つけ出そうとしていました。あらゆる哲学的問題を解決しようとしました。自分の知性だけを使って……。彼はニーチェの哲学に夢中になりました。裁判官、私はニーチェが書いたものほとんどすべてを読みました。ニーチェは素晴らしい知性の持主でした。19世紀の最も独創的な哲学者です……。」

「いつの日か超人が生まれる。進化とは超人に向かう運動である。そのようにニーチェは考えていました。彼の著書『善悪の彼岸』では、世界が理解するすべての道徳規範が批判さ

れています。そして、知的な人間は善悪を超えているというのです。善のための法律も悪のための法律も、超人に接近した人々には当てはまらないのです。」

「16、17、18歳の頃は、健康な少年ならば野球をしているか、農場の手伝いをしているか、見習いで仕事をしているというのに、ネーサン・レオポルドはニーチェを読んでいたのです。こんな年齢で、まったく驚きです。ネーサンはニーチェに取りつかれていました。ここで、ニーチェの教えを幾つか紹介してみましょう。

・強靭になること。
・道徳的考察にとりつかれるのは、知性の低い段階の徴である。
・道徳ではなく、自分自身の目標に向かう意志と、それを達成する手段を獲得すること。

青年期に重要だと教えられたことすべてに対して、ニーチェは侮蔑的・冷笑的な態度を取っていました。普通の子供を育てる価値とは異なる、新しい価値を定めなければなりません。哲学者の夢。それは多かれ少なかれ真実を含んでいます。万人に当てはまる価値ではないのです……。」

「私たちの多くはニーチェ哲学を読んだとしても、それが人生にそのまま当てはまることはないと知って読んでいます。しかし、ネーサンは違いました。ニーチェの言葉が彼の存在の一部になっていたのです。彼はニーチェの哲学を実行していました。彼はその哲学が自分に当てはまると思ったのです。病んだ心の原因が彼の哲学なのか、あるいは、病んだ心の結果が彼の哲学なのか。何れにせよ、そういうことがなければ、彼がニーチェの哲学を信じることはなかったでしょう。」

誰に責任があるのだろう？

終幕：貧しい幼年期（過剰な弁護）
　ダローは疲れることなく続ける。
「私たちは幼児期について何を知っているというのでしょうか。子供の脳というものは、夢や幻、錯覚や妄想の住み処なのです。妄想のない幼児期などありえません。なぜなら妄想は事実よりも、いつもきまって魅力的だからです……。」
「幼児期の生活すべてが夢と錯覚なのです。そして、夢や錯覚がどのような形を取るかは、夢見る少年にではなく、彼の環境にかかっているのです。この私も泥棒を夢見たかもしれません。警官を夢見るのと同じように。おそらく私もお金がなくて幸運でした。[安っぽい煽情小説も買えなかった……。] 私たちは大人になると、お金がないことが不幸だと考えるようになります。この恐るべき事件でも、大きな不幸はお金の問題にあります。それが彼らの生活を目茶苦茶にしたのです。それが彼らの錯覚を育てたのです。狂った行為を促したのも、それです。裁判官が少年たちを死刑に処すことになるとしたら、それは彼らが金持ちの息子の場合です。」
「リチャード・ロープを責めるということは、彼という人間を共謀して作り上げた無数の力を責めるということでしょうか。彼が生まれるずっと前から、彼という人間を作りだすべく働いていた無数の力。道徳的良心を持たせずに彼を生み出した、無数の組み合わせ……。彼に罪があるというなら、正義という概念を新しく定義し直さなければなりません。彼は自分ではどうしようもないことのために、罪を負わなければならないのでしょうか。彼を作った機械が不完全であるため

に、彼には罪があるのでしょうか。」
「誰に責任があるのでしょうか。私には分かりません。私はこれまでの人生のなかで、非難されている人々を救うことに関心はあっても、罪を負わせることに大きな関心を持つことは決してありませんでした。罪を負わせることができるほど私は賢明ではありません。過去の何れかの時点で、彼の中に何か誤ったものが入ってきたことは分かっています。それは障害のある神経かもしれません。障害のある心臓あるいは肝臓かもしれません。障害のあるホルモンの内分泌腺かもしれません。何れにせよ、それは重大なことなのです。この世界では、原因もなく生じることはないのですから。」
「この事件の罪を社会も負わなければなりません。このような悲劇を二度と繰り返さないために。人生をもっと安全なものにするために。幼児期をもっと安楽なものに、もっと安心なものにするために。人生の残酷さ、憎しみ、危険性、恣意性を癒していくために、この悲惨な出来事を最善に生かすべきなのです。」
「優しさによって残虐を、愛によって憎悪を乗り越えようと私は訴えています……。私はそのような未来を心から願っているのです。憎悪や残虐が人間の心を支配しないような未来を……。何万という他の少年たちを無数の不幸から救うこと。この貧しい少年たちが闇雲に歩んだのと同じ少年期の道を歩ませないこと。何をおいても、それが私の最大の喜びであり、最大の願いなのです。人間の英知を高め、慈悲をもって処罰を和らげ、愛をもって憎悪を乗り越えるために。」
　了解、了解。しかし、事件と何の関係があるのだろう？

環境倫理 II

ジレンマ 94 　自然保護区の島

　最近、スコットランド西海岸沖の自然保護区の島が売却された。小さな島だが、その歴史はとても古い。火山が多く、荒れた土地で覆われているために、海鳥だけが生きていけると思われてきた。そのため、予想もしなかった野生生物たちの生存が判明したとき、島の新しい所有者クロフター氏は大きく驚いた（それどころか、不便や不快感を覚えた）のである。古い休火山口の中の原生林には、以下のような種の動物たちも隠れていた。

・まだら尾のフクロネコ（ネズミとサルの珍しい中間種の一種）
・シマワラビー（銀と赤褐色の毛皮を持つ、美しく機敏な生き物）
・ボイド・フォレスト・ドラゴン（白い三角のウロコで覆われたトサカを持つ、神話から出てきたような大きなトカゲ）
・フクロオオカミ（ストライプの毛皮と犬のような顔をした、大きなキツネの一種）

　また、森の下草のあたりを忙しく動いているのは、ふさふさした尾を持つフサオネズミカンガルーと、デザート・ネズミカンガルーにとてもよく似た動物（シマワラビーと同じく、絶滅したと考えられていた生き物）。それから、あの不思議なしわがれ声は何だろうか。木々の上にイチジクインコと並んでいるのは、急流に棲息する珍しいアオガエル。他には金色のオニネズミや、物をつかみやすく尾をくるりと丸めて、巣

を作る材料を運ぶフサネズミカンガルー(ウォイリー)もいる。あるいは、背が高く堂々とした姿のオオウシガラス(ペンギンの一種)。そして……

……飛ぶこともできない大きく醜いハトのような鳥。

この鳥は最初の犠牲者である。クロフター氏はいろいろな計画を抱いていて、この島をゴルフコースに変えようと望んでいるからだ。そして、ハトのような鳥はゴルフボールを飲みこんでしまう。しかも、この鳥の肉は良いシチューになる(ワラビーはシチューには向かないが)。国際標準のゴルフコースを作るために、島の森を伐採して、芝生をはる仕事をするスタッフは、数ケ月のあいだ毎週、巨大なハトを焼いて食べていた。最後のハトを捕まえた後は、空腹を違うもので満たさなければならない。

美しい助手ララは、「面白い鳥を何種類か残すことはできませんか……?」と気弱に尋ねてみた。「後の世代のために……。それに、珍しい鳥を見に来たいと思う人々がいるかもしれません……。」しかし、クロフター氏は嘲るように唾を吐いて言った。「フン! ハトが見たければ、ロンドンのトラファルガー広場に行けばいい!」

森が次々に伐採されていくにつれて、他の動物たちも少し痩せ細り、弱っているように見受けられた。新しくアスファルト舗装された高速道路を早まって渡る動物たちを、スタッフたちは車でひいてしまう。これを聞いたクロフター氏は激怒した。シマワラビーとフクロネコの毛皮はとても貴重なものだから、車でひいては絶対にならない、そうではなく捕まえるのだという電子メールを彼はスタッフたちに送った。クラブハウスの家具のために毛皮を使う計画が彼にはあったの

新しい捕食者のために危険にさらされている黒足岩ワラビー。足が黒く、岩のうえに座って一日を過ごすのを好むので、そう名付けられた。

だ。まったくもって彼らしい。

しかし、島の半分が伐採される前に、古いモーター・ボートで島にやって来たのは、他ならぬ地元の司祭マクモア神父。背が高くしなやかな体つきで、黒服に身を包んでいる。地方住民の怒りを買わないようにしたいクロフター氏は、マクモアをオフィスに招いて、島の計画を見せた。「爆破の専門家が山の頂上を吹き飛ばしまして、砕かれた岩は湖をいくつか埋めたてるために使います。ヘリポートも作ります。それから、マルチスクリーンの映画館と 1,000 人が宿泊できるホテ

ルも。」しかし、マクモアは聞く耳を持たなかった。「ブラックマウンテンを吹き飛ばすとは！ あれは最古の山の一つであり……。」彼はメロドラマ風に休止する。「島の山のなかで最も謎めいた山なのだ！」マクモアはメロドラマ風に目をぎょろつかせる。

そして彼は、ブラックマウンテンの名の由来となった昔話を語り始めた。美しい少女をめぐって争った2人の戦士がいたという。その2人の闘いによって山頂は奇妙な形になり、少女は山中の小さな湖に姿を変えてしまったというのだ（このまえ水抜きをされて、ヘリポートを作るために廃石で埋め立てられた湖だ）。非常に印象的な物語であり、多くの含蓄があるように思われたが、クロフターは途中ですぐに関心を失って、自分の不動産管理人にこう耳打ちした。「吹き飛ばされた岩を使って、どこかに小さな山のレプリカを造ることはできないか……。」そしてクロフターは年老いたスコットランド人神父に対して、咳払いをしてから尊大な態度で告げた。「マクモアさん、確かに多大なる費用が我が社にかかることにはなりますが、子どもたちが遊ぶことのできる「ブラックマウンテン」を造ることをお約束致しましょう。ここにいる我が社の専門スタッフによれば、我々は山を造り直すことができる……。」

「いいや、いいや、クロフターさん、ブラックマウンテンは造り直すことなどできない……」と、マクモアは白い手を陰気に振る。「彼はそこに存在するのみ！」

文化の衝突には違いない。だが、山を造り直すという約束はいかがなものだろう？ 何にせよ、重要なものを守るという提案のほうが良かったのでは？

ジレンマ 95　自然保護区の島——黒ツグミ

　クロフター氏、動物たちのことは？「ゴルフコースを経営したいなら、動物たちは少し邪魔になるね！」と、クロフター氏は含み笑いをする。しかし、マクモアにユーモアのセンスはない。2人は喧嘩別れした。マクモアはボートに乗りこむと、肩越しに言う。「クロフター、汝の義務を思い出せ！」

　だが、クロフターは自分が義務を負っているのは、銀行預金残高と従業員に対してだと思っている。「他に何があるのだ？」と。

　クロフターは「汚い黒ツグミ！」とマクモアに向かって叫ぶ（ただし、ボートが遠く離れた後で）。孤独なマクモアはゆっくりと手を振って挨拶する。

　クロフターは工事のペースを早めるように命ずる。

　動物に対するどのような義務があるの？

ジレンマ 96　自然保護区の島——ひねくれ者

　最初の客を迎える準備ができた頃には、島の動物が攻撃してくる危険も、残った蛇に咬まれて傷ができる程度のものになっていた。それも毒液を噴霧する計画によって、すぐに減っていった。クロフターの目に映る風景のなかに、染みは1つしか残されていなかった。支配人の仕事さばきを祝福するために彼が新しい埠頭に到着したとき、醜い斑の皮膚をした、バスほどの大きさの恐ろしいカイギュウが姿を現したのであ

る。
「化け物をやっつけろ！ ここに来る客たちが、あれを見ることは許さない！」とクロフターは用心深く声を上げる。「捕鯨の銛を使って、海岸線から一掃するのだ。」しかし、邪魔者扱いされている動物をしぶしぶ見てきたララには、もっと良いアイディアがあった。カイギュウを「大きな獲物」と広告して、狩猟の代金を取る。獣に経済価値を与えることによって、他の動物たちのような運命を免れることができるかもしれない……。クロフターは高笑いしながら、ララの背中を軽く叩いて言った。「それはいい！ 大いに気に入った！」

リゾートは大成功を収めた。カイギュウは新しいリゾートの目玉の一つになった。以前は荒廃していた「何もない」島に、雇用機会を増やすこともできた。この業績を評価した「スコットランド・ヒューマニスト協会」は、グラスゴー市の広場にクロフター氏の銅像を立てた。

彼に名誉などないと言って反対する「ひねくれ者」（スコットランド人の典型）もいたのだが……。

ビジネスマンは「環境の友」になることもできる？

映画の中でしか起こらないような信じがたい倫理的ジレンマ ── （何れにせよ、それは私たちの倫理的決断について何を教えてくれるのだろう？）

ジレンマ 97　序幕のＢ級映画

パート１　爆弾製造者のジレンマ

爆弾製造者という秘密の過去を持つアイルランドの主婦が、彼女の娘ともども誘拐される。そして、ロンドン中央の高層ビルの最上階に巨大な爆弾を仕掛けるように強制される。彼女が爆弾を製造すれば、おそらく何百もの人々が死ぬことになるだろう。彼女がそうしなければ、彼女の娘が殺されるのは明らかだ。テロリストたちは本気である。彼らは少女を地下牢に監禁して、彼女を映したビデオテープだけを毎週末（あるいは、母親が爆弾製造の倫理に思い悩んでいるようなとき）に送りつけてくる。

母親はどうするべきだろう？
（休憩時間）

パート2　目撃者のジレンマ

数週間が経過するうちに、誘拐された爆弾製造者の娘は監視人の一人（昔ながらの、とても素敵で陽気なアイルランド人）に気を許す。彼は少女を励まそうとバイオリンを演奏し、ケルトの歌を歌ってあげる。2人は楽しい時間を過ごすまでになる。その最中に不幸にも、少女を殺せという命令が届く。誘拐者たちは闘い合い、善玉が悪玉を殺す。例の善玉のテロリストは脱出しようとするが、少女をどうしたら良いのだろうか？　彼女は彼を裏切るかもしれない……。少女は言う。「私を逃がしてくれれば、私はあなたのことを決して警察には言いません。」彼は少女を解放して、自分も急いで逃げるが、すぐに捕えられてしまう。劇的なフィナーレでは、並べられた被疑者の中から犯人を割り出すために、少女は警察署に連れてこられる。

少女はどうするべきだろう？

ジレンマ 98　プログラムの目玉——『時計仕掛けのオレンジ』のジレンマ

　スタンリー・キューブリック監督『時計仕掛けのオレンジ』は、映画論の講義の目玉である。重要な倫理的・道徳的問題（セックス、暴力、政治）が、この映画に集約されている。物語の構成も悪くない。要するに、ハンサムだが道徳的に退廃した青年アレックスと、彼をリーダーとする忌まわしいギャング「ドラッグス」は、（全体主義的な組織暴力のために）完全に不道徳と化した社会にうんざりしている。社会から見離され、恵まれず、愛されもしなかったアレックスは、破産した自由な社会の暴力（以下の４つの暴力）に報復していく。

・核家族の感情的な暴力
・資本主義の経済的な暴力
・乱暴者の無政府主義的な暴力
・現代科学の組織化された暴力

　アレックスは快楽を得るために、自分自身の精神病的傾向を高じさせていくしかない。その結果、凶暴で残虐な暴行、殺人、強姦が繰り返される。暴力はアレックスの毎日の仕事にすぎなくなる。報酬としてアレックスとギャングは、表向きは型通りの成功を勝ち取っていく。車、ハイファイのレコードプレイヤー、ドラッグ、そして自由。

こうした人生が本当に「ストリート・ライフ」？

ほぼ終盤（あるいは中盤）

ジレンマ 99　100人の村

「100人の村」は人里離れた土地にある。異国情緒あふれる驚異に満ち、自然の素晴らしい恵みに囲まれた魅力的な場所である。

村民は混成。100人の住民のほとんどは黒い皮膚で、いわゆる「白人」は約30人にすぎない。大昔は誰もがそうだったと言われるが、今では8人に1人だけがアフリカの「血統」である。

男女はおよそ半分ずつ。わずかに女性のほうが多い。しかし、すべての村民が異性のカップルというわけではない。6つは同性のカップルで、同性愛者を名乗っている。キリスト教徒は約30人だが、現在の村長が熱心なキリスト教徒のために、村民は麦ワラでできた小さなキリスト教会で礼拝を行うように奨励されている。

すべては完全に釣り合い、調和しているように見えた。しかし、訪れた人類学者のグループによると、容認することのできない事柄も幾つかあるという。なぜ6人しか住んでいない家が、「100人の村」の土地のもの（生産物のみならず、小屋を建築・修繕するために用いる枝や麦藁などの天然資源を含めて）の半分以上を所有すると主張しているのだろう？　村民の多くは、荒廃した雨漏りのする小屋に住むか、村の境界で野宿しなければならないというのに。また、村長は村の「迎

賓館」でまたもや祝宴を催しているというのに、村民の半分以上が栄養失調の状態にある（3分の1は深刻な状態）という驚くべき事実を、人類学者たちは1晩歩き回って記録に残している。栄養失調に苦しむ人々の多くは病気に苦しんでいるが、病気のほとんどは予防することもできた病気である。痛ましいことに、その夜、村民の一人が亡くなる。病気の多くは、村の井戸に関する規則に関係がありそうだ。それというのも、村民の6人に1人は井戸から水を汲むことを許されずに、家のまわりの溝にたまる水に頼らなければならないのである。具合の悪いことに、村の半分ぐらいの家が溝を「下水道」としても使っていた。

人類学者たちは村長（最新の電子機器や機械装置を備えた小屋に住んでいるヨーロッパ系白人の男）に疑問を呈したが、いかなる目的であれ資源が必要なときは、誰もが村議会に申請をすればよい、そうすれば通常は認可されるという返答だった。小屋にある村のコンピュータを使って、村長はその申請書式も見せてくれた。あとは誰でも申請を希望する者がプリントアウトするだけであり、当然ながら資源の申請書類はタイプしなければならないという。先端技術と極貧状態が隣り合っていることに困惑した人類学者たちは、「しかし、どれくらいの人がこれを読むことができるのでしょうか？」と村長に尋ねる。「100人の村民のうち70人は読むことができないでしょうね」と村長は悠長に答える。そして、「副村長は大学教育も受けているのです」と誇らしげに付け加えるのだった。村でたった一人の大学卒業者。

人類学者の一人が大学に戻るために村を離れるとき、人類学者たちのグループは「裕福な6人」の内の2人と出会う。

2人は小屋を出てきたばかりで、村に存在する2丁のマシンガンを握っている。「見に来て下さい！」と彼らは興奮して叫ぶ。「7番の小屋でトラブルがあったのです！　私たちは治安を回復しに行きます！」しかし、人類学者は急いで立ち去る。

このように愚かな村を誰が作りたいと思うだろうか？

ジレンマ100　ヴォルテールのジレンマ

ある情景。

ミツバチがノウゼンハレンのまわりを忙しそうに飛んでいたり、2羽のフィンチが植えこみで遊んでいたりするのを観察しながら、ヴォルテールは9月下旬の日差しのなか、庭の籐の椅子に座っている。

ヴォルテールは思う。動物たちは知識も感情も欠いており、あらゆる活動を同じように行い、何も学ぶことがなく、何も熟達することがないなどと言うのは、なんと愚かで、月並みなことだろうか！

何を見ているのだろう？　壁に対しては半円形の巣を作り、角には4分の1の巣を作り、木には全円の巣を作る鳥が、すべてのことを同じやりかたで行うというのだろうか？　3カ月にわたって訓練した猟犬は、最初の頃よりも多くのことを学んでいるのではないのだろうか？　アリアを教わるカナリアは、ただ繰り返しているだけなのだろうか？　そうでないからアリアを教えるのにも、かなりの時間を要するのではないのか？　あなたはカナリアが試行錯誤をするのを見たことがないのだろうか？

あなたが私に感情、記憶、観念があると思うのは、私があなたに話しかけるからだろうか。ならば、私があなたに話しかけないと仮定してみよう。例えば、私が思い悩んだ様子で自分の家に入り、不安げに書類を探し、書類を入れたと記憶している机の引き出しを開け、書類を見つけ、喜んで読んでいるのを、あなたが見ているとしよう。私が思い悩んだり喜んだりといった感情や、記憶や知識を持っていると、あなたは当然のように考えるだろう。

（丁度その時、彼の忠犬ブラッキーが歩き出して、主人の膝の匂いを嗅ぎながら、献身の意を表して静かにヴォルテールを見上げる。）

それでは次に、主人を見失った犬、悲痛な泣き声をあげて主人を探し回る犬のことを考えてみよう。犬は動揺して、落ち着くことなく家に入り、階段を昇ったり降りたり、そして、部屋から部屋へと移動し、終に愛する主人が書斎にいるのを見つける。そして、穏やかな泣き声を上げ、跳ねたり擦り寄ったりすることで、自分の喜びを表現する。

友好を結ぶ能力において大きく人間を凌いでいるこの犬を、野蛮人たちは捕まえる。彼らは犬をテーブルに釘づけにして、生体解剖をする……。

（ヴォルテールはブラッキーの耳をなでる……）

……あなたが犬の中に発見するのは、自分自身の中にもある感情の器官である。

これは哲学の議論？

ジレンマ *101*　実用主義の反応

　大きな製薬会社の研究所を見学したときのことを、ニコラス・フォンテーヌは「哲学天国」のなかで、ジョージ・バーナード・ショー（1856 - 1950）に報告する。「彼らは完全に無関心のまま、犬たちを叩いていたのです。そして、自分が痛みを感じるかのように動物たちを憐れむ人々を、笑い者にしていました。動物は時計のようなものだと彼らは言うのです。叩かれたときに上げる叫び声は、糸が引かれたときに生じる雑音にすぎず、動物の全身には感覚がないと言うのです。彼らは生体解剖をするために、可愛そうな動物たちの4足を板に釘で留めていました」(『ポール・ロワイヤルの歴史のための回顧録』1738)。

　ジョージは愕然とする。「有効性を示すだけでは、実験を正当化できるか否かを決ることはできない。」(彼は指を振り動かす。)「実験が役に立つか役に立たないかではなく、野蛮なふるまいなのか文化的なふるまいなのかを区別しなければならない。人間の知識を高めるのならば、生体解剖は社会的な必要悪だが、その代わりに人間性を低めるという代価を払っているのである。」

　なるほど。しかし、有用な生体解剖を止めることと引き換えに、あなたの家族も含む1000人の人間が洗剤で死ぬとしたら、あなたは1匹のハツカネズミの命を救おうとするだろうか？

**　さて、（ついに！）本当の議論はここから？**
（次のページもあることだし。）

ディスカッション

ジレンマ 1 & 2　救命ボート／さらに沈んでいく

　どの程度まで、個人は自分の幸福を他人の幸福のために危険にさらすべきなのだろうか（このジレンマの場合、責任のある船長は自分の命令によって他人の生命を危険にさらすことになる）。これは生物学者ギャレット・ハーディンの提唱した「救命ボート」のシナリオを少し誇張したものだ。功利主義を少し応用した「救命ボート倫理」は、豊かな国は貧しい国に何の義務も負っていないことを示すために用いられる。豊かな世界の「救命ボート」に貧しい国の人々を乗せようとすれば、自分の国民の幸福を危険にさらすというのである。世界の富を等分しようとすれば、世界全員がすべてを失うかもしれない……。「愛他主義」は小規模にしか適用することはできないとハーディンは論じる。

　ハーディン教授は個人を救うことに過大な関心を示していない。個人を集団のなかの1人として考えているからだ。「人口問題」は「飢餓と貧困の根本的原因」であり、「180の国家それぞれの問題」であると彼は主張する。（このテーマだけで、もう1冊の本を書くことができる。あまり面白い本にはならないだろうが。）過剰人口を他国に移すことによって人口問題の解決を図ろうとしてはいけない。ハーディンにとって、これが唯一の重要な倫理原則である。豊かな国は比較的豊かな国民で一杯の救命ボートであるが、そのなかには、貧しい国の「さらに混雑した」「救命ボート」に乗っている国民を憐れむ者もいる。しかし、こうした「感情をあらわに出す」人々は、「自ら豊かな国から出ていって、貧しい国の人に自分の場所を明け渡すべきだ」とハーディンは論じる。そう、

バートはトムを助けることができる。ボートから飛び降りれば良いのだ！　良心に悩まされた人々が不公平な地位を放棄する最終的な結果は何か。ハーディンはニーチェのような熱情をこめて結論する。救命ボートから良心が排出されるのである。「救命ボートは、言わば、罪の意識を浄化する。」

しかし、バートには別の可能性も開かれている。彼はトムを助けつつ、さらに救命ボートを安全に守ることもできる。船長を海に突き落とすのだ。これは倫理的ではないのか？「無情(ハード・ハート)」な教授ならば、社会システムはこのような愛他的傾向によって不安定になると言うに決まっているが……。

大規模には、ある者が生き残れば、必然的に残りの者は生存できなくなる。(生物学的に言えば、「ミバエ」を考えてみればいい。)「飢餓のプロセス」は人口のバランスにとって最も重要である。しかしながら、実際の問題として、豊かな世界は救命ボートのように本当に沈むという前提に立つのは適切なのだろうか。他人のためにリスクを負って、少し詰めれば済む問題ではないのだろうか。こうなると、また少し別の問題になってくる。

ところで、フリントハート船長が呟いていたラテン語は？「impossibilium nulla est obligatio（不可能ナルコト義務ナラズ。）」古代ローマの市民法における根本原理の一つである。もちろん、哲学者全員がこれに同意するわけではない。

ジレンマ 3　心理学の実験

哲学の大問題の一つは、古代デルポイの神託によって投げかけられた謎である。「汝自身を知れ」という単純な命令。大多数の人間は基本的に善良だが、私たちの至るところに、

秘められたサディズムや抑圧された殺意が潜んでいるのではないだろうか。

　不幸にも、哲学者の大半の見解とは異なり、善悪の相違はほんの紙一重であることが多い。この100年に限っても、善良な人々が第1次世界大戦では虐殺を行ない、ヒットラーの第三帝国では強制・絶滅収容所を、スターリン時代には大量の餓死者を生んだ政治犯収容所を運営していた。アジア全域にわたる市民「集中爆撃」、ルワンダやカンボジアやバルカン半島における計画的大量虐殺……、リストは増え続ける。露呈した事実にも増して、背筋を凍らせる写真の数々、永遠に定着されたその細部……。例えば、通行人が立ち止まって、強制収容所に運ばれるユダヤ人に唾を吐き、石を投げている写真。あるいは、アメリカの片田舎のポプラの林のそばで、晴れ着を身につけ誇らしげにポーズを取る人びとの写真。ポプラの木には、歌にあるような「南部の風に揺れる／奇妙な果実」が吊り下げられている。この「果実」は手足を切断された黒人たちの死体。1960年代の公民権獲得に至るまでの約70年間、推定5000人の黒人がリンチされていた。

　イェール大学のスタンレー・ミルグラムは、悪いことをするように説得されてしまうのは、もともと「悪い」人間かどうかを調べるために、ある単純なテストを考えた。結果は……。被験者たちは自分の道徳的信念を他人の説得に合わせて、いとも簡単に「調整」することができたのである。1つの実験でミルグラムは、被験者の学生が記憶テストで間違った解答をするたびに、電気ショックを与えるように別の学生に命じた。叫び声を上げ、苦痛に煩悶し始めても、解答を誤った学生に「罰」を与え続けることは、科学実験の目的のた

めと説明したのである。(せめてもの救いは、電気ショックを与えられた学生は実は役者であり、演技をさせていたことだ。しかし、他人に苦痛を与えることを何とも思っていなかった「普通の人」。リアルである。)

哲学者たちは伝統的に、あるがままの人間の本性には信頼を置いてこなかった。ジャン゠ジャック・ルソーは注目すべき例外である。彼自身は「ならず者」だったとしても。古代の哲学者の大半は、極少数の人間だけが倫理的に信頼できると考えていた。したがって、社会は「美徳のある人間」によって統治される必要がある、と。孔子もアリストテレスも、「美徳のある人間」とは「高貴な人間」であると見なしていた。それを受けて、「美徳のある人間」とは、智慧・勇気・慈悲などの特質を備えた「優れた人間」であると、解釈し直す哲学者もいた。適切な「守護者」の定義に女性を含めたのは、おそらくプラトンだけだろう。優れた人間は、過去の偉大な人物に自らの行いを重ね合わせ、思考と行動の両面において優れている(つまり、美徳がある)。優れた人間は、人生が完成に向けた終わりなき探求であると理解している。道の途中にある陥穽は、孔子(紀元前551-479)によれば、貪欲・攻撃性・悔恨・高慢・利己主義であり、陥穽に陥らない最善の防御は教育と知である。孔子の教えの根幹は『論語』に記されている。道徳的人生を1語に要約願いたいという求めに応じて孔子曰く、「恕」。すなわち、己の欲せざるところ、人に施すなかれ。

数世紀後、マホメットはイスラム法裁判官による統治を薦めた。12世紀、スペインに生まれ北アフリカに住んだユダヤ教哲学者モーゼス・マイモニデス(1135-1204)は『迷え

る者の手引』(1190頃)の中で、美徳は宗教規則に良く従うための条件であると忠告している。孔子と並ぶ偉大な中国の哲学者・孟子(紀元前371‐289)は、しかしながら、孔子とは大きく異なる。人間は善良に生まれるが、悲惨な人生と境遇によって堕落すると孟子は考えていた。孟子の観点からすれば、人間は善なる本性と出会うために、美徳を内に探し求めることが重要なのである。

　善意は人間の核心である。善意は人の道を真直ぐにする。実に悲しいことである。人が正しい道に従うのではなく、正しい道を放棄してしまうのは。正しい道を歩む本義を忘れて、道に迷う心を放っておくのは。自分の鶏や犬が道に迷えば連れ戻すだろうに、自分の心が道に迷ってもそうしないとは。

すると答えは？　たった3つのジレンマでは、複雑で矛盾に満ちた人間の心の表面を、ただ引っ掻いたにすぎない。

ジレンマ4　習慣は王様

　実際には、どの国も国連人権宣言に同意できなかっただろう。サウジアラビアは女性の権利と「信仰の自由」を宣言に入れることに反対して、他国に疑念を表明した。女性の権利や「信仰の自由」は、全く「普遍的」でも「自然」でもない……。サウジアラビアの習慣は異なる「自然」(?)を示している。もっとも、自然と文化の対立は古代から続いている。紀元前5世紀のソフィストたちは、「フィシス」(自然)と「ノモス」(法または習慣)を対立させていた。「フィシス」と

「ノモス」のどちらが悪いのか。これを知るのは時として難しい。しかし、私たちの人権宣言代替案を支持する事実を幾つか挙げることはできる。

1 あらゆる巧妙かつ残酷な手段を使い、他人を拷問・殺戮する根本的権利を、我々は擁護する。

概して、人間は拷問を好んできたと言える。長年に渡り、恐ろしい拷問の方法を次々に考え続けてきたのだから。地下牢もその一つで、囚人の意志を破壊するために巧妙に建造された。パリのバスティーユの地下牢には、先の尖った円錐が下向きに取り付けられ、立つのはもちろんのこと、横になったり座ったりすることもできなかったのである。

歴史の教えるところによれば、拷問によって悪行の告白を強いられた後は、火炙りの刑による痛ましい死が待っていた。火炙りの刑はおそらく最も残酷だが、最も簡単に準備できる刑でもあった。1252年には教会が拷問を承認した。ローマ教皇イノケンティウス4世が異端の告白を得る方法の一つとして、「組織的迫害のための機構」（いわゆる異端審問）を準備する認可を勅書にした時のことだった。その4年後、公認された世俗界の拷問が増大していることに合わせて、ローマ教皇アレクサンデル4世は教会当局にも拷問の許可を与えた。こうして12世代に渡って行われた異端審問は、ヨーロッパ人に現世の地獄を教える役割も果たしたのである。

ただし中世を通じて、ヨーロッパには「歩調を乱す」国が1つあった。イングランドは**ジレンマ90**に描いたような「囚人圧搾」を別にすれば、裁判所の許可する手法として拷問を

使用することを固辞したのである。16世紀のベネチア大使バルバロの観察によるとイングランド人は、無実の人を拷問すると「肉体と無実の生命を破壊する」ことになると心配していた。そして奇妙にも、「無実の人を処罰するくらいなら、罪人を解放する」ほうが良いと考えていたのである！

今日、拷問は多くの国々で健在である。

2 奴隷を所有する権利を剥奪することはできないと、我々は主張する。専ら奴隷に適している人間がいることを、我々は宣言する。

奴隷の使用も歴史を通じて常に行われてきた。生まれながらの奴隷も、征服されて奴隷になった者もいる。アリストテレスとプラトンの両者は、奴隷は能力が低く動物に近い存在と見なし、奴隷制を正当化していた。キリスト教もイスラム教も奴隷制を擁護し続けてきた。マホメットは自分の奴隷を解放し、全男性は兄弟であり、平等に扱うべきだと教えたにもかかわらず（それでも、自由になるのは人類の半分であるが……）。

300年に渡る悪名高きアフリカ奴隷貿易は、隣人を売るというアフリカの習慣に基盤を置いていたため、実行が容易になった。ヨーロッパ人が追加したのは、奴隷貿易への関与を正当化するために展開した人種優位の理論である。奴隷制の習慣の普及はインドにも見て取れる。英国が1841年にインドで実施した人口調査によれば、驚くべきことに1000万人の奴隷がいた計算になる。（英国は1862年、奴隷制の習慣を禁止する法律を通過させた。）今日、アフリカ諸国だけでも依然

として、最低20万人の子供たちが奴隷として売買されている。ベニンのような国々はこれが「習慣」であり、子供たちに海外で「労働経験」を与えていると主張する。2001年、現代の奴隷船エティレノ号はガボンに向かう途中、250人の子供たちを（注文よりも過剰であるとして）船外に投げ捨てた。しかし、世界の関心が高まったのは短期間にすぎなかった。

3 いかなる理由であれ、生まれたばかりの子供を殺す当然の権利を、我々は主張する。

新生児殺しも世界中で習慣化している行為である。ごく最近まで、エジプトやカンボジアのような「変な国」だけが、すべての子供を養育しなければならないという「逸脱した習慣」を持っていたのである。普通、殺されるのは女児であるが、マダガスカルでのように、「不幸な日」に生まれた子供を殺すところもあった。

セネカからピーター・シンガーまでの倫理思想家の長い系譜は、「障害のある」子供を殺すことについて書いてきた。彼らはそれを政策の基準点になるべき、賢明で慎重な行動とさえ見ている。シンガーなどは出産を自動販売機でコーヒーを買うようなものと思っているようだ。赤ちゃんは無限に複製可能で、ある赤ちゃんは他の赤ちゃんに比べて「より良い」……。「障害のある」子供の誕生を防ぐのは、スロットマシーンで「弱いコーヒー」と書かれたボタンをブロックするようなことにすぎない……。（当然ながらフェミニストは、出生率の議論における女性の描かれ方に異議を唱えている。）

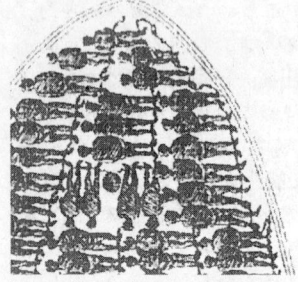

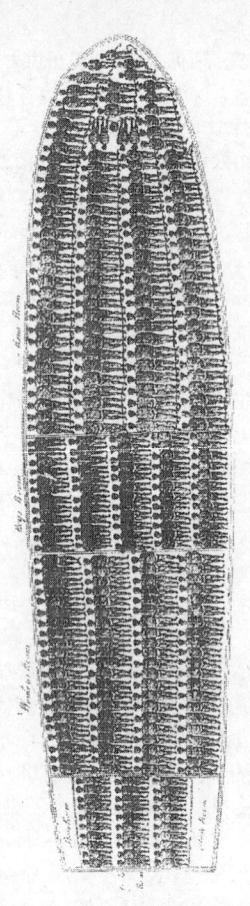

「1トン（2.83㎥）あたり1人の割合のニグロ」を図示したイングランドの奴隷船のプラン

習慣の真相

　アイスランド人がキリスト教会の道徳的指導を受容したとき、彼らは2つの文化的例外を主張した。馬を食べ続けること、そして、子供を殺すことである。奇妙にも、「洗礼を受けずに」死んでいく子供たちの恐怖をキリスト教が強調したことによって、アイスランドの習慣は大きく変わっていった。

4　老人や体の不自由な者を殺し、その肉を食べる権利を、我々は要求する。

　老人殺しは最近まで広く行われていたが、決して普遍的ではない。老人を牛と一緒に煮込んで食事とするマッサゲタイ族の習慣を伝えるヘロドトスの話は、最もよく知られたものだろうが、同じように吐き気がする習慣は他にも数多くある。ニジェールの一部族は老人を殺し、その肉を燻して細かく砕き、その粉をトウモロコシと水に練り合わせて小さなボールにしたと言われている。私たちの理解を超えたこのような食料が、長期間に渡って、主食であり続けたのである。厳しい環境において生活を営んでいくには必要だったと、こうした習慣を説明する者も今日いる。イヌイット（例えば、老人を絞め殺していたハドソン湾のイヌイット）、トゥピ族（病気になった年配の人は誰でも殺し、死体を食べていたブラジルのトゥピ族）、トバ族（老人を生き埋めにしていたと言われるパラグアイのトゥピ族）の習慣を紹介しながら、各部族にとっての必要性や良き意図を解き明かそうとする。しかしながら、こうした習慣は決して普遍的なものではない。別の解決策を見つけた部族もある。ポンカ族やオマハ族のようなアメリカのイン

ディアンの部族や、幾つかのインカ族は、狩猟や採集に向かうとき、老人や虚弱者を食糧と一緒に家に残して、役割を与えた。老人はトウモロコシ畑を見張り、鳥が近づかないように威嚇した。老人たちは実際に役に立ったのである。そうなると、老人殺しは残酷ながら必要だったという説明も疑わしい。

人間を食べることそれ自体は悪いことではない。ミラニア族の食人者は人類学者スピックスとマルティウスに説明した。「これはすべて習慣の問題だ。敵を殺したとき、それが無駄になるよりは食べたほうが良い。カメのように卵を産まないので、獲物がたくさんとれるのは珍しい。酷いのは、食べられることなく死んでいくこと……。あなたがた白人は本当に贅沢すぎる!」

ヘロドトスの伝える変わった習慣については、ジレンマ77(ディスカッション)も参照のこと。

ジレンマ 5〜7

この種の「個人的なジレンマ」は本当に至る所にある。こうした心もとない状況に陥ったことが全くない人は珍しいだろう。こんな状況を考えてもいい。運賃を払わずに電車に乗ってしまったとき、あるいは意図せずに店の商品を持って出てしまったとき……。そうしたとき私たちは、「個人的利益」と「非個人的原則」の「2つの角」の間に挟まれる。ほとんどの倫理のジレンマが見出されるのは、『コウモリであるとはどのようなことか』のトマス・ネーゲルも言うように、まさにその2つの間である。もっとも、これはカントには当てはまらない。彼はジレンマの存在を否定しようとした。「完

全な義務」には常に従うことができるし、従うべきなのだ、と。さもなければ、「完全な義務」は完全ではないのだから。「解決不能のジレンマ」の存在を認めてしまうと、その「論理的」帰結は相対主義の亡霊に取り憑かれることになる。これを恐れたカントは、一時的に功利主義者とまで連携した。功利主義者の思考体系によっても、曖昧な相対主義を避けることができると考えたからである。だが、ジョン・スチュアート・ミル自身はこう認めている。

> 疑問の余地なく道徳的責任を提示するような道徳体系など存在しない。これが真の困難である。個人の行為を良心が導くときも、倫理学の理論においても、解決困難な点なのである。実際のところ困難が克服されるのは、個人の知性と美徳に応じてのことである。

しかし、彼の功利主義教育論を聞くまでもなく、「相反する権利や義務を調停することのできる究極の基準を持っていないからといって、困難を解決する資格がないと考えるのは欺瞞に等しい……。」ほとんどの人間はジレンマに立たされたとき、「こうしたらどうなるだろう？」、「うまくいくだろうか？」、「まずいことになりそうだろうか？」と考えるものだ。

さて、幾つかの「解決困難な点」に私たちの倫理的原則を適用してみよう。

ジレンマ 5　インターネット・ショッピング

ほとんどの人の最初の反応は、可能性のある結果をあらか

じめ考慮することである。「本当にうまくいくだろうか？」と。そして、うまくいかないと思えば、予想される不愉快な結果について考える。いつかコンピュータ会社が食い違いに気づくと考えるならば、あるいは、無賃乗車のすべてがビデオ録画されていて、翌日、改札口で鉄道員に捕まえられると考えるならば、こうした状況はもはや倫理のジレンマとは見なされないだろう。あとはできるだけ早く支払いを済ますという、臆病な自己利益の問題にすぎないのだ、と。

しかし、たとえ気づかれたとしても全額支払済と思いこんでいたと偽証すれば大丈夫と、「悪事を行う」誘惑にかられる人もいる。その人は「ほとんどの人がしたいと思っていること」をしているにすぎないと、自己正当化しているのかもしれない。ただし、誉められたものではないので要注意。確かに功利主義者にとって多数意見は重要であるが、多数意見に懐疑的な哲学者は少なくない。プラトンともなると、「多数派」の意見は無秩序にすぎないと軽蔑していた。

1940年代に人気を博したラジオ相談番組「ブレーンズ・トラスト」の道徳担当ジョード教授も述べていたように、悪魔ベルゼブブに誘惑されて電車料金を誤魔化したという人は、その時点ですでに名誉を失っている……。世論という暴政への抵抗については、『懐疑論集』のバートランド・ラッセルを引用したい。「飢餓や無実の投獄を訴える限り、概して世論は尊重すべきであるが、無条件に世論を尊重するのは、不必要な暴政に自ら服従することに等しい。あらゆる意味において幸福を妨げることになるだろう。」あるいは、「2種類の道徳が並んで存在する。説教しているが実行はしていない道徳と、実行しているが説教することは少ない道徳である。」

私たちを取り囲んでいるのは、「自分を癒してくれるような信念の群れであり、それは夏の日のハエのように付きまとっている。」

「常に正しい金額を支払う」などの規則に従う人間の数は、実のところ予想以上に少ない。ジレンマ5のインターネット・ショッピングのように、電車運賃よりも金額は大きいものの、店員と知り合いでもなく、「個人的信用」を失墜させることがないとすれば……。実際には、具体的な人間関係の具合も影響してくる。例えば、レジに未払金額が戻ってきやすいのは、不機嫌なレジよりも親切なレジに対してだろう。しかし、この種の区別が倫理学で取り上げられることはまずない。理論的な欠陥と言える。

次の請求書が届いたとき、あなたは再び誘惑を覚えるかもしれないが、心に留めておくべきだ。社会道徳をテーマにした番組に撮影されている可能性もある……。アダム・スミスが『道徳感情論』で述べたように、他人が私たちを見るように、私たちが自分自身を見ることができるならば、「改心は不可避である。そうでなければ、自分自身を見ることに耐えられないだろう！」

ジレンマ6　トースター

このジレンマには個人の自由、プライバシー、そして各自の好みの問題が関係してくる。大きくではないが、少しばかり。第1に、あなたの同居人に宛ててカタログが送られてくるならば、自動データベースを使った郵送だとしても、あなたには郵送を妨げる権利はない。第2に、良くも悪くも、サムの同居人がカタログや通信販売を好んでいるのは明らかだ。

それを考えると、ここには大きな倫理的問題はない。カタログをゴミ箱に投げ捨てるべきではないだろう。

ただし、郵便を止める誘惑にサムが屈するとしても、それを誰かに知られるわけではない。郵便を止めてしまえば、面倒や出費の心配もなくなるだろう。それならば、サムはこれを「功利主義」によって正当化するかもしれない。郵便を勝手に止める「権利」は認められなくても、幸福の合計を増加させるのだ、と。

確かに、最も有名な倫理の思考実験のなか、ソクラテスは友人グラウコンに尋ねている。財産をその所有者に返却する「規則」に従うのは常に正しいのかどうか。あるいは、返却した結果を考慮して決めるのが正しいのかどうか。誰かを突き殺したいのでナイフを返して欲しい言う友人の例を、ソクラテスは挙げている。この場合、ナイフを返さないでおくことに問題ないだろう。それでは、商品カタログの場合は？

また別のプラトン対話篇『プロタゴラス』は、1つの行為（あるいは1冊のカタログ？）から帰結する苦痛と快楽を天秤にかける能力が必要だと諭している。これはまさに、通常は18世紀の功利主義に結びつけられる「快楽計算 hedonic calculus」の先駆である。（「ヘドン Hedone」とはギリシア語で「快楽」を意味する。そのため、特に快楽によって動機づけられている人のことを、「ヘドニスト hedonnist」と呼ぶ。）しかし、ギリシア人は快楽の理解をめぐって合意に達することはできなかった。天文学者エウドクソスは「快楽」を唯一の善であるとまで唱えたが、プラトンの後継者スペウシッポスは反対に、快楽と苦痛は邪悪なものの2つの側面と考えていたのである。

ジレンマ 7　嘘つき

　人間は言葉を使い始めた頃から嘘をついていたのではないか。嘘をつかないのは難しい。誰もが嘘をつく。神も医者も先生も哲学者も嘘をつく。鳥さえ、賢い鳥になると嘘をつく。(他の鳥が見ていることを承知で、ある場所に食物の蓄えを隠し、後で密かに戻ってきて、食物を掘り起こし、別の場所に隠す。他の鳥が見ていなければ、最初の場所に食物を埋めておくワタリガラス。)元英国首相ウィンストン・チャーチルが述べたように、真実は非常に重要であり、非常に貴重であるため、常に嘘という名のボディーガードを同行させておく必要がある。

　しかし、哲学における嘘の地位は別問題である。ソクラテスは常に正直であれという倫理的命令と、その命令に従うことから生じる望ましくない結果との葛藤について、「激怒したナイフ男」の例を用いながら友人グラウコンと議論している。また、プラトンの『国家』の創始者たちは、自らの素性(魂が「金・銀・鉄」の何れなのか……)について国民に嘘をつくことを許されている。

　中世においても依然として、嘘の問題は重視されていた。学識あるトマス・アクィナスは長文「嘘について」を著し、時には嘘を弁護することさえあった。アクィナスは聖アウグスティヌスの警句「嘘をつく口は魂を殺す」、「すべて嘘は罪である」、「嘘をつくこと自体が悪であり、避けるべきものである」に同意していたが、少し波紋を投じるところまで進んだのである。アウグスティヌスが嘘を断罪できた理由は主として、彼が個人の(魂の)自己利益を強調しようと決めたか

らである。(結果はどうとでもなれ!)ボーイフレンドのバーナードが嘘をつくとき、本当に全員の幸福を重視しているならば、彼は聖アウグスティヌスとは非常に異なる道徳的立場を取っていることになる。

「贖罪の子羊」(ジレンマ44)で嘘をついたアブラハム(聖書の世界では、アブラハムは妻のサラを妹と偽ったことでも知られている)のように、バーナードは嘘をつきたかったのではなく、「真実を隠すことを望んだ」にすぎない。この一線を守るならば、アクィナスはバーナードの味方になってくれるだろう。近年の例を挙げよう。英国の有力者ロバート・アームストロング卿はニューサウスウェールズの法廷において、「スパイキャッチャー」事件〔英国政府の機密を暴露する元スパイの回想録の出版を、政府が阻止しようとした事件〕の釈明を行った。しきりに言葉を濁しながらも、自分と英国政府の提出した証拠に関して彼はこう認めている。「間違った印象を与える文面を含んでいるが、嘘ではない。真実を隠していたのである。」

嘘つきのためのもう一つの方便は、煮え切らない古代のセネカのように、宇宙の流動と変化に訴えることである。「約束に束縛されるには、万物が変化しないことが必要である。さもなければ、約束をしても嘘をつくことにならない。予定される状況を当然のことと思って、心のなかにあることを約束したのであるから。また、約束を守らないことも難しい。状況はもはや同じではないのだから。」(『善行について』IV)

これに対して、孤独なカントは信頼の剣を振り回しながら、嘘は契約の効力を失効させると警告する。嘘は「人類に対して行われる悪である。」嘘が害をなすから、嘘が悪であると

いうわけではない。嘘によって良いことをするように思えるときでも、嘘によって真実が崩壊することを考えなければならない。「したがって、あらゆる言明において真実であることは、いかなる便宜によっても制限されることのない、理性の神聖で絶対的な命法である」とカントは結論する。(バーナードがこの件で嘘をつくことができるならば、彼は他の件でも嘘をつくことができるだろうし、おそらくそうするだろう。) しかし、カントの道徳体系は実際にどのように機能するのだろうか。幸運にも、適切な歴史的事例がある。

道徳的信念という難問について講義するカントに感銘を受けたマリア・フォン・ヘルベルトは、1791年にカント宛の手紙を書いた。彼女はカントの長年のファンであり、最近は「真実を語る原則」を自分の最も親密な愛情に適用したというのである。

マリアは熱烈に始める。「信者が神に呼びかけるように、私はあなたに呼びかけます。助けを求めて、慰めを求めて、死に備える助言を求めて。」長く隠してきた過去の関係を伝えることによって、彼を傷つけるかのように、マリアは記す。「悪いことはしていませんが、嘘はもう十分です。彼の愛は消えました。」「名誉ある男性」として、彼女の恋人は「友人」であり続けたいと申し出たというのだが、「かつて私たちを自ずと結び合わせた、あの内なる感情はもうありません。私の心は燃え上がる無数の欠片に砕けてしまいます!」

ここまでは悲劇的。自分が自殺を思い止まることができたのは、カントが自殺を非難していたからこそとマリアは続ける。カントは翌春、返事を書いた(もちろん、これは電子メールの登場する前のこと)。明らかな彼女の善意に対して優しい

ディスカッション 199

言葉を書いた後、彼は義務について厳しく語る。「そのような愛は完全に通じ合うことを欲します。懐疑的に遠慮して愛が弱められることなく、相手が自分と同じ気持ちを共有することを期待するのです。」こうした最大限の率直さゆえに2人が別離する結末になれば、それは「愛情が道徳的であるよりも肉体的だった」からであり、遅かれ早かれ何れにしても消滅したことだろう。凝り固まった独身者カントは溜息をつく。これが人生において、たびたび出会う不幸である。人生の価値は、他人から得られる楽しみに左右されるとき、「過大に評価されるのである」と。

　1年後にマリアから返信が届く。彼女はカントの説くように、高水準の道徳的厳格さに到達できたという。今や人生を虚しく感じるにせよ。彼女はすべてに無関心であり、不健康に苦しんでいると記す。最高の道徳哲学者に似て、「毎日が楽しみなのは、死に近づいていくからにすぎない」と。しかし、マリアはカントを訪問したいと願っている。カントの肖像に、彼女は「『純粋理性批判』のような鋭敏さではなく、深遠な静寂と道徳の奥深さ」を認めていたのである。彼女は「神」に懇願する。「私の魂から、この耐えがたき空虚を取り除いて下さりますように。」

　しかし、これにはカントも為す術が無い。

ジレンマ8　残酷の第1段階

　ウィリアム・ホガース『残酷の4段階』は18世紀当時、人気を集めた版画集である。今日では、彼の『放蕩一代』のほうが広く知られているかもしれない。部屋を飾るのに持って来いのこうした版画は、ホガースが言うところの「下級階

級に特有の悪徳」を描いている。「残酷の第1段階」では、主人公「トム・ネロ」と街の悪戯っ子たちが動物を虐待して楽しんでいる。トムは犬に口にしがたいことを行っている。猫たちは吊り下げられている。建物の高いところから投げ捨てられた猫もいる。手前のほうでは、子供が得意げに、骨を犬の尾に結びつけようとしている。

第2段階は？　ここにも動物虐待が見られる。理不尽に羊と馬を痛めつけている。第3段階でトムは人間虐待へと進む。強姦されたと思われる女性が地面に倒れている。女性の喉には傷口が空いている。第4段階の陰惨な場面では、正義の刃によって解剖されるトムが描かれている。解剖学の講義に使われているのだ。犬が嬉しそうに、捨てられたトムの内臓を齧っている。

この『残酷の4段階』は、堕落した犯罪階級を観客として想定した唯一の「傑作」だろう。ウィリアム・ホガース（1697-1764）の時代、道徳心のある人々は、未曾有の悪に社会が飲み込まれていくと脅えていた。そして唯一の希望は、道徳的過ちをその芽のうちに摘むことだったのである。

時代は変われど、……

残酷に至るデカルトの堕落の4段階（第1段階）

私たちは機械なのだろうか。もちろんそうだ。事実、多くの哲学者が人間と機械の類似点を指摘してきた。例えばデイヴィッド・ヒューム（1711—1776）はこう述べている。動物のあらゆる行動は「推論によって行われると私は主張する。それ自体は人間の本質と異なりはしないし、異なる原理に基づいているのでもない。」こうした「機械論的世界観」は深

い含意を持っている。

「近代」哲学の父であるフランスの生物学者にして数学者ルネ・デカルト（1596-1650）が、世界を2つ（心の精神的世界と身体・物体の物理的世界）に分割して以来（「二元論」）、哲学者の評価する事柄のすべては、観念と思考の世界、すなわち魂の住む世界に属している。そして、動物たちは不幸なことに、物質的世界のみに属していると考えられてきた。動物はたんなる機械であり、魂・理性・感情を持たない。そのように教える冷酷な還元主義思考をデカルトは創始したのである。彼によれば、苦痛を感じた犬が上げる叫び声は、車輪の軋みのような機械の雑音にすぎない（ジレンマ21のディスカッションも参照のこと）。

科学は17世紀に急激に進歩した。デカルトの確信は宗教界と科学界の両方において熱狂的に受け容れられていった。宗教界と科学界は、道徳の見地から動物実験に反対する意見を消滅させていった。異議を唱える声は、ほんの少数になった。ヘンリー・モア（1614-1687）は少数者の一人である。彼はデカルトとの往復書簡のなか、動物に魂と来世が欠けていると証明できる者はいないと記した。「精神の偏狭さ、過度の自己愛、他の生物の蔑視」が、動物の魂と来世を否定しているにすぎない。モアは世界が人間のためだけに創造されたのではなく、他の生物のためにも創造されたと主張する。モアは聖書を引用しながら、人間は憐れみ深く動物たちを支配するように定められていると言うのである。動物に対して際限無く暴力や虐待を加えていけば、今度は人間同士で同じ運命をたどることになるだろうと警告するモア。「野蛮な被造物の生命や福祉を軽視する人間は、不当極まりない。肉体

に加える法の制止がなければ、人間に対しても残酷な行いを為すだろう。」

ジレンマ9　第2段階──自由意志

　自由意志はフィクションである。しかも、非常に有用なフィクションである。私たちは思考するとき、自由にものを考えていると思っている。それは間違いではないだろう。しかし、この自由は現実なのか、たんなる幻想なのか。誰もそれを知ることはできない……。決定論者によれば、すべてはすでに決定されていることになる。状況による決定、遺伝子による決定、化学物質による決定……。あるいはニーチェの著作による決定でも何でも（ジレンマ93を参照のこと）。こうした決定論の流れに、ウィリアム・ジェームズ（1842–1910）は疑いを差し挟んだ。物理的世界には「無作為（ランダムネス）」が存在するため、万物は少しばかり不確定になるというのである。もちろん、私たちが完全に自由であることは無いにせよ、自由な存在として処遇されるのが最善だろう。

　それでは、なぜ自由意志はフィクションとして必要なのだろうか。自分の行動に責任を持つためには、私たちは自由に意思を決定する必要があるのみならず、あらゆる状況において、自由に決定する責任がある人間と見なされる必要があるからだ。論理上、責任は無限である。カントによれば、人間の自由がどのように可能であるかは理解できないが、自由の存在は認めなければならず、自由は（日常の肉体的な自己ではなく）「本体的（ヌーメナル）」な自己に属しており、本体の世界は原因・結果の法則の彼岸にあると言う。

　ではなぜ、デカルトは自由意志を人間存在の鍵にしたのだ

ろうか。デカルトは非常に革新的な数学者であり、非常に有能な科学者だった。屈折法則に関する彼の研究も、光学の歴史において画期的なものである。しかし、彼の哲学にはアリストテレスを過度に援用したところがある。アリストテレスは科学・数学・哲学を混合しようとして、一貫性に欠けた結論を残していた。デカルトの同時代人トマス・ホッブズは『リヴァイアサン』の終わりで、「古代人」をこう評している。

> 彼らの論理学は、本来ならば推論方法であるはずなのに、語句の解釈の域を出ない。命題を提出すべきところで、人を困惑させるだけだ。(……) 古代の哲学者が誰もそれを指摘していないことほど滑稽なことはない。『形而上学』と呼ばれるアリストテレスの著作ほど、不合理な内容のものを私は知らない。『政治学』でアリストテレスが述べた大半のことほど、政府にとって不快なものはない。『ニコマコス倫理学』の大半ほど無知を記したものもない。

無論、全員がホッブズに同意はしないだろう。しかし、偉大な哲学者に対しても懐疑を向ける姿勢は重要なことだ。精神と物質の分割がデカルトの最大の勝利であり、最大の過失だと考えている人も多い。事実、「プラグマティスト」(ジョン・デューイ、C・S・パースを含む) の一人、ウィリアム・ジェームズは19世紀末から20世紀初頭にかけて、デカルトを特に批判した。デカルトは人間を自然の一部として理解することから哲学を遠ざけ、言語・文化・社会生活の外側にある人間の本質という虚偽の「理想」に導いたというのである。

デカルトは「人間は理性的動物である」というアリストテ

レスの考えに縛られていたが、この見解は（カテゴリーの）間違いだろう。すべての動物は理性的なのだから。動物は目標と戦略、記憶と感覚を持っている。中国の哲学者はアリストテレスとは異なり、「人間は道徳的動物である」と言った。人間と人間以外の動物とを区別する方法としては、この方がはるかに妥当と思われる。しかし、デカルトは「人間は理性的動物である」という考えに縛られ、アリストテレスの引いた区分の上に世界のすべての理論を構築し続けたのである。

　これもまた注目すべき事実です。動物のなかには幾つかの行動において人間よりも巧みなものも沢山いますが、そうした動物も他の多くの行動においては巧みさを示すことがまったくありません。したがって、動物が私たちよりも優れた行動をするという事実は、動物が精神を備えていることの証明にはならないのです。なぜなら、動物が精神を備えているとしたら、動物は私たちの誰よりも多くの理性を持ち、他のすべての事柄において私たちに勝ることになるでしょう。むしろ、動物はまったく理性を持っていないのですし、器官の配置に従って動物のなかで運動しているのは自然に他なりません。歯車と重りで作られているだけの時計が、知恵を備える私たちよりも、正確に時間を計り、時を告げるのと、まったく同じことなのです。

　言葉と自然の運動を混同すべきではありません。自然の運動は情念を露呈するもので、機械によって真似されるように、動物によって表明されることもあります。また、古代の哲学者の数人のように、動物は話をするが、私たちがそれを理解

しないだけだと考えてもいけません。なぜなら、これが真実だとすると、動物が私たち自身に類似する器官を沢山持っていることになるでしょうから。動物は自分の考えを同種の動物に対してだけでなく、まったく同じように私たちにも伝えることができるでしょうから。

ジレンマ 10　第 3 段階── 2 つの基準

　西暦3世紀、哲学者ポルフュリオスは『欠けているもの』で黄金時代の存在を仄めかした。ポルフュリオスによると、動物は権利を持っている。動物は私たちの兄弟・姉妹である。動物には生命・感情・観念・記憶・勤勉さが与えられている。人間は備えているのに、動物には欠けている唯一のものは、言葉を使う天賦の才能である。ポルフュリオスはこう尋ねる。「もし動物が言葉を使えるとすれば、私たちは動物を殺して食べたりするだろうか。こうした兄弟殺しをするだろうか。」さらにポルフュリオスは続ける。現実には、動物は言語を備えている。古代の人々はそれを理解したと言われているではないか。鳥と獣は意思伝達を行う。しかし、彼らの言葉を人間はもはや理解しない……。

　何れにせよ、これは小説家・批評家ブリジッド・ブロフィ（1929 - 1995）の語りそうな言葉である。

　　残酷と告発されたことに対抗して、「感傷主義者」という言葉を濫用する人々がいる。まるで感傷的であることが、残酷であることよりも悪いかのような言いぶりではないか……。私は動物が人間よりも優れているとは思っていない。対等であるとさえ思っていない。動物に対して慎みのある

振る舞いをする理由はすべて、私たちが上位の種であるという事実にある。私たちは想像力・理性・道徳的選択を行使できる無類の種である。だからこそ、私たちには動物の権利を認識し、尊重する義務があるのだ。

デカルトは動物の扱いのみならず、人間の扱いに関しても重要な問題を提起した。彼が解剖を終えた後、私たちはその問題に戻る必要があるだろう。

ジレンマ 11　最終段階——不死の魂

聖書の言葉の多くは、動物は人間と同じ「生命の息吹」を持っていると記している(『創世記』7：15, 22)。しかし、アリストテレス及びアウグスティヌスやアクィナスといった後続の聖人賢者たちの影響によって(これがデカルトにも反響しているのだが)、キリスト教会は立場を変え、動物には魂ないし神性が欠けていると唱えるようになった。(それどころか西暦585年の「マコンの宗教会議」では、教会は再びアリストテレスの教義の導きに従いつつ、女性には魂が存在するかどうかを討議したのである！)

しかし古代ギリシア人は概して、動物と人間を大きく区別していなかった。ヒポクラテス(紀元前460頃-377)は断言している。「肉体は生物によって異なるが、魂は同じである。」子犬をいじめる男に向かって、ピタゴラスがこう言ったのは有名な話。「子犬を蹴ってはいけない。その肉体のなかには、私の友人の魂があるのだから。子犬が叫んだとき、私はその魂の声を聴いたのだ。」

ジレンマ 12　ギューゲースの指輪

　ギューゲースの指輪の物語は一見、人間性をめぐる物語である。しかし、この物語のオリジナルが記されたプラトン『国家』第2巻を読むと、この物語は社会論の一部を成している。そこでグラウコンは「善」と「悪」の起源は利己心に他ならないという彼の意見を説こうと、この物語をソクラテスに語る。善悪の起源は、最も望ましいこと（悪いことをしつつ、罰を受けないこと）と、最も望ましくないこと（悪に苦しむだけで、何もできないこと）との妥協にすぎない、というのである。この意味において、ギューゲースの指輪の物語は社会契約の物語、すなわち安全を求めて自由と交換しようと市民が署名する想像上の合意の物語でもある。

　グラウコンは正しいのだろうか。ソクラテスはそう考えてはいない。ソクラテスは共同体という「より大きな」観点を持ち出す。不品行を自らに許す個人は、自分自身の心の中の調和と均衡を失う重罰を受けると説明するために。ソクラテスならば予言するだろう。ギューゲースのような人物は悪事によって堕落し、以前には（おそらく）従っていた道徳的人生から得られる精神的恩恵を喪失する、と。

　しかし実際のところ、精神的恩恵の喪失を気にしないような堕落した人間は数多い。それを考えると、ソクラテスの応答にも疑問が残る。だが、それを個人に関する助言ではなく、共同体に対する助言と考えてみよう。ギリシア人は個人よりも共同体を重視していた以上、「バランス」と心の調和の維持を説くプラトンの議論には説得力がある。メルボルン市の事件は記憶に値する。メルボルンの800人の警察官が1923年にストライキを起こしたとき、最も穏健な市民、法律を遵守

していた市民たちが、たちまち暴動と略奪に心を奪われ、暴徒と化したのである。6000人の国家軍隊が治安回復のために突入し、道徳秩序を取り戻したとき、誰もが喜んだことは言うまでもない。

ジレンマ *13*　**聖アウグスティヌスの懺悔**

　アウグスティヌスが身をもって示したのは、プラトンによるギューゲースの物語と同じ古典的な問題である。ただし、アウグスティヌスはプラトンと反対の見解を取っている。アウグスティヌスによれば、人間の利己心はそれを悪事と知りつつ、悪事に誘惑するというのである。幸いにも、話はここで終わらない。論理は一回転して、肯定的な結論に至る。

　万物は堕落していても善なのです。最高に善いものならば、堕落することは有り得ません。善いものでなければ、堕落することも有り得ないのです。最高に善いものは堕落不可能でしょう。全く善いものでなければ、その中に堕落するものは何もないでしょう。

　堕落は害にならないのでしょうか（それはありえないことです）。あるいは、（これが確からしく思われるのですが）堕落したすべてのものは、善を奪われているのでしょうか。しかし、すべての善を奪われるならば、それは存在することを止めるでしょう。存在していて、これ以上に堕落させられないのならば、残りは堕落不可能ですから、善の方向に向かうことでしょう。さて、すべての善を失うことによって善くなったと主張するほど、奇怪なことがあるでしょうか。すべての善を奪われるならば、それは存在すること

を止めるでしょう。存在するかぎり、それは善いものなのです。したがって、万物は善ということになります。

私は悪の起源を探してきましたが、悪は全く実体を持たないのです。もし実体を持っているのならば、それは善いものでしょう。

まさに心が慰められる。少なくとも梨の持主にとっては……。

ジレンマ 14　黄帝への忠告

万物は相互に結び合っていること、そして、デカルト以後の大多数の医者と哲学者が従ってきた機械モデルよりも、人間の健康は遥かに微細なものであることを、古代の人々は理解していた。体内の気の流れを増進させ、気と宇宙との調和を回復させるためのストレッチ、マッサージ、呼吸方法など、道(タオ)のエクササイズを岐伯は黄帝に薦めた。そしてまた、一定の間隔を置いて適度の食事をすること、分別のある時間に目覚め、床に就くこと、身体及び特に精神の過剰なストレスのなかで生活を続けないように忠告した。

こうした黄帝の方法は、節度やバランスの必要性を強調したプラトンやアリストテレスの著作に沢山の影響を残している。プラトンとアリストテレスは、人々の行いが悪いのは病気、より正確には「バランスの失調」に原因があると見なしていたのである。もちろん今日でも、この見解は全く衰えていない。私たちは邪悪な人間について語るときでさえ、「病んだ精神」と形容しているほどだ。

ところが、現代医学は身体の不調を、(専ら)肉体の問題

に還元しよう試みてきた。そのため、「摩擦症」(公共交通の場において、他人の体に自分自身を性的に擦りつけようとする強迫) や「顎髭恐怖症」(顎髭に対する無性の恐怖) から、より日常的な「注意欠陥多動障害ADHD」まで、沢山の「心理的」問題も化学物質に原因があると見なされ、化学物質によって治療可能だと考えられている。

「注意欠陥多動障害」は急激に蔓延した病気である。どうやらアメリカ合衆国では5人に1人の子供たちが患っているらしい。機嫌が悪く、非協力的で、他人を攻撃するような傾向が現れたら、この障害と見なされるという。「注意欠陥多動障害」の特徴の一つは、自分の行動に対する責任回避にあるため、(「他者」を悪者に仕立てることのない) 黄帝の方法は必ずしも万能ではない。岐伯は黄帝のみならずギューゲースやアウグスティヌスにも、倫理的人生、バランスのとれた人生を選ぶべき理由、「非倫理的」人生を控えるべき理由を教えてくれるだろうが、これですべて解決というわけではない。

ジレンマ 15　ストア派クリュシッポスの禁欲

非常に恥ずかしい下品なことを沢山書いたとクリュシッポスを貶す人々がいるが、それは事実。クリュシッポスは600行を「口を汚さずには復唱できないこと」に捧げつつ、ユピテルとユーノーの夫婦の物語を非常に下品に記している。

恥ずべき快楽を論じるとなると、やはり性愛の話になる。哲学者は性愛を好まない。結局のところ、性愛は極めて非理性的であるからだ。哲学者の大半は、少なくとも原則においては、性愛に反対している。プラトンの『国家』(第3巻) において、ソクラテスは例のごとく弁舌巧みに友人グラウコ

ンにこう尋ねている。「真実の愛は、熱狂や放縦と触れ合うことがある」のかどうか、と。グラウコンは「もちろん、それはありません」と即答するが、ソクラテスは普段と違う説明を続ける。

ソクラテス「真実の愛は性の快楽と触れ合うことはありえないのだし、真実の愛を抱く恋人たちは両者とも性の快楽に溺れてはならないのだね。」
グラウコン「その通りです、ソクラテス。」
ソクラテス「それでは、私たちが建設している［議論している］国家においては、恋する者は息子に対するように、善意によって恋人の少年と関係を持ち、口づけをし、触れることを認める法を定めることになるね。けれども、好きな人との関係が限度を超えたものだと、他人から少しでも疑われないようにしなければ。そうでなければ、趣味も教養もない男と思われてしまうだろう。」
グラウコン「そのように法律を定めるべきですね。」

しかし、因習を打破するドイツの哲学者アーサー・ショーペンハウアー（「アーサー」の名はヨーロッパでビジネスをするには役に立つ国際的な名前だが、彼は哲学の道に入ってしまった）の言う通り、子供を再生産しようとする衝動は、単なる性の衝動であれ、立派な生殖の衝動であれ、非常に強いものであり、ともかくも根本的な衝動である。哲学者たちがその衝動に言及することなく、人間の生活の本性を議論し続けるのは、何か重要なことを回避しているのではないか。プラトンは「親子」の愛を高く評価した。以後、「プラトニック・

ラヴ」と呼ばれる愛である。残念なことに、ソクラテスの時代からショーペンハウアーの時代に至る1000年の歴史において、大半のキリスト教会は極端な「性愛否定」の教義を教えてきた。それが極まって、性愛に対する最も奇妙で偽善的な態度が生じたのである。むしろ、ここは医者に意見を聞こう。ウィルフレッド・バーロウ博士が著書『アレクサンダー原理』(1973) において述べるように、無数の論文が道徳哲学について、自由意志や選択について書いてきた。無数の神学が、善良な人生に関する見解を提示してきた。天国、憎悪、来るべき天罰に関しても。この説教の洪水のなかで、性的活動に関する本当に役に立つ助言(性的活動に耽るべきか否か、耽るとしたらいつなのか)を、どこで誰が行うことができるのだろう。

バーロウは特に自慰についても臨床の見地から記している。

「道徳哲学の無味乾燥な教科書でも、例えばこの一つの性的ジレンマについて真摯に考察するならば、ベストセラーになることは間違いない。自由意志と決定論の間に揺れる、この魅力的な刺激 = 反応について、道徳哲学の論文の大半は罪悪感を抱く若い男性に多くを教えてくれない。」

もちろんクリュシッポス(紀元前280頃 – 206頃)を含め、ストア派の哲学者は凡庸にも「ストイック」、すなわち禁欲の美徳と結びつけられている。もう1杯食べるかどうか……馬が疲れ果ててしまったので、自分で歩いて働きに行くかどうか……。これもストア哲学の一部ではあるが、本当のストア哲学はもっと繊細な哲学なのである。例えば、ストア哲学

の唱える「宇宙の息」(この波動が物質宇宙)の概念は、素粒子物理学の最新理論と比較されることもあるほどだ。

ストア派は精神が物質を支配する「自然な」プロセスを意味する「oikeiosis」の概念から議論を始める。そこからの帰結として、人間は人間自身に対してだけでなく、すべての生き物に対してだけでなく、すべての事物に対して、特別の義務を持つことになる。クリュシッポスは徒競走に参加する男性の比喩を用いている。全力を投入して勝利のために奮闘することは、走者の義務である。しかし、だからといって競争者を転ばせたり、手を使って反則をしたりするのはいけない。「人生という競技場において」、人間は「自分自身の利益に必要なもの」を求めるだろうが、度が過ぎて、隣人から利益を奪い取ろうとしてはいけないのである。

「バランス」がとれていること、上品であること、堂々としていることなどの美徳にアリストテレスは最高の価値を置いたが、ストア派にとってこうした美徳は、あるがままの世界との調和を成しとげる補助になる限りにおいて価値があるにすぎない。「美徳」と「悪徳」の違いさえ、あまり重要ではない。両方とも、知性に基づいているからだ。美徳とは善の教えを適用した結果、すなわち賢者の行いである。悪徳とは情念の過剰な役割を認めた結果であり、判断の誤りにつながるのである。

エピクテトス (50頃 - 120頃) やイタリアのセネカなど、後期ストア派が強調したのはむしろ、情念からの「自由」を達成し、快楽を拒否して、不幸 (に見えること) に直面しても「落ち着き」を求めることだった。セネカの伝える哲学者ステイルボの物語によると、故郷を侵略されたステイルボは

大火を逃れたが、子供たちや妻の姿は消え、財産は破壊されてしまった。ところが哲学者デメトリオスがステイルボに「何か失ったものがあるのか？」と尋ねたところ、彼はこう答えたという。「いいや、価値あるものはすべて私のなかにある。」

ジレンマ 16　エピクロスの分別

少量を欲するならば良い。しかし、忘れてはならない。

　人生の自然な目的を決めるにあたって乏しく、空虚な夢想ばかり抱えている人をよく見かける。愚者は自分の所有するものに満足することがなく、自分の所有していないもののために悩むからである。熱のある人間が悪性の病気のために、いつも喉を乾かし、最も有害なものを欲するのと丁度同じように、精神が悪い状態にある人間は、すべてにおいていつも乏しく、貪欲のあまり気まぐれな欲望に陥っている。

これを記憶しておけば、快楽のために刺激を求める不幸な状態に陥るのを避けることができる。エピクロス（紀元前341 - 271）は生存において重要なこと、すなわち単純な生活様式と学術的展望を 300 の長い巻物に記した。神や死の恐怖に心を悩ます必要はない。広大な宇宙を知れば心を安らかにすることができる。死んだ状態とは、まだ生まれていない状態と同じであるにすぎない。まだ生まれていない状態について、誰が思い悩むだろうか。

ジレンマ 17　魂の大きな人

引用したのはアリストテレスの『ニコマコス倫理学』である。

こうしたプライドへの固執は不届きだと感じる人もいるだろう。それどころかキリスト教徒にとって、それは罪である。自分の達成したことは神からの贈り物と考えられているからだ。栄光は神だけのもの。キリスト教の美徳は、ソクラテスの美徳に非常に似ている。正義・思慮分別・節制・不屈の精神・信仰・希望・慈善。しかし、アリストテレスの「魂の大きな人」に最後の3つは必要ない。快活な人物である「魂の大きな人」は、嫉妬・貪欲・大食・怠惰などの罪に苦しむこともなく、人々から共通の賞賛を得ることができる。プライドや怒り、そして欲望さえも、彼にとっては敬意の対象であるのみならず、生きる主要な理由なのである。（ちょうどニーチェの「超人」のように。）

確かにアリストテレスの「魂の大きな人」は、今日のリベラルなキリスト教とは、相当に異なる道徳観を持っている。第1に、「魂の大きな人」は男性に限られている。何故なら、ソクラテスと異なり、アリストテレスは男性のみが（それどころか、男性のほんの一部だけが）真に「理性的」と考えていたからである。男性は理性を働かせ、女性は子供を産む。そして、理性は美徳に等しいため、女は「美徳」を欠いている。倫理学の扱う「美徳理論」は、もともと男性だけに当てはまるものだった。しかも、裕福な政治的指導者だけに……。ニーチェは人類の大半は奴隷として生まれ、少数のみ主人として生まれると述べたことでも有名である。しかし、ニーチェにこの着想を与えたのは、アリストテレスに他ならない。

ジレンマ *18* 魂の大きな人（天国篇）

 もちろん、アリストテレスが英雄である。この物語はアリストテレスの「魂の大きな人」を賛美するために作ったのだから。カントはいとも簡単にアリストテレスに屈した。自分の魂の「生気のある」部分が理性的部分を圧倒するのを容認したこと（そして、いつものように破滅的結果になったこと）を、気にしていたのかもしれない。しかし、何よりも善い意志の有無が重要であるという、反対の見解を持つことも可能である。

> 何らかの不運や逆境のため、善い意志に己の目的を達成する能力が全く欠けているとしても、最大限の努力にもかかわらず何も達成できないとしても、（単なる望みではなく、全力を尽くしたあとに）善い意志しか残らないとしても、しかしそれでも善い意志は宝石のように、己の光によって、それ自体の価値を持つものとして輝くだろう。役に立ったかどうか、成果を出したかという観点は、善い意志の価値を高めることも低めることもないのである。

 そこでイマヌエル・カントは18世紀に『道徳形而上学の基礎づけ』を書いた。少なくとも当時のカントにとって、「善い意志」によって舗装された道は真直ぐ、他ならぬ「哲学の天国」につながっていた。美徳はカント、ソクラテス、そしてすべてのキリスト教徒にとって、本当にそれ自体に価値がある。しかし、アリストテレスは異なる結論に達した。「魂の大きな人」（あるいは「誇り高い人」、「堂々とした人」）は、彼の為すことすべてにおいて優れているために、美徳を備え

ているのである。

　……あらゆる美徳における偉大さは、誇り高い人に特有のものであろう。そして、誇り高い人が危険から逃亡したり、自分のことばかり考えたり、他人に不正をはたらいたりするのは、最もふさわしくない。何故なら、恥ずべき行為をする何の目的も、彼のうちに見当たらないからである。

アリストテレスの教義の場合、美徳のある男ならば誰でも木の枝を折る力があること、枝を水のなかに投げこむ腕前があることを期待される。「美徳」を意味するギリシャ語「arete」は、今日の私たちが理解するような「徳の高い」意図のみならず、物事を上手に行う能力にも関係している（ただし、「何をするべきか」よりも「いかにあるべきか」を強調するのは共通している）。私たちの文化においても、例えばオリンピック・チャンピオンを賞賛することのうちに、この価値は存続しているのである。

　さらに言えば、堂々とした歩き方、太く低い声、冷静な発言が、誇り高い人にはふさわしい。彼は物事を深刻に受け取らないので、急かされることはないだろう。物事を大変だと考えないので、興奮させられることもないだろう。甲高(かんだか)い声をあげたり、足早に歩いたりするのは、急かされたり興奮させられたりする結果なのである。

間違いなくアリストテレスは、（ほとんど）すべての事柄には探求すべき「中庸」があると考えていた。しかし、「中

庸」をより根源的に論じたのは、すべてが悪いものもなければ、すべてが善いものもないと語った東洋の哲学者たちである。アリストテレスは常に善いものもある（例えば正義）と認めていた。（逆に、「中間を選ぶという原則が当てはめられない行為や感情があり、それは本質において邪悪なものである」と述べている。）「魂の大きな人」は「正しい方法で、正しい時に」怒る。「将来の目標なしに快楽を求める」人を卑屈だと考える。他方、魂の小さな人は「野卑で争いを好む」。次善のものは、かつてのソクラテスのように、「控え目」で「利益のために語らず、誇示を避ける」ことだろう。

ソクラテスについて語りながら、アリストテレスは常に善いものがあるだけでなく、常にすべて善いものがあるとも考えた。少なくとも、究極において「すべて善く」、全く悪いところがないものが、1つあるというのである。ソクラテスにとっても、一神教においても、それが「善の形相」ないし神である。しかし、世の中の大半の事柄には、良いところも悪いところもある。ここに描かれたルソーのように余りに恐れをなしても、行動を妨げるので良くないが、ここでのカントのように余りに無鉄砲でも、不要な過ちにつながるので良くない。可能な選択肢を賢明に考慮するくらいには恐れつつ、行動を妨げるほどには恐れないことが、「中庸」である。

実話

「理にかなっている」が無謀であることと、「適切に勇敢であること」との相違を教えてくれる歴史上の実例がある。それはソクラテスとアリストテレスの相違である。2人がお互いを知ることはなかったが、2人ともプラトンを介してつな

がっている。プラトンはソクラテスの弟子であり、アリストテレスの師であった。さて、ここで問題だ。アテネの評議会があなたを不敬の罪で訴え、死刑にすると脅してきたら、どうするべきだろう？

獄中のソクラテスの「最後の日々」を記録したプラトン対話篇『ソクラテスの弁明』によって周知の通り、ソクラテスはアテネ市に留まり、彼の行動と信念を説いて聞かせることを選択した。他方、半世紀後に同じ事態に直面したアリストテレスは、アテネからの逃亡を選択した。いや、アリストテレスが誇り高く述べるところによれば、「二度目の哲学に対する罪業から」アテネを救うことを選択したのである。

ソクラテスは無鉄砲な道を選択し、ドクニンジンの杯を仰ぐことになった。アリストテレスは慎重な道を選択して外国に隠遁し、偶然ながら間もなく胃の病気で亡くなった。しかし、アリストテレスは小アジアに退くことを選択することによって、自分の設立した図書館と遺産を守ったことも、まず間違いない。ソクラテスが己の死を受け容れたことによって、彼の影響は大きくなったのに対して、アリストテレスの名前と影響はすぐにヨーロッパから消えていった。しかし、特に中東のイスラム文化において高い評価を保ったのは、アリストテレスの重要な著作群である。イスラム文化では「哲学者」といえばアリストテレスのことを指す。こうしてアリストテレスの著作は、ヨーロッパの長い「暗黒時代」を生き延びたのである。これとは対照的にソクラテスの影響は、彼の友人・生徒・同胞の書物という「洞穴の壁」に映った影や反映に止まった。

だが、この実話の英雄はソクラテスである。

「ゴールディロックス*」の表（アリストテレス的な美徳と悪徳について）

適用領域	大きすぎ	小さすぎ	「ちょうどいい」
恐怖	臆病	軽率	勇敢
快楽	不道徳	「冷感」	節度
浪費	放蕩	けち	寛大
名誉	うぬぼれ	小心	矜恃
怒り	短気	勇気の不足	忍耐
表現の豊かさ	高慢	控え目	誠実
会話	道化	無粋	機知
社交術	へつらい	つむじまがり	友好
社会への配慮	内気	恥知らず	控え目
他人への関心	嫉妬	意地悪	高遠・卓越

〔＊童話『ゴールディロックスと3匹のくま』の主人公の女の子の名前。くまの留守宅に迷いこんだ彼女は、くまのお父さんのベッドは固すぎる、お母さんのベッドは柔らかすぎる、子どものベッドは「ちょうどいい」と眠ってしまって……〕

ジレンマ 19 「e-Ville」への対抗

功利原則は、あらゆる行動の正しさを判断する。利益が問題になっている当事者の行動が、幸福を増進させる傾向を持つか、減少させる傾向を持つかを見極めることによって。(……) 幸福とは、当事者が共同体ならば共同体の幸福、

当事者が特定の個人ならばその個人の幸福である。(ジェレミー・ベンサム『道徳と立法の諸原理序説』の最初の言葉)

ジェレミー・ベンサム (1748 - 1832) が「最大多数の最大幸福」は道徳の基礎であると明言しているのは、「備忘録」においてである。この有名な言葉は、実のところ、ベンサムより少し前にフランシス・ハッチソン (1694 - 1746) が述べていた。「最大多数にとっての最大幸福を生み出す行動が最善である」。

大半の人々や組織を動かしているのは、この論理である。選択肢を秤にかけて、最も悪くないものを選択する功利主義の計算。これをもとに、地球上の貧困の総数をまとめて「e-Ville」の支出と比較すれば、判決は明らかである。しかし、この方法論を受け容れるにしても、取ることのできる行動は2つ以上ある。株式会社「e-Ville」の活動に対応する方法はいくらでもある。「暴力」に訴え始める（あるいは、少なくとも、功利主義的に望ましい状況を作り出す）ためには、「暴力」が何かしら「必要」であること、そして、他の方法ではうまくいかないことを示す必要があるだろう。それどころか、新しい方法ならばうまくいくことを示さなければならない。暴力は社会を変える手っ取り早い道に見えるが、必ずしも期待した結果を生むとは限らないし、社会が良くなるとも限らない。

無政府主義

　プルードンはこう述べた。「私は破壊して、建て直す。」バクーニンは「破壊し、無化する永遠の魂に信頼を置く」ことを求め、こう忠告した。「流血革命が必要だ。人間の愚かさのために。」だが、そのバクーニンさえ、人間は常に悪だと考えていた。「革命の犠牲者だけでなく、革命の名目となる目的の純粋性と完全性も、途方もない悪であり、大いなる災いである。」

　無政府主義は仏教と同じく、必要最小限のものを使って生きる美徳を説く。無政府主義者は金持ちを軽蔑するだけではない。富そのものを軽蔑するのである。無政府主義が大衆運動となったのは、アンダルシアやウクライナの極貧の農民たちのあいだに限られていた。中流の農民たちのあいだでさえ、無政府主義が魅力あるものに映ることは、ほとんどなかったのである。

　無政府主義者は民主主義を軽蔑する。民主主義は多数派が支配する奴隷制であり、投票は象徴的にも実践的にも裏切り行為と見なされる。「普通選挙は反革命である」とプルードンは宣言した。しかし、これもまた多くの人々を引きつけることのないスローガンだった。（「財産は窃盗である」という言葉は、プルードンの最も有名な言葉であり、マルクス主義もこれを採用したが、プルードンの「神は悪である」という言葉も追随者を生んだ。）哲学者・小説家ウィリアム・ゴドウィンは、無政府主義者の哲学をこう要約している。「私が心から服従することのできる権力は1つしかない。私自身の知性による決定、私自身の良心による命令である。」

ジレンマ 20　窮地

　もちろん、ロレンスは「不正」に反対する「正しい」側にいる。しかし、それならばリサも同じことだ。2人は「正しいこと」が何であるのか、あるいは抵抗の限界について合意していないだけである。だが、歴史のなかで最も有名な非暴力の行為の一つ、つまりガンジーの海への行進と、海の水から塩をつくるデモンストレーションには、市民の不服従の有効性と限界の両方が見られる。このデモにおいて非暴力だったのは、抗議側に限られていたのである。1930年5月、インドの市民の列が塩の山に向かって行進を始めたとき、英国はこの抵抗を見逃せなくなった。320人のインド人が負傷し、2人が亡くなった。鋼を先端につけた竹の棒で殴打されて……。以後、抵抗のたびに、この暴力は拡大していったのである。

　塩税の始まりに関しては、**ジレンマ 89** を参照のこと。

ジレンマ 21　分裂？

　あるレベルでは確かに成功である。別のレベルでは、おそらく獲得より喪失のほうが大きい。「STUMP」は社会を「戦争状態」に戻しているからだ。「戦争状態」においては「力は正義」というよりもむしろ、「力が正義に取って代る」。

　17世紀イングランドの哲学者トマス・ホッブズは社会の中心には暴力があると論じ、人間の短い惨めな人生を「万人による万人の闘争」と形容した警句でも有名だが、彼こそ「善悪」を論じてきた権威たちに最初に異議を唱えた哲学者である。ホッブズによれば「善悪」とは、その社会的起源に無知な哲学者が掲げた創作にすぎない。ホッブズは

「STUMP」よりもラディカルである。ホッブズの考えでは、利己心・暴力・恐怖、それに（物事が円滑に進むように）詐術を混合すると社会が出来上がる。皆が神を恐れていた時代、ホッブズは向こう見ずにもこれを「自然状態」と呼んだ。キリスト教会を怒らせるための衝撃的文句である。聖書が描く、堕落以前のアダムとイヴの過ごした「エデンの園」のバラ色のイメージと、ホッブズは正面から衝突したのである。

ホッブズは意識的に、古代の哲学者の理想主義（「善の形相」や、「理性的動物」としての人間を語る理想主義）を攻撃していた。「彼らの論理は本来ならば推論方法であるはずなのに、語句の解説に他ならない。命題を提出すべきところで、人を困惑させるだけだ。（……）古代の哲学者が誰もそれを指摘していないことほど滑稽なことはない」とホッブズは嘲笑する。それに代わってホッブズが唱えるのは徹底した唯物論であり、デカルト（ジレンマ8〜11）に真っ向から挑戦する。男性ないし女性は「人工の動物」であり、「心臓はバネ、神経はヒモ、関節は車輪に他ならない」。この自動人形は主に欲望と嫌悪に動かされている。

歩行・発話・殴打などの目に見える運動以前の、人間の身体にはらまれた小さな運動の開始は、一般的に努力と呼ばれている。この努力は何かに向かうと、食欲 appetites ないし欲望 desire と呼ばれる。後者は一般的な名称であり、前者は食物に対する欲望、すなわち飢えと渇きの意味に限定されることが多い。また、努力が何かから外れようとすると、概して嫌悪と呼ばれる。

このような欲望のうち、一次的傾向(「一次運動」)は権力への欲望である。「全人類に共通する傾向のなかで、終わることも止まることも知らない欲望は権力への欲望であり、死によってのみ終わる。」あらゆる動機は利己的であるため、人々が紛争や口論になることは避けがたいとホッブズは述べる。紛争・口論の原因は主に3つある。利益のための競争、安全に関する不安、そして栄光・尊敬・評判を求める衝動。しかし、何れにしても行き着くところは同一、それは暴力である。

　最初の暴力は、他の男達・彼らの所有する妻・子供・牛を支配して、主人になるために行使される。第2の暴力は、それら所有物を守るために行使される。第3の暴力は、些細なことのために行使される。言葉や微笑や異見、あるいは他の記号の暴力として。相手の人格に対して真っ向から、あるいはその親族・友人・国家・職業・名前の名誉を汚すかたちで。

　なるほど、ホッブズも同意するように、「ミツバチやアリのような生物は仲良く社会生活を営んでいる。(……)人間には何故、同じことができないのだろうか。その理由は、人間は下位の生物と違って、相互に比較し合うのを好むからである。」

　人間は全員が競争好きで卑劣だとすれば、唯一の規則は自己保存の規則である。ホッブズはそう論じる。そして、この自己保存の規則にこそ、道徳体系の基礎があるのだ。「万人の万人に対する闘争」という「自然状態」においては、「こ

う結論することもできる。不正なものは何も無い。ここには善と悪、正義と不正の概念は無い。共有された権力が無い以上、法もない。法が無い以上、正義もない。」

したがって、「STUMP」が法の規則から抜け出し、国家「リヴァイアサン」の権力を解体するならば、正義や不正義を語ることさえ可能にしている枠組みを破壊するのである。

ジレンマ 22 激化

「STUMP」は何かしら新しいレベルの抗議を行う必要があると自らを納得させたあとでも、(現代の最も急進的政治集団と同じように)「戦闘員」と「非戦闘員」との区別は保持しようと望むだろう。つまり、直接的に「罪を犯した」人間と、付随的・受動的に「共犯となった」人間との区別である。したがって、動物の権利を訴える「手紙爆弾」は、「罪を犯した」と見なされる人間に郵送されるに違いない。例えば、動物実験を行って薬剤を開発している研究所に勤務する人間に宛てるのであって、その薬を医療行為として処方する看護婦たちに宛てるのではない。しかし、こうした区別には不合理なところがある。例えば、ネズミを生体解剖する生物教師の車を「標的」にするのには、農夫のトラクターの場合と同様に疑問が残る。肉屋及び、食肉を運ぶ冷蔵トラックの運送業者は、抗議の適切な「標的」と見なされてきたのだが……。

西洋の道徳家にとっては、とにかく、軍事作戦によって計画された犠牲者と、「偶発的」な犠牲者との区別が重要である。「二重効果の原則」と特別の名前を与えているほどだ。誰もあなたを止めない限り、あなたは好きなことを何でもして構わない……。いや、待て！ これは「日常生活の原則」

だと1人のひょうきん者がインターネットに書きこんだが、「二重効果の原則」はもっと科学的で、もっと不吉である。あなたの行動がもたらす結果のうち、予見可能だとしても「意図していない」結果に対して、あなたが責任を持つ必要はないというのである……。今、爆撃機がレストランを爆破したと仮定しよう。これは無実の「非戦闘員」を意図的に標的にした爆撃である。ところが、西洋諸国の軍事介入によって「無実」の市民がたくさん、地雷やクラスター爆弾の犠牲になったが、これは「意図していない」結果だと言う。「意図していない」以上、それほど悪いことでもない、いや、まったく悪くないのだと……。小型爆弾は今日でも製造・拡散が続いている。戦争後に爆弾を除去する費用を出すことさえ、道徳的緊急事態と考えられていない。「1人の人間を殺せば暗殺者だが、何百万の人間を殺せば征服者である」とはジャン・ロスタン（1894-1977）の言葉。薄汚れた地下室に潜む「STUMP」の活動家たちは、今度はそれを自己正当化に使うだろう。

　西洋の「民主主義国家」は声高に「正義」を唱えているが、そうした国家の政府は、細心の注意を払って標的を選択することが、ますます少なくなっている。（ジレンマ79も参照のこと。）今日の政府は市民を爆撃する。過去にも市民を爆撃してきた。間違いなく、未来も市民を爆撃するだろう。しかし、市民を爆撃することを道徳的に正当化しようとする政府は少ないのである。（「非戦闘員」を防衛する合意の欠如に関しては、以下のコラムを参照のこと。）

功利主義による殺戮の一例

・1980年代を通して、アメリカ合衆国は「共産主義化」する（と彼らが見なす）南アメリカ諸国の市民を殺戮する暗殺集団を訓練し、財政面でも支えていた。「共産主義者」とレッテルを貼ってしまえば、標的にしても「合法化」される傾向があった。アメリカ合衆国はテロ組織を支援する国家として、国際司法裁判所から有罪の判決を受けた最初で唯一の国家なのである。しかし、この裁定にもかかわらず、アメリカ合衆国は自分たちこそ「テロと闘っている」という認識を強めるだけだった。

・イスラエル軍はパレスチナの市民を、男女・子供を問わず殺戮してきた。イスラエルの「安全を脅かす事件」があった場所の近くに住んでいたという、それだけの理由である。例えば、ある村の近くのパレスチナ居住区で銃撃があると、1時間、2時間のうちに、機銃掃射を行うヘリコプターや戦車が出撃してきて、村の家々を破壊してしまうのだ。「目には目を」の法典を都合よく解釈することによって、パレスチナの警察署も「除去」されてしまった。2002年8月には、テロリストを「暗殺する」ために、1トンの爆弾がパレスチナ人の住むガザ地区のアパート区画に落とされた。16人の犠牲者のうち、9人は近所の家の子供たちだった。

・湾岸戦争の後の1990年代、敗北したイラクに対する制裁によって、何千人もの市民が亡くなったと考えられる（主な原因は病気と栄養失調）。英国とアメリカ合衆国の政府は、目的が手段を正当化すると主張した。

ディスカッション

ジレンマ 23　流出……

　行動するときには、一体どれくらいの計算をしなければならないのだろうか。「考える義務」とは何なのだろうか。

　誤ってウィルスを流した助手に責任があるのだろうか。彼女が流してしまったのだから。あるいは、誰にも責任はないのだろうか。意図して流そうとした人は誰もいなかったのだから。過失の規模が大きすぎて現実味が湧かないというのなら、もっと身近な例で考えてみよう。偉大で善良なJ・D・マボットが、そうした例を挙げてくれている。マボットはオックスフォードでの授業が始まるにもかかわらず、今週、エジンバラで論文を発表する招待を受けてしまった。今週には新学期が始まっていることを忘れていたのである。この場合の責任は誰にあるのだろう。あるいは、ある医者がパーティーでシェリー酒を飲みすぎてしまった。別の招待客が慌てて駆けこんできた。少し離れたところで自動車事故があり、負傷した運転手が助けを求めていたというのだ。医者が車で現場に駆けつけるのは不適切なのだろうか。

　酔っぱらっているにもかかわらず、医者が良心にかられて車を運転したとしよう。マボット夫人が自転車で現場に向かっているのにも気づかず、医者は飲酒運転で前の車を追い越していく！　だが、それでも医者が事故を起さなければ、その行為は「正しい」ことになるのだろうか。結果良ければすべて良しなのだろうか。（つまり、結果が重要であり、道徳は「運次第」ということだろうか。）あるいは、「救急任務」という理由で、これも美徳になるのだろうか。（つまり、「動機」の正当性が重要なのだろうか。）

　授業を忘れたマボットにもパーティー好きの医者にも（す

べての飲酒運転者のように）責任はあるかもしれないが、彼らは間違ったことをしていると意識してはいなかった。（それだけをとってみれば）間違っていることだと知りつつ、それを行為に移しているリナとは対照的である。リナは利益を計算しており、すべてが計画通りに進んだ場合、長い目で見れば正当化されると考えていたのだが……。これは「目的は手段を正当化する」のタイプの議論である。

もしもリナの計画が成功していれば、マボットのかつての同僚Ｇ・Ｅ・ムーアからも支持の声が届いていたかもしれない。結果だけが重要であり、意図は関係ないと説いたのが、他ならぬムーアなのだから。しかし、不幸にも計画は成功しなかったため、リナは意図こそ決定的に重要な要因だと考えた20世紀初めのＨ・Ａ・プリチャードの立場を取る必要があるかもしれない。ただし、何れにせよ彼女は悩み続けるだろう。

ジレンマ 24　品種改良計画

プラトンの理想社会の本質は、やや全体主義的であると非難されることがある。これはやや不当である。プラトンの理想社会は完全な全体主義なのである。事実、プラトンは厳格な管理を賞賛していた（正しい知識があり、利己的ではない哲学者たちが管理する限りにおいて）。子供を作ることも管理の例外ではない。プラトン『国家』のなか、ソクラテスは友人グラウコンに忠告している。「交配にしても何にしても、本当に幸福な社会では、規制をすることなく行なうのは罪になるだろうね。」

プラトンの唱える他の「医学的」管理

・薄弱・病弱な乳幼児は殺すべきである。
・捕虜は当然ながら、捕獲者の「合法的戦利品」である。捕獲者は捕虜に何をしても許される（奴隷にするのが典型）。
・慢性的な病者、あるいは老人には、医療を施すべきではない。
・子供たちを両親から隔離し、集団で育てるべきである。家族は廃止する。
・私有財産は放棄すべきである（奴隷という財産を除いては）。

さらには、若く多感な者のみならず市民一般の心の健康を守るために、「健康に良い」音楽と演劇のみが許可される。それから、プラトンによれば、人間は生まれつき3つの異なるタイプの素材、「金」「銀」「鉄」（もちろん比喩である）から作られているのだから、子供たちには自らの素材を自覚させる育て方をするべきだという。当然ながら、「金」の魂を持った者のみ、支配することができるのである。

ただし、プラトンには非常に進歩的な側面があるのも事実である。彼は男女の完全な平等を唱えている。また、（「金」の子供が「鉄」の両親から生まれることもあるため）機会の平等も主張している。そして、「強制された学習は決して精神に刻まれない」以上、教育は楽しくなければいけないと考え、学校教育の詳細なプランも立てている。

だが、プラトン『国家』（現実社会の真面目な青写真を描こうと意図された）のあらゆる危険な側面のうち、優生学的な「品種改良計画」は最悪なものの一つに違いない。今日、同じような言説がますます広がっているため、私たちはこの問題を哲学的に再考する必要がある。ある特定の遺伝子を潜在的に持っている子供を、胎児の遺伝子検査の結果によって中絶することは認められるという考えが、今日、ここでのプラ

トンの示唆と同じように、広く「常識」として受け入れられている。「試験管ベビー」の技術の発達からは、両親が子供の性質を選ぶ未来が透けて見えてくるではないか。

　優生学はナチスによって推進された科学であり、オルダス・ハクスリーは「α、β、γ」の3階級に分かれた『素晴らしき新世界』においてパロディにした。優生学には多くの異論の余地ある側面がある。一つは、私たちはこれまですべての人間の生命を等しく価値のあるものと考えてきたのであって、優生学が想定するような肉体と精神の「完全性」を基準に評価してきたのではないということ。もう一つは、優生学の想定するような単純化された人間の価値を、何故、すべての人間が受け入れなければいけないのかということである。人間を特定の尺度によってのみ評価するのは、食用・○○用……と人間の目的に合わせて家畜を育てるようなものである。（人間／動物の問題は他の場所でも議論した。）

　ナチスの標的の一つは「精神薄弱者」だったが、「精神薄弱者」の不妊計画はすでに他の国で行われていた。ヨーロッパにヒットラーが出現する直前の1931年、アメリカ合衆国の27以上の州には公式の不妊計画があったのである。また、ナチスはアーリア民族の「純血」度を増強し、ユダヤ人とスラブ人による「薄弱化」を減少させる目的で、人種の再編に大部分の労力を傾けた。しかし、この戦略もナチスに特有のものではなかった。それ以前からも、遺伝子の混合は白人種の純度を脅かしていると考えられてきたのである。このような議論は、プラトンと異なるところがない。アメリカの革命の父の一人であるベンジャミン・フランクリンは、1751年にこう記している。

世界に占める純粋な白人の割合は非常に小さい。アフリカはすべて黒か黄褐色。アジアは主に黄褐色。アメリカは（新来者を除いては）完全に黄褐色。ヨーロッパはスペイン人、イタリア人、フランス人、ロシア人、スウェーデン人に浅黒い顔が多い。唯一の例外であるサクソン系を除けば、ドイツ人も同じ。地球上の主な白人は、このサクソン系とイングランド人である。私は白人の数が増加することを望んでいる。

それどころか、奴隷制度にフランクリンが反対した主な動機は、白色人種の希薄化に対する懸念にあった。同様に合衆国第3代大統領トーマス・ジェファーソンも1804年、継続されている奴隷輸入をめぐって、「我々の国のこの汚れは、白人と同じくらいの速さ、あるいはそれ以上の速さで増加している」と警告している。今日に至るまで、アメリカ政府周辺では、少数民族が多数派になる「恐怖のシナリオ」（！）が絶えず囁かれ、人種別出生率と国家の人口統計に大きな関心が払われ続けているのである。

実際のところ、「アメリカン・インディアン」が初めて公式に正規の市民と認められたのは、20世紀初頭である。「無口なカル」（カルヴィン・クーリッジ大統領）は、大統領晩餐会の晩に少なくとも3語を口にするかどうか賭けていた女性に対して、2語で「あなたの負け（you lose）」と言ったことでも有名だが、就任演説では人種の偏見と闘う姿勢を明らかに示すために7語で宣言した。「自由の根本的指針は寛容である（the fundamental precept of liberty is toleration）。」後

日、クーリッジはこう記している。

> 神の摂理は、いかなる民族にも愛国心と品格を独占させなかった。アメリカ精神をメイフラワー号まで3世紀を遡る(さかのぼ)にせよ、私がこれまで在任した3年を遡るにせよ、私たち全員は今、同じ船に乗っている。私たちの憎悪は投げ棄てようではないか。

しかしそれでも1977年、ネイティヴ・アメリカンのコンスタンシー・レッドバード医師は、合衆国政府が少数民族に対して事実上の不妊計画を行っていると告発した。「インディアン公共医療サービス」によって不妊治療された1000人のネイティヴ・アメリカン女性のうち、子供を産まないことを自由に決めたのは、たった1人であることが、徹底したインタビュー調査から判ったのである。

1990年代には、バルカン諸国で頻繁に行われた「民族浄化」を正当化しようとする、東西両方の試みがあった。異民族の集団を同定して分離することが「解決」だと……。現在でも人種の「純粋性」という論点は危険なのである。

DNAの二重らせん構造を「発見」したとされる科学者クリックとワトソンは、構造の半分しか理解していなかった。「私たちはかつて、運命は星のなかにあると考えていた。だが、今や私たちの大半の運命は遺伝子のなかにある」と書いたものの……。クリックとワトソンの発見は（学術的に言えば）実は物理化学者ロザリンド・フランクリン（1920-1958）から「盗んだ」のだから、彼らの言うことも信頼できない。

ジレンマ 25　デザイナー・ベビー

「デザインされた」赤ちゃんはすでにあちこちにいる。配偶者を「選択」する試みはすべて、つまるところ、未来の赤ちゃんの遺伝子構造に影響を与えるのだから。しかし今日では、体外受精の提供者を選ぶにあたって、両親はクイックベビー社のようなクリニックで遺伝子の特徴を選ぶこともできる。聡明な若い女性の「卵子」を広告すればお金になる。まさに高級「デザイナー・ベビー」である。だが、「普通の」カップル（医療の補助なく子供を授かることのできるカップル）でも、例えば赤ちゃんの性別などの情報を求める可能性はある。また、別の子供のための組織提供者として子供をデザインすることが、両親に許されるのかという問題もある。価値あるように響くが、これを行うと即刻、一人一人の子供がそれ自身の価値を持つという原則は転覆されてしまうのである。

ところが今日、多種多様の「障害」を知るために出生前テストが行われ、妊娠中絶が強制されることもある。先天的欠損症を調べるために胎児を「スキャン」する近年の試みは、プラトンを含む多数の哲学者が待望した「優生学」の開始なのである。それを考慮して、前ローマ教皇ヨハネ・パウロ2世（1920‐2005）は、「奇形や遺伝病の選別が死刑宣告のようなものになってはいけない」と告げた。

人間のある面は「明らかに悪く」、ある面は「明らかに良い」と考える傾向が哲学者にもある。例えば、近視眼的で反応が遅く聡明でもない人間は、炯眼で俊敏で機転の利く人間よりも、「明らかに悪い」と見なされる。（哲学者もよくご存知！）しかし、社会で「認められている」人間をたくさん生み出すために、恵まれていない人間の存在を消していくこと

は正当化されるのだろうか？

　今日の医学倫理において議論の的になっているのは、ダウン症ないし脊椎披裂(せきついひれつ)の赤ちゃんを除去するかどうかである。かつてダウン症の子供は、30代まで生存するチャンスはほとんどないと考えられていた。しかし、最近の研究によれば、ダウン症をもってこの世界に生まれてきても、はるかに長く(50代まで)生きることができるという。英国では主に妊娠中絶によって、約95％も脊椎披裂の発生率を減らすことになった。最近では、嚢胞性線維症(のうほうせいせんいしょう)を「選別」すべきだという提案がなされている。嚢胞性線維症は例えば、通常の寿命のおよそ半分の時間にゆっくりと進行する肺疾患になり、最後には食物の消化不良を引き起こす。途中にも、手間のかかる膨大な治療行為を施さなければならない。24人に1人は、この病気の遺伝子を持っている。両親がその遺伝子の保有者ならば、発症する危険のある子供の割合は4人に1人である。嚢胞性線維症患者を代表する英国の慈善事業体は、この病気を生じさせる可能性のある胚の撲滅を支持しているのだが、これは除去の対象となる人々を代表しているという奇妙な立場ではないか。

ジレンマ 26　クイックベビー

「体外発生」は進化生物学者J・B・S・ホールデーンによって、1923年には議論に乗せられたプロセスである。彼は「体外発生」を、人類の次なる大前進と讃えていた。不運にも「体外発生」の技術には、常に悪い評判がつきまとってきた。理由の一つは、全体主義国家を創設しようと望む者の目に、この技術は使えるように見えるからである。同じく

1923年、オルダス・ハクスリーは小説『素晴らしき新世界』の幕をこう開けた。

35階の、ずんぐりした灰色の建物。正面入口の上には、「中央ロンドン孵化及び条件づけセンター」とある。

ハクスリーは続ける。「瓶詰めの部屋は、すべてが調和した活況を呈し、秩序ある活動を示していた。(……) 1つずつ卵子は試験管から大きな容器に移されていく。(……) 遺伝形質、受精の日付……、データは試験管から瓶に移されていく。」

バートランド・ラッセルはハクスリーの悪夢のヴィジョンに関して、それが実現する日も近いと語ったことがある。そして実際にそうなったようだ。現代の生物学者デイヴィッド・ベインブリッジの主張によれば、試験管の中で人間の生命を維持することができる時間の長さと、早産の赤ちゃんが生育に要する時間の長さとの隔たりは、ほんの数年のうちにゼロに縮まり、完全なる人工「孵化」が現実になるというのである。

しかし現在、科学者は不愉快な動物実験（例えば、人工胎盤を作り出すための実験）を頻繁に行っているにもかかわらず、技術は未だに不十分である。自然分娩と「不自然な」出産の境界線は、（ますます曖昧になっているとはいえ）依然として存在する。結局のところ、「不妊治療」を受けている大半の人々（現在、相当の数に上る）は、子供が欲しいと思っている普通の人々なのであり、「正常な」方法を望む人のほうが圧倒的に多い。ならば、医学による干渉が「不自然」に見えるとしても、「仕方なく」そこに助けを求める人々を妨げる理由はないように思える。

そうは言っても、新しい「再生産のテクノロジー」（高級そうな表現を使うなら）の時代は始まったばかりなのに、すでに「悪夢」のシナリオは物事に敏感な人々に警戒を与えている。カップルのために子供を作れるのなら、独身者のために子供を作ることはできる？　同性愛者のためには？　反社会的な人間のためには？　死者のためには？　（今やすっかりおなじみのジレンマ……。）偉大な芸術家・科学者・大富豪の（……あるいは誰でもいいのだが）クローンは認められる？

だが、最も鋭く「体外発生」の未来に警鐘を鳴らしていたのは、やはりハクスリーである。新しい人間を生むときに人間の果たす役割を小さくすることで、おそらく私たちは、現在のような非効率・不安定・無秩序な方法によって個人が子供を作るのではなく、国家の発展のために子供を生産するような時代の到来を早めているのだろう。プラトンはこのような国家の支配者が「善」によって政治を行うと信じていたかもしれないが、歴史が教えてくれるのは陰鬱な結末である。

ジレンマ 27　安価な競争相手

公的資金の相当の額が、男性と女性の配偶子を結合する実験方法を開発することに使われたのに対して、「伝統的方法」のために公的資金がほとんど使われなかったのは、考えてみればおかしなことである。しかし何故、体外受精クリニックは国家の承認を得なければならないのだろうか。国連の宣言に記されているように、人間には「家族を持つ権利」があり、この権利は伝統的な方法で子供を産めない、あるいは産みたくない人々にも等しく当てはまるからだろうか。子供を産めない理由は、生涯にわたる遺伝や身体の不能から、高齢や不

健康に由来する一時の不能にまでわたる。家族を作る（あるいは続ける）ことはできるが、人工的方法を好む人々には、同性愛の関係にある人々（男性あるいは女性）や、出産を遅くしたいという人々、そして子供の特性を選びたいという人々がいる（特性とは、特に性別に関してのことだが、この方法では当然ながら得られるとは限らない肉体的特徴や知的性質を含めてのこともある）。ある評論家が言っていたように、こうした人々にとっては、子供を作ることなくいかに性交するかという 1960 年代の関心が、性交することなくいかに子供を作るかという問題に反転しているのである。

驚いたことに現在の「先進国」では、かなり沢山の赤ちゃんが「自然な」方法ではなく、人工的な方法を使って産まれてくる。提供されるサービスも拡大し続けている。「自分自身のために」赤ちゃんが欲しいという独身の女性、あるいはレスビアンのカップルにとって、DIY ベビーズ社のサービスはおそらく、現在の体外受精クリニックのサービスよりも、安いし安全だろう。また、DIY ベビーズ社のサービスならば、男性の配偶子「供給者」に問題があると診断された男性／女性のカップルを満足させることもできる。ただし、体外受精クリニックの多くの顧客と同じように、シャロンも人生のパートナーと自分の遺伝子を合わせて子供を作りたいと望むならば、試験管を使うことにも依然として利点はあるだろう。

ジレンマ 28　ウィザリングスプーン X 病

驚いたことに（と言ってよいのだろうが）、パープルパッチ医師はブランク夫人に手術を受けるように求めた。手術は不

必要の可能性もあるのに……。ブランク夫人は病気ではないという確率も意外にある。非常に珍しい病気の場合、「わずか」95％の精度の検査では、誤った検査結果の出ることも珍しくないからだ。4.999……％は誤っている。

ブランク夫人はその可能性に賭けたほうが良いのでは……。

ジレンマ 29　病院のジレンマ

医学倫理は患者に対する医者の義務から始まる。創設者は間違いなくヒポクラテスである。彼は何よりも患者の利益を強調した。今日の医学倫理が扱うのは、医療技術によって提起された新しい問題（しかし実は昔からある問題）——「生命の始まりはいつ？」、「生命の終わりはいつ？」——のみならず、告知、守秘義務、治療すべきかどうかの決定などをめぐる「医者―患者」関係の問題もある。最近では医学倫理に、経済学や社会科学の要素も多く含まれる。設備の配分の問題や、社会の構造と本質なども考慮に入れる必要があるからだ。（これはもちろん、すでにプラトンが全体主義的観点から一瞥した問題である。）

注意が必要なのだが、ブラウン夫妻はコインの表が出ることが、「生命維持装置をオンにしたままにする」ことなのか、それともオフにすることなのかも知らない。しかし、私たちは医療決定の詳細を実際には知らずに、その意思決定に参加するように求められることが多い。それを考えれば、こうした決定を哲学者という「専門家」（彼らならば重要な問題を正しく裁くに違いない！）に委ねることを唱えたプラトンは、おそらく正しい。

しかし、病院とそのスタッフは、どの時点で生命の終わり

を受け入れるべきかなどの難しい決定——医者や病院のスタッフでなければ、こうした決定に直面するのは珍しく、あまりに個人的で難しい——に、日常業務として直面している。そこで彼らは患者の処置を評価するために、功利主義的な「質を考慮した生存年数」などの基準を採用することにした。例えば、治療しても部分的にしか回復しないとしたら、残りの寿命は「さほど重要ではない」と判定される。赤ちゃんはこれからまだ長い年月を生き、「価値ある」生命と考えられるのが普通である。年老いた患者よりはむしろ若い患者に対して、救急治療よりはむしろ移植や補充の治療に対して、予算が優遇される傾向にある。

　福祉国家においては、国家が健康管理の支給額を決定する必要がある。個人が医療資金を出費する国家においては——アメリカ合衆国のような国家だけでなく、中国のような「社会主義」国家においても——、医療支給はより透明である。金銭の許す限り、多くの治療を受けることができるのだから。(ブラウン夫妻が病院に支払いを続けるのならば、生命維持装置を使用し続けることを勧められるかもしれない。)

　病院は必要に応じて「質を考慮した生存年数」計算などのシステムを採用するにせよ(しかし、誰が人生の質を判断するべきなのか？)、こうしたシステムだけでは医療決定をめぐる倫理的疑問を十分には取り除けない。だが、これは問題のほんの一角である。専門家に囲まれた病院という状況において、患者や近親者を決定に参与させることに、どれだけの意味があるのだろうか。病院は「インフォームド・コンセント(告知にもとづく同意)」を語っているが、彼らもプロである以上、自分たち自身の基準を持っている。そして、すでに何かしら

の見解に到達していたかもしれない。こうした見解は、人道を最大限に考えると、近親者と議論することをためらうような要因に基づくことが多い。あるいは、多くの専門家がそれぞれ明確な見解を持っていて、衝突していることもある。こうした場合には、近親者と患者は、自分たちの好む専門家を「指名する」チャンスを得ることになるのか。

どんな病院のスタッフでも同意できることが1つある。まず何よりも、患者とその家族のために医療行為を行うということ。したがって、彼らの意見や感情も重要なのである。だからこそ、医師はあらゆる決定について、考え抜かれた説明を十分に行う必要もある。この理想を達成するのは難しい。しかし意思決定に関して、これに代わる戦略を病院が進めているかというと、これは疑わしい。

ジレンマ *30*　惨劇

「こいつは極悪の若者だ」と、刑務所長は厳しい口調で述べた。「昨日入ってきたばかりだというのに、今日、運動のために他の者と一緒に外出させたら、もう悪いことをしていた。看守に叱責されると、酷い言葉で罵る始末。だから、ここに入れられたのだがね。これまで何回ここに入れられたのだ？」

若者（暴れたいのを必死にこらえて）「3回だよ！」
刑務所長（厳しい口調で）「何だと！　本当のことを話しなさい。」
若者（こぶしで涙をぬぐい去りながら）「4回。」
刑務所長「4回！　追い払われるまで、そんなことを続ける

というのだな。文字を読むことはできるか？」
若者（もがきながら後悔して）「ああ。読めなければ良かったのに……。」
刑務所長「何？　何故だ？」
若者（悲痛に丸頭を振りながら）「だって、そうしたら辻強盗の本を読むことなんてなかったんだ……。そもそもの始まりは、あれなんだ。」
（ジェームズ・グリーンウッド「素人の泥棒」、『ロンドンの七つの呪い』（1869）より）

　1830年代から50年代にわたって出版された新しい「低級」大衆雑誌は、「血まみれ」と呼ばれることが多い。理由は明らかだろうが、これに続く「血より危険が詰まった」煽情小説「恐ろしいやつ」との対比もある。ジレンマ30の恐ろしい1節の出典は、「ワイルド・ボーイズ」の不名誉な「偉業」の数々を語る挿画入り「物語雑誌」のなかでも、特に人気を集めたシリーズである。1860年代に出版され、1870年代に再版されたが、女王陛下の警察隊が差し止めた。（物語が途中で打ち切られたので、続きが読みたくて仕方が無い読者もいたに違いない。）

　もっと早く当局は手を打つべきだったのだろうか。性と暴力に溢れた煽情小説「安物の恐ろしいやつ」は、ヴィクトリア朝の時代の人々をパニックに落し入れた。彼らはプラトンと同じく、暴力的な物語は暴力的な思想を助長させると考えたようである。下水道に住む少年たちが紺色制服の警察官たちと闘い、死体や「ブツ」を下水道から引き揚げるような物語に、若者が汚染されるのを防ぐ義務があるのだ、と。（他

方、アリストテレスは例のごとく冷静に、異なる考えを持っていた。こうした物語は読者を浄化するのだ、と。)「この卑劣で不潔なゴミが毎週、何千何万と、人生で最も多感な時期にある若者たちのあいだに流通するのを思い起こすなら、当局が青少年の犯罪の多発を嘆くのも驚くべきことではない」と、ある評論家は 1890 年に警告した。偉大なゲーテ (1749 - 1832) の著した『若きウェルテルの悩み』――美しいロッテへの愛の報われないウェルテルが、悲劇的にも自殺する物語――ですら、「模倣」自殺の急増につながったではないか……。

そのためグリーンウッドも、「有害図書の疫病」を根絶する仕事に専念したのである。グリーンウッドはこう唱える。

> イングランド（主に首都ロンドン）の土壌に毎週、ますます深く根を打ちこんでいる疫病がある。縦横に繁茂し、すぐに落下して腐熟する果実を大量につける。大通りにも横道にも果実をまき散らし、無知で不注意な人間を誘惑し、筆舌に尽くしがたい死や悲嘆を交配するのである。

人気のタイトルは（アイディア不足も伺えるのだが）、『スウィニー・トッド、フリート街の悪魔の理髪師』、『足取りの軽いジャック、ロンドンの恐怖』『3本指のジャック、アンティル諸島の恐怖』など。そしてもちろん、『ハウンゾローの荒れ地、あるいはムーンライト・ライダーズ』、『トム提督、少年海賊の王様』。グリーンウッドは 1874 年、「すべて汚らわしく感じられ、すべて汚らわしく見える紙の束。内容の毒性を考慮すると、最も賞賛に値する特徴は、サイズが非常に小さいことにある」と記している。

それにもかかわらず、H・G・ウェルズとノエル・カワードはこうした「珍品」の熱心な読者であり、そのジャンルを高く称賛していた。いわば彼らは喜んで孤立した山中の小さな湖や、森で覆われている淀んだ水たまりを歩きまわり、人里離れた森のなかのサワサワと音のする谷間で眠り、死体の白い手が静かに流れていくのを一瞥しながら、月が急流を照らしているのを見ていたのである……。死刑を待つ囚人たちの牢獄や、物寂しい荒れ地の軋む絞首台を忘れることなく。

　しかし実際は、いかに恐ろしい場面を熱望したとしても、読者にもっと読みたい（もっとお金を払いたい）と思わせるように描写されていたとしても、ホラーというジャンル自体、クライマックス以外は平坦な物語に終わることが多い。（哲学のジレンマとは異なり）成功するテーマは大体のところ限られている。「新奇さを求めて、反抗する囚人を乗せた船、あるいはオーストラリアの未開墾地に場面が転じることもあるが、遅かれ早かれ……おなじみのロンドンの下水道に戻ってきてしまう」という評があるくらいだ。

　今日の私たちには、どれも刺激に乏しいように思えるだろう。現代の技術は、私たちが「ホラー」や「堕落の悪夢」（ある大統領候補が1995年にメディアを非難した言葉）を覗き見する機会を、測りしれないほど増大させているからだ。今日の検閲官ならば、19世紀の煽情小説をすぐにパスさせるだろう。

　それどころか今日では、描写された内容自体ではなく、性、暴力、ホラーの映像の制作プロセスに心配される問題が多い。いわゆる「スナッフ映画」の制作は、人間や動物の殺戮など、忌まわしい行為を伴っている。映像制作の最中に犯罪が行わ

れているという事実が、その作品の魅力を増大させていく。「洗練」された映像技術の成果を見るよりも、「現実」に映像のなかで不快な出来事が生ずるのを観たい……。このようなマーケットが存在するということは、テレビのネットワークには周知の事実である。街頭での犯罪、自殺、殺人を撮影したアマチュア・ビデオを視聴者が貪るように観ている様子は、無料のスコッチを与えられた酔っ払いのようである。

ジレンマ *31* 犯罪との関連

例の恐ろしい犯罪の1年後に創刊された、新しい「安全な」少年誌『半ペニーの驚異』に関する論説のなか、アルフレッド・ハームズワース、後のノースクリフ卿〔英国の新聞『デイリー・メール』の創刊者〕が意見を述べている。

煽情小説を読み漁り、本の真似をして雇用主から盗みを働き、その金で拳銃を買い、終いには家出をして、裏通りの「辻強盗」になった少年たちが、治安判事の前に送られてくるのは、ほぼ毎日の出来事である。多くの悪事は「安物の煽情小説」に責任がある。そうした出版物が次世代の若者を泥棒に変え、刑務所を満員にしているのだ。

読者諸賢には当時の煽情小説から、もう1節を読む覚悟を固めて頂きたい。『ハウンゾローの荒れ地、あるいはムーンライト・ライダーズ』からの引用である。（ここで読んだとは、決して人に言わないようにして下さい！）

恐ろしい拷問を受けている哀れな1人の男が、挿絵には描かれている。地面に手足を拡げられ、体の上には荷馬車の車輪、脇には拷問道具が置かれている。ナイフ、燃えている2本の松明、にかわを煮る鍋、車輪を削るカンナなど……。苦

しむ男を満足げに見下ろしているのは、「辻強盗」の仮面（やはり……）をつけた2人の悪党。

トビー・マークスの両足には重荷がくくりつけられている。鼻孔から真っ赤な血がどろりと流れ落ちていくのを、2人の強盗は眺めていた。すると、両耳や口から血が噴き出した。まもなく、彼の顔は見るも無残に変わり果てた。血は彼の髪を完全に浸していく。頭皮を丸々と剝がされたような有様だ。拷問は終わった。この哀れな裏切り者を、誰にも見つからずに運ぶのは無理だ。強盗たちは死体を切り刻んだ。悲しい最期を迎えた勇敢なトム・キングの敵討ちは、こうして果たされたのだ！

このようなわけで、このジャンルの別名は「血まみれ（ブラッズ）」なのである。

1930年代には、「血まみれ（ブラッズ）」に刺激されてギャングを賞賛するアメリカの映画シリーズが、『ムーンライト・ライダーズ』によく似たパニックを引き起こした。典型的な作品の一つ「ゲリラのジェームズ・ボーイズ」は、連邦捜査官と対決するゲリラの実話（少なくとも部分的には）を描いている。そして、これが公開されたのは、ゲリラが実際に追跡されている途中のことだった。それから、「ボニーとクライド」の物語、あるいは「ロビン・フッド」の物語さえ、悪事の手本になり続けているのである。

政治家ウィル・ヘイズが新しい倫理コード（「ヘイズ・コード」）を立案することによって、道徳の気風が上がっていった。このコードによって、心配する市民を描く場面ないしギャングの親分が最後におぞましい死を遂げる場面などが映画に追加されたのである。しかし、当時の多くのアメリカ人に

とっては、ギャングが主人公として登場しただけでも大変なことだった。不適切な映像と非行との関連性を見つけるために、数多くの調査が実施され、証言が集められた。「『ビッグ・ハウス』を観ていたら、自分が大きなタフ・ガイになったように感じました。まるでマシンガン・ブッチみたいに」(10歳の少年)。「『珍暗黒街』のジャック・オーキーを観たとき、自分が大きなギャングになったように感じました」(11歳の少年)。幸いにも 1930 年代中頃、ハリウッドは「品位連盟」などに後押しされて、このジャンルを作り直した。刺激的なカー・チェイスや銃撃をギャングではなく法務官が行えば、暴力もすっかり倫理的なものになる……と考えたのである。

ジレンマ 32　基準の問題

この種の尋問は、1959 年の有名な『チャタレイ夫人の恋人』裁判の尋問に似ている。このときは、一連の「ギャング本」裁判の成功を携えて、弁護士がアメリカ合衆国から渡ってきた。マーヴィン・グリフィス＝ジョーンズ弁護士である。D・H・ローレンスの小説は「イングランドの男性が妻や使用人に読んで欲しいと思う」本なのかどうか、英国の法廷はアメリカの弁護士に判定して欲しいと依頼したのである。

これが「猥褻本」に反対するキャンペーンの弱点となった。裁判は敗訴し、D・H・ローレンスは芸術の自由を普通に謳歌することができるようになったのである。しかも、世論はこの小説が「猥褻」であることを全く受け入れなかった。それから半世紀が経つが、ローレンスの小説は文学の世界で高い評価を得ている。それはそれとして、1993 年には、下院

の独立法案が一連の「エログロビデオ」に対して「反撃」を行った。『ドリル・キラー』や『発情アニマル／悪魔のえじき』など……。担当大臣デイヴィッド・メラーは強硬な調子で法案を支持して、こう語った。「サディスティックなビデオを目抜き通り(ハイ・ストリート)から追い払う用意がなければ、残忍な性犯罪や子供に対するサディスティックな暴行、あるいは年金生活者に対する殺人強盗が起きても、それに動揺する権利はない。」

これでようやく人民は「信頼できる検閲への回帰」を果たしたと、英国モラルの、あの信頼できる番人『デイリー・メール』はこれを喜んだ。

最悪の映画6本――1970年代と「エログロビデオ」の増大

『ナチ女収容所 悪魔の生体実験 (Ilsa: She-Wolf of the SS)』(1974)

映画『血の祝祭日 (Blood Feast)』のデイヴィッド・フリードマンは、このエログロ作品のプロデューサーでもあるが、これに恥じて、フィルムの最終版から自分の名前を消去したうえで、去勢、拷問、処刑、そして合間のソフトポルノ・セックス（必ずしも人気の順番ではない……）が続くだけのこの作品を売った。道徳評価：まさにナチ。

『悪魔のいけにえ (The Texas Chainsaw Massacre)』(1974)

簡素な充電式器具（チェーンソー）が登場する、フランス製の血の饗宴。英国では二度の発禁を受けたが、とうとう1999年には公開されるところまで、一般の規範が崩れ落ちた。道徳評価：Zzzzzz

『スナッフ (Snuff)』(1976)

10年にわたる失踪と大虐殺。費用に3万ドルをかけて、アルゼンチンで制作。宣伝によれば、「人命が安く買える」南アメリカでしか作ることができなかったという！　表向きは、ヒッピーの殺人狂信的集団に関する映画だが、制作班の一人が本当に殺されたと思しき場面が含まれている。新しい倫理的問題を投げかけた。(制作時に本当に死人が出たのかどうかは不確かだが、本物の殺人を映す映画というコンセプトがよく売れたのだ!!) 道徳評価：無価値

『ドリル・キラー (Driller Killer)』(1979)

アベル・フェラーラ制作・主演。誤解されて怒り狂った芸術家が殺人鬼となる。(まあ、他の誰がそんなことをしようと思うだろう？)「血が川をおおい」、「ドリルが肉と骨を裂きまくる」と予告されたが、「アートシアター」的な気取りも残している。道徳評価：誤った設定

『発情アニマル／悪魔のえじき (I Spit on Your Grave)』(1978)

確かに喜劇役者バスター・キートンも映画化しそうな「ブラックユーモア」だが (さらには、彼の姪のカミルが主役を演じている)、映画の呼び物は長い輪姦場面と復讐劇にある。後半では犠牲者の立場が逆転し、女自身が男のイチモツをナイフで切り取り、惨殺し、死体を焼く (復讐劇は当然、服を脱いだ状態で行われる)。道徳評価：少しユーモラス

『ジャンク／死と惨劇 (Faces of Death)』(1978)

惨劇を各種伝える夕方のニュースに満足できない人には、検死・処刑・事故の詰まったこのイタリア映画を。(ルネッサンス芸術の中心イタリアは、アメリカ合衆国に続いてエログロビデオの王国である。) ナレーションは病理学者……

(あるいは精神病質者?) 5本の続編がある。道徳評価：もう十分

ジレンマ 33　猥褻な写真

　キリスト教会が裸体（教区民自身の裸体というよりは、絵画や彫刻の裸体）を許容する度合いは、時代によって変化してきた。ミケランジェロは芸術的理由から、人体は神聖なものであると考え、特に天国においては何も隠す必要がないという見解に基づいて闘った。しかし、彼の作った彫像やフレスコ画には、後から「イチジクの葉」が加えられたのである。今日、女性を性的にきわどい役割で描く（あるいは、単純に裸体として描く）「古典芸術」を禁止すべきだ、大学や図書館などの公共機関に展示しないようにするべきだと唱え続けているフェミニストもいる。女性を「搾取」し、「名誉を傷つける」描写とはどのようなものか。あまり合意はなされていない。女性表象の検閲にしても、幾つかのイスラム諸国のように、女性を登場させることをほぼ完全に禁止している場合もあれば、幾つかの非宗教的管区のように、どんなものでもほぼ完全に合法化している場合もある。他方、性行為（不思議なことに、検閲用の図書館では「犯罪と暴力」のコーナーの隣に分類されている）は、「フェイク」ではなく「本物」であることに、間違いなく大きな価値が置かれてきた。2本のフランス映画『ロマンス X（Romance）』(1998)と『ベーゼ・モア（Baise-Moi）』(2001)——後者では、2人の女が男たちをひたすら犯し、殺し回る——は、この傾向に挑戦して検閲を

混乱させた。「グラマラスではない」「本物」の性交場面(あるいは断続的に挿入される、ありふれた「フェイク」の暴力場面)を禁止すべきかどうか、よく判らなかったからである。

このような映像は「女性に対する暴力」であるというスローガンは、検閲の介入を正当化するように思える。しかし、ポルノを定義するのは難しいという問題に、モーリスが実際に直面した。また、性表現の更なる自由化を求める市場の声に、法律制定者も引きずられる傾向がある。

女性は「性的対象」であり、男性は姿を隠した覗き魔であるという(神話にもみられる)「役割の2項対立」は、特に同性愛者のための性産業の拡大以来、消滅しつつあるように見える。同様に、女性を「暴力」から「守る」社会は女性の役割を低下させるとして、女性の身体の映像を検閲することは反動的・抑圧的と非難するフェミニストもいる。結局のところ、男性の裸体にしても女性の裸体にしても、「きわどい」ポーズにしても「自然な」ポーズにしても、この問題には異論がつきまとう。

プラトンの『饗宴』に登場する女性の哲学者ディオティーマは、ソクラテス(このときは「異性愛者」という設定)に珍しく説法をしている。ディオティーマが述べるには、美の魅力、特に裸体美の魅力は根源的だが、これは次への準備段階にすぎないという。美しい体を見ることと、その体と交わりたいと思うこととのあいだには、まったく自然なつながりがあるとさえ、ディオティーマは論じている。交わろうとするのは、その美を永遠にとどめたいという潜在意識の欲望なのだろう。こうして、性的魅力は美に結びついて解けなくなった。(*ジレンマ* 52「美の罠」も参照のこと。)

ディオティーマはソクラテスの心に届く言葉で忠告する。賢人たる哲学者は「ある特定の体の美に恋する」にしても、自分をまず1人の恋人に惹きつけた美の性質は、別の恋人に惹きつける美の性質と同じであることに気づくでしょう。そうなると恋人の美とは、より大きな永遠の美の一部にすぎないのです。死を免れない体の美は、永遠の魂の美に比べれば無に等しいことを、哲学者は悟るでしょう、と。(醜男で知られるソクラテスに対して、ディオティーマは小さな希望の光を灯したのだ。)「そうすると、精神的な愛に出会うときはいつでも、醜い体という外皮のなかにも、恋するのに十分な美を見つけるでしょう。」さらに言えば、哲学者は法律・制度・人工品のなかにも美を見つけるのであり、「美の広い地平線を探査することによって」、哲学者は1人の恋人や、1人の人間の体の「個別の美に、奴隷のように不自由に傾倒すること」から解放されるのです。「美の大海」に目を向けることによって、哲学者は善の知識に集約される「哲学の金色の収穫」を見つけるのです、と。(これが自然のプロセスならば、哲学者・守護者は人間を評価するのに、最初からもっと寛大だったのではないだろうか?)

ジレンマ 34　下劣なポップ・グループ

警察によると、「ランツァー」のアルバムはよく売れているという。何万という若者が事実、彼らのアルバムを買っている。しかし、グループのメンバーたち(年齢は20代後半と30代前半)は殺人の煽動、及び人種偏見に基づく襲撃(特に放火)への実際の関与のために起訴された。

この起訴によって、多様な意見に対する「寛容さ」を見せ

る機会が失われたと言う人もいるだろう。このグループが煽る感情を個人的に嫌悪するとしても、「言論の自由」は守りたいと言う人もいるだろう。

しかし、論点は「言論の自由」ではないだろう。(この件は検閲官モーリスではなく、ドイツ警察隊の守備範囲になるはずだ。)例えば、ある女性が映画館のなかで、「火事よ！　火事よ！」と冗談で叫んだために、人々が先を争って逃げ出し、何人かが倒れて死んだ有名な事件がある。言葉は行為でもあり、行為から人々は身を守らなければならない。これこそ、ヴィクトリア朝のモラリストが論じていたことでもあったのだ。

市民の権利を弁護する責任を負ったアメリカ合衆国の最高裁は、「信条によって人々の自由な活動を禁止する団体、あるいは、言論の自由、出版の自由、集会の権利、政府に損害賠償を請願する権利を制限する団体の設立」にも介入するのだが、2002年には、自由の境界線を定めるように求められた。特に問題になったのは、クー・クラックス・クランが黒人のアメリカ人を脅迫する運動の一環として、十字架を燃やしたことも「表現の自由」に入るのかどうか。

改正案には何も「表現行動」を保護する項目が入らなかった(十字架を燃やすこと、あるいは政治的デモンストレーションで肖像を燃やすことも、これに分類されるだろう)。肖像を燃やすことを禁止するのは、「言論の自由」に対する規制と受けとめる人が多いかもしれない。しかし幸いにも、犯罪行為の「明白かつ眼前の危険」がある場合は、言葉さえ大目に見ることはできないとする最高裁の1919年の決定も生きている。十分だろうか？　もっとも、当時、抑制されたのは、第1次

世界大戦の徴兵に抗議する運動をした反戦主義者だった。

近年、数多くの「ラップ歌手」(特にアメリカ合衆国の「ラップ歌手」)は、「ブタ」(ピンク色の家畜ではなく「ブス」)を殺して、「メス犬」(犬の雌ではなく「オンナ」)を強姦しろとも歌っている。この歌詞を聴いたリスナーが本気にして、実際に行動(あるいは、それに準ずること)に移すかどうかはよくわからない。安物の煽情小説の場合と同じく、「そのせいでこうした」と直接の証明はできない。だが、疑惑を残すことは間違いない。

1990年代、アフガニスタンにイスラム原理主義政権が設立されたとき、最初に行った政策の一つは、美徳普及と悪徳防止のための省庁の設立である。布告された命令のなかには、あらゆるテレビ、音楽、あるいは人間を被写体にした写真の禁止、そして、髭を剃ることや人前で肉体をさらす行為の禁止があった。また、女性は全身を隠す衣服を着るように強制され、男性同伴でなければ家から外出することはできなくなった。男性は例えばサッカーをするとき、長いズボンをはくように要求された。

ところが時間を経るにつれて、このような規制は、政府が守っていると思いこんでいた道徳的権威をまさに切り崩していくことになった。類似する政策を取ってきた、原理主義の指導者アーヤトッラーの支配するイランに関しても、似たようなことは言えるだろう。

検閲は社会生活の一部である。避けられないもの、望ましいものでもある。例えば、裸になることができる／できないという規則を設けるのは、検閲の一つである。浮気相手の「牛乳屋(ミルクマン)」が寝室のなかで服を着ないで立っているのを見た

い人でも、彼が服を着ないでドアの外に立っているのを見たくはない。規則に広く合意がなされている場合、その規則の存在すら気づかないが、少数派からこれに異議が唱えられると（あるいは多数派からでも良いのだが）、規則を正当化する論理を検閲官が見つけるのは難しい。バートランド・ラッセルも『懐疑論集』に収められた「清教主義の再燃」の中で、こう書いている。「『猥褻』に関して正確な法的定義をするのは不可能である。裁判所の業務においては、『判事にショックを与えるものすべて』を意味する。」

ポップ・ミュージックは良い／悪い？

作家ニック・ホーンビーが 2001 年の全米トップ 10 のセールスを記録したポップ・ミュージックを聴いてみたところ、彼の言葉で言えば、「落胆」する結果になったという。両親を巻きこんだ性的儀式に参加しないのなら、「乳房を見せて、口を閉じてくれ」とリスナーに哀願する D 12（この歌詞を解読したければ、アルバムを買いに行ったほうがいい！）。ギャング仲間のカノジョとセックスしようというときに、ガマンできなくなったオナラの音が（陽気に）響いてヤリそこねたという「寸劇」がセットになっている。パフ・ダディ、エミネム、ブリンク 82 などの、「糞便ラップ」の歌詞はここに引用する必要はないだろう。

ホーンビーが手本にしたのは、ポピュラー・カルチャーの趣味を「理解」しようと行われた、作家ゴア・ヴィダルによる 1973 年の調査だった。当時のヴィダルは、アレクサンダー・ソルジェニーツィンのような乱筆家の深みに衝撃を受けていたのだ。ホーンビーは悲しい結論を出す。「元気が回復

したら、ゆっくりと自分のトップ10に戻りたい。パーニス・ブラザーズ、ジョー・ヘンリー、シャギー・オーティス、オル・ダラは文無しであっても、その音楽には思慮深く、礼儀正しい皮肉や計算された冷笑があふれていた……。しかし、それがポップ・ミュージックだと勘違いしないほうがいい。ポップ・ミュージックは変わってしまった。」どこで道を間違ってしまったのだろう？　ホーンビーは語る。「この悲惨な現在が予測できたはずだ。両親の世代よりも進んでいると思いこんできたこと、それが我々の世代の失敗である。」

ジレンマ 35〜40　ビジネス週間

これらの問題は、巨大多国籍企業用にアメリカ合衆国で開発された有名な「ボードゲーム」を翻案したものである。最もよく知られているのは、シティバンクのシティコープ開発の、その名もズバリ、「倫理ゲーム（Ethics Game）」だろう。沢山のシナリオと複数の選択肢が記されたカードが配られ、「倫理的」に答えれば答えるほど、コマを進め報酬を得ることができる。トラブルが生じると罰金。スペイン語版、フランス語版、ドイツ語版、日本語版などもあり、このゲームの人気のほどを窺わせる。

「倫理ゲーム」はカードゲームの「ためらい（Scruples）」に似ているが、ボードもコマもなく、暗黙の社会規範や慣習を破りたくなるような状況が記されたカードだけを使う。ゲームに勝つには、他のプレーヤーの答え（「Yes」/「No」/「状況による」）を正しく予測しなければならない。答えを決めるのに議論をする必要はない。どうしても議論をしたくなるし、

それがこのゲームの面白さでもあるのだが……。何れにせよ、こうしたゲームはすべて何かしら、昔のボードゲーム「新ゲーム〜報われる美徳、罰せられる悪徳（The New Game of Virtue Rewarded and Vice Punished）」に負うところがある。1810年に英国で生まれたこのゲームには、「信頼」や「思慮分別」に加えて、「貯蓄」や「監獄」について教える図像が描かれていたのである。

ビジネス倫理をゲームにするアプローチは、産業界の巨人ロッキード・マーティン社（ロッキードとマーティン・マリエッタの合併後、ロッキード・マーティンという名称になった。そのオリジナルゲームは今や、100以上の会社や大学で使われている）によってさらに進められていった。ゲームの名前は「灰色の問題（Gray Matters）」〔「(脳脊髄の)灰白質」「頭脳」の意味もある〕という。倫理の問題は「白黒」つけられる——「善悪」がはっきりしている——とは限らないからである。灰色の倫理ゲームとは何とも面白いではないか。しかし、問題はより複雑なのだが、このゲームを開発したロッキード・マーティン社の意図は、社員の倫理的問題に対処する能力を高めることよりも、社員を会社の方針に従属させやすくすることにあった。会社の方針には、もちろん「白黒」がついている。善悪のほどは明らかではないとしても……。

この種の倫理ゲームは、道徳的視点よりもむしろビジネスの戦略の視点から組み立てられている。ロッキード・マーティン社が倫理ゲームに関心を持ったのは、そもそも、軍事輸送機の新しい販路を確保するために外国の政治家に賄賂を送ったことが、「海外腐敗行為防止法」違反の罪に問われた後のことであった。当時、強硬なロッキード社は、（そうしな

ければ解雇されていた）社員の利益のために行動したのだから、倫理に反した行動とは言えないと主張した。だが、この実利しか考えない功利主義では法廷を動かすことができず、会社は2,500万ドルの罰金を課されたのである。

したがって、「倫理ゲーム」は非常に厳格な規則に従ってプレイされる。大半の場合は、白黒つけない「灰色」の精神によって複数の解答を認めることはできるが、完全に認めることのできない解答もあるということだ。社員同士のなれ合いを許そうとすることも、その一つの例であり、普通の「不正解」に課される罰則の2倍の罰則を課されることになる。「政府予算の横領」も灰色というより黒である。主任や倫理課に報告すれば「正解」であると「学習」した社員は、単に会社の実利になるだけの、実際には倫理に反することも学習していることになる。会社の規則や処置は倫理的に純粋であると、社員が受け入れる傾向を助長しているのである。「会社の常識」を「社会の現実」に一致させるのは、ときに難しい。

ジレンマ 35　怠惰な秘書

ジャッキーが正しい。ビジネス倫理学に従えば、そうなる。ボブのアプローチでは何にもならない。ジャッキーのアプローチならば、ロッキードの倫理専門家も述べるように、社員の「乏しい労働倫理に注意」を促すことができる。サンドラの上司はジョン・ステュアート・ミルの言葉を引用して、彼女に注意しようと思うかもしれない。「義務は借金と同じように、人から取り立てることができる。」

怠慢な社員を放置しておくのは、他の社員がカヴァーできるとしても、会社の利益にならない以上、ビジネス倫理に反

する。非効率的、ゆえに間違っているのである。確かにサンドラの怠慢を報告しても最大の幸福は得られないかもしれない。しかし、彼女の不名誉と引き換えに、業務の効率を最大化する契機となるに違いない。ビジネスの世界でなければ、こうした報告（密告）は少し卑劣に見えるかもしれないが、〔G・E・ムーアのような〕倫理直観主義者ならばこれを何と言うだろうか。サンドラの分も自分が余分に働いて、密告という愚行を避けることに「美徳」があるというボブの感情は、支持が得られない。

実のところ、この種のジレンマに関するロッキード社の公式見解は、「常識的」見解とは異なる。「助言」を求めるためだとしても、人事課に連絡することは明確に禁止されているのである。直接に問題が解決できるのなら、人事課を通すだけ「時間の無駄」。そして、議論しているだけですでに沢山の時間が失われている！

ジレンマ 36　不正コピー

ソフトウェアをコピーするのが悪いかどうかは、実のところ所有者が思っているほど明確な問題ではない。第1に、コピーしても物理的な損失にはならない。第2に、ソフトウェア会社の売り上げを減らすわけでもない。組織的にソフトウェアの不正コピーが作られた場合ですら、むしろブランドの市場価値を確立するという証言もある。そのため、窃盗を正当化しようとする弁解の理由は数多あり、また、弁解しながらコピーに加わる人も多いのである。

しかし、それが法律違反であることに変わりはない。大半の人々の目には、法律違反の行為は間違っていると映るのが

普通である。倫理課も同じように考えるに違いない。ソフトウェア管理を会社が怠けていると社外に報告されてしまえば、かなりの罰金を課されることにもなるだろう。したがって、疑わしい社員がいれば即、社内で報告することが会社の利益につながる。倫理ゲームで「正解」とされるのもそれだ。会社はサンドラを処罰するだろう。窃盗犯として。

ソフトウェアの権利に甘い者ならば、社員間に信頼関係もあっていいと感じるかもしれない。少なくともジャッキーは上司に報告する前に、サンドラと話し合うべきではないか……。(どんな場面においても、倫理にとって重要なことの一つは信頼を作り出すことであり、逆に言えば、信頼の喪失や背信行為は人を傷つける「非倫理的な」行動になることが多い。)サンドラにかけられた疑惑は間違いだった可能性もある。進まない仕事の埋め合わせとして、自宅で書類を作成するためにコピーをしたのかもしれない。それなのに、同僚の行動を検閲するような報告をするのは、残念なことではないのか？「最後の手段」として自分でサンドラに探りを入れてみれば、サキの小説のなかで、クロヴィスがエグルビー夫人に答えたように、それが間違っているということを「忘れていたの」と答えるかもしれない。そうすれば、ジャッキーもエグルビー夫人を真似て、「正しいことと間違っていることの違いを忘れていたのね！」と声を上げる余裕も出てくるだろう。

ジレンマ 37　タバコの煙る倉庫

ここでの倫理的問題は、会社の方針には議論の余地無く違反しているが、国の法律あるいは社会の規範に違反しているわけではないような問題である。倉庫でタバコを吸うのは本

当に「非倫理的」行為なのだろうか？　上司が反対するのをボブが知っていながら、秘密でタバコを吸っていたのならば、「非倫理的」と言うこともできるだろう。虚偽、「嘘をつくこと」という要素が入ってくるからだ。では、誰も気がつかなければ、当然ながらボブの自由になる事柄だろうか？　会社の禁煙方針は会社の適切な裁量の範囲を超えて、彼のプライヴェートな生活に介入している（つまり、彼の「権利」に介入している）と、ボブは感じているかもしれない。

　A・J・エアによれば、ある特定の範疇（カテゴリー）に適合していると私たちが「判断」するような行為が正しい行為であるという。「道徳的な是認・否認の一般的対象は、特定の行為というよりもむしろ行為の種類である。（……）ある行為に事情により正誤ないし善悪のラベルが貼られるのは、ある特定の類型の行為であると考えられるからだ。」確かにボブの行動には後ろめたいところがあり、ルール違反であるが、「倉庫でタバコを吸う」行為はどの種類の行為に属しているのだろうか？　ジャッキーにとっては、類型の「判断」に関してすでに明らかに葛藤が存在するため、心からタバコを楽しむことはできない。これも一つの「基準」である。

ジレンマ 38　ラジオの音楽

　実践的功利主義の観点から言えば、正しい答えは定期的に違う音楽を流すことである。ただし、実際には耳慣れない音楽を選ぶと、苛立ちを覚える社員が沢山いると考えられるため、（快楽計算に基づけば）状況は悪くなり、良くはならない。これよりも踏みこんで、あなたがプラトン『国家』の守護者のように適切な音楽を判断するというならば、それは「無教

養の人々」の見解を無視して「正しい」決定に到達しようとする試みになる。しかし、このような判断をするのは難しい。対話篇『エウテュデモス』のなかでプラトンは、「専門知識」（「テクノロジー」や「テクニカル」の語源となったギリシャ語の「テクネー」）とは何かと問いかけている。「専門知識」があれば上司は、望み通り苦痛よりも快楽を多く生産することができるのだろうか。実権を握っている人間（会社の主任など）は人々を幸福にする（そして自由を守る）義務を持っているが、人々を賢明にするという課題も非常に重要であると、プラトンならば結論するだろう。そう考えると、主任は社員からの抗議を無視して、生産性を向上させるものならば何でも（必要あればBBCラジオの人気番組「園芸家の質問の時間」を聴くことさえ）、社員に課すべきである。

　最高の音楽を社員に聴かせる義務があると考えているような、音楽のクオリティにうるさい主任ならば、J・D・マボットの語った物語に励まされるかもしれない。第1次世界大戦の最中、オックスフォード大学のある教師は、「さあ一緒に、フェルプス！　男子たれ、フェルプス、入ってきたまえ！」と叫びながら、毎朝、冷水風呂を楽しむのを日課にしていたという。「義務」を「好み」と自分に言い聞かせようとする道徳現象……。これと同じ精神で、社員たちも上司が選ぶクラシック音楽を聴くべきだろうか？

ジレンマ 39　感染病

　エイズ患者、あるいは「HIV陽性」者に対する差別の問題は、それだけで1冊の倫理の本になる。（ボブのような「HIV陽性」者と発症したエイズ患者との違いも見過ごされやす

い!)。HIVに苦しむ人々を取り囲む問題は無数にある。多くの国々でHIV感染者は、昔の癩病患者のように世間から爪弾きにされている。感染者と同定されると、公共空間から隔離され、公衆浴場、レストラン、カフェ、図書館、バスなど……、至るところで立ち入り禁止となる。職場や学校を辞めさせられ、家庭から閉め出される。街を歩いていると暴力をふるわれることさえある。国連の計算によると、21世紀になるとき世界中には約3500万人のHIV陽性者が存在し、その半数近くは女性であった。

社会科学者のアレック・アーウィンとジョイス・ミレンによれば、エイズは「史上最悪の誤解を生んでいる病気」であり、「貧しい世界」(彼らのいささか野暮な表現をそのまま引用する)、あるいは豊かな国のなかの「周辺コミュニティ」の至るところで、エイズが貧困問題をさらに拡大しているという。エイズは一つの病気に止まらず、「グローバル・ヴィレッジ」に拡大する不安の一つの徴候なのである[『グローバル・エイズ――途上国における病の拡大と先進国の課題』]。ここで例の職場の問題に戻ろう。HIV陽性者がこれまでと同じ場所で仕事を続けた場合、他の社員に感染するリスクは、小さいかもしれないがリアルな問題である。しかし、感染等のリスクの現実性を証拠立てることは難しいだろう。このような状況では、どうすべきなのだろう?

国内に100万人を超えるHIV陽性者がいるアメリカ合衆国では、疾病管理センターが患者を保護する政策を採用している。「感染した」子供を両親は学校に行かせないようにするべきだという世間のキャンペーンもあるが、そうした子供にも「制限されない環境」で勉強する権利はある。子供が学

校に行けなくなるのではないかと心配する人の数を増やしてはいけない、と言うのである。また、HIV陽性の外科医や歯医者も、疾病情報の保護を要求することができる。患者に感染するリスクが高くないところで、患者が心配するのを防ぐためである。病院は患者の偏見に対抗して、医者の専門能力を保護していく必要があるのだ。ただし、患者がHIV院内感染を訴えた場合は、金銭の面でも評判の面でも病院は多大な損失を受ける。病院はそれも心配だろう。したがって、組織が「安易な選択をする」傾向が強いのも理解できないではない。上司のムスタファも、報告してくれたジャッキーに感謝して、ボブを解雇する準備を始めるかもしれない。しかし、これが倫理的な解決方法とは言えない。

　実際のところ、エイズは最も感染しにくい病気の一つである。（ボブと同じマグカップを使っていたジャッキーの心配も、エイズの「神話」の一部。）この病気に関するコンセンサスは未だに得られていないが、感染は性交渉の結果やドラッグ乱用の副作用として起こると言える。何れの経路にしても、西欧諸国においてエイズは同性愛のライフスタイルと結びつけられてきた。新聞で「ゲイの疫病」と呼ばれたこともある。そのため「マッチョ」な文化の規範は、エイズを拡散させる以上、家族や共同体に大きな犠牲を強いていると考えられてきた。さて、ボブの現在の性交渉の相手は（男性であれ女性であれ）、感染の危険性を知る権利があるだろうか？　過去にボブと（特に予防措置をすることなく）性的関係を持った人々の現在の相手にも、注意を促す必要があるだろうか？こうした状況では、ボブのプライヴァシーと他者の心配とを秤にかける必要がある。アミタイ・エツィオーニに代表され

る「共同体主義」哲学者が論じるには、「プライヴァシー」侵害を心配する声は、社会を破壊する「自由市場リベラル個人主義」の援護射撃にすぎないという。エイズ拡散の危険性を冒してでも、感染者を排斥しないようにと保護する動きを批判するエツィオーニ。

しかし、明らかに書類課の仕事の場合、ボブの仕事をする能力が HIV によって損なわれているわけではない。同僚たちの反応も非合理的で偏見がある。法務部に電話をして解雇の準備に入るのは言うまでもなく、「B」の選択肢を取るのも（日常的には当たり前のように思うかもしれないが）恥ずべき反応である。したがって、ここは一度、「指導者のためのガイド」を取り入れて、社員教育を開始するのが適切であるように思う。

ジレンマ 40　証人

ここでは選択肢「A」の積極的な行動が、「責任感のある」倫理的な行動と見なされる。証言を拒否するのは、非道徳的で論外である。何れにせよ、問題を隠すことで会社が利益を得るとは考えにくい。倫理ゲームでは、無関係を装うことは「言い逃れ」であり、「言い逃れでポイントを獲得することはほとんどない」。しかし、沈黙を守ることは、意図的な証言拒否と同程度の非難の対象になると言えるのだろうか。

ビジネス倫理の推進者が考案したこのシナリオは、会社に対する「愛」が高く評価される状況を想定しているため、証言の拒否を誘発する可能性もある社員の自己利益は考慮に入れていない。したがって、「何をすることが会社のためになるのか？」、その「義務」をどう考えるかの葛藤と言える。

相反する2つのリアルな義務に直面した場合、あなたはどうするだろうか？　ジャン=ポール・サルトルに代表される実存主義者は、このような状況を倫理へのアプローチの中心に置いてきた。サルトルは善ないし義務に関するあらゆる規則と言明を拒否したが、その代わりに「参加(アンガージュマン)」の価値を保持した。（なお、ゼーレン・キルケゴールも「関与(コミットメント)」を道徳の目標として語っている。）サルトルが例に挙げるのは、母（父の不在のために一人息子を頼りにしている）と自由フランス軍の招集との間で引き裂かれている若者の状況である。サルトルの結論によれば、両者の価値がリアルに明らかになるのは、若者が選択をした後に他ならない。実際に選択をすることによって、価値が決定されるのである。

　自分の利益と会社の利益は一致するが、公共の利益とは一致しない状況はどうだろうか？　例えば、経理の実情を不正に偽装する体質が明るみに出たエンロン社、ワールドコム社、アーサー・アンダーセン会計事務所の事件をどう考えるのか？　2002年、アメリカを代表する上記のような大企業が、会計の偽装によって利益を上乗せしていた罪に問われて倒壊・失墜した。もちろん、投資の鬼才である億万長者ジョージ・ソロスも指摘したように、利益の上乗せに長けた優秀な幹部だからこそ企業は雇用しているのであり、投資を考えている者にとって思わしくないビジネスの側面を隠すために、「特別目的事業体」と呼ばれる「規格内の」会計詐欺まである……。

　このような場合、「内部告発者」は会社や同僚の生計のみならず自分自身の仕事にも打撃を与えることになる。したがって、声を上げるのは、最も正義感の強い社員に限られるだ

ろう。会社の株に投資している何千という人々（特に年金生活者）のことを、おそらく心配して……。ここでは、会社を円滑に動かす倫理ではなく、個人の良心という「安全弁」だけが、公共の利益を守ったのである。

ジレンマ *41* 悪魔の化学者

第2次世界大戦後のニュルンベルク裁判では、市民も兵士も等しく、普通の市民法よりも高度な義務を要求する「恒久的」道徳法の下に置かれた。強制収容所の囚人に対する人体実験という、善悪の議論の余地があると思えない極限の状況では、「ジレンマなど存在しない！」と言う人もいるだろう。だが、「悪魔の化学者」の事例が示すように、普通の市民が極悪と思しきことをしてしまう場合がある。収容所の看守から、囚人を運んだ鉄道員まで多くの市民が……。彼らは皆、自分の仕事をきちんと行う、「共同体」の実直なメンバーだったのである。

あらゆるビジネスに共通していることが1つある。それは「儲ける」必要があるということだ。「儲ける」ことがなければ、労働者を雇用することはできない。すると直ぐに、何も生産することができなくなる。ビジネスは2つの法に従って動いてきた。地域行政の法と、市場のグローバルな法である。ビジネスは道徳法という第3の法に従う必要があるだろうか？　市場の法とは要するに、弱者は破産し、強者が生き残るということなのだから。すると当然……

・原料の供給者には、可能な限り少ない報酬しか支払わない。
・原料を「製品」に変える労働者には、必要最小限の協定の

下、可能な限り少ない報酬しか支払わない。
・販売などのプロセスにも、可能な限り少ない予算しか使わない。

　もちろん、追加すべき幾つかの段階がある。製品の開発とテスト。これもまた安上がりに済ますか、疑わしい手段を取らない限り、非常に高くつく。(「IG」の経営者は、メモに記されていた節約ぶりに大喜びしたに違いない。)特に、底値と売上量の両方を切り崩す競争の存在は苛立たしい。他方、少なくとも短期的には、最も収益を上げている企業には競争が存在せず、独占状態にある。(長期的には独占企業は不活性化し、ビジネスの機会を逃す傾向にあるのだが。)ここから第4の重要な「非倫理的ビジネス」の原理が導かれる。

・市場を自分たちの思い通りに操作する。

　幸運にも「市場」は、大半の場合、全く抜け目のない判事のように動く。「できるだけ何もしない」だけで十分かもしれない。悪評が立てば「経常収益」にマイナス効果を及ぼすことを、考慮に入れておく必要がある。(石油会社に対抗する近年の「緑の運動」、あるいはアパルトヘイトを行っていた南アフリカの物資・製品に対する昔日のボイコット運動に注目のこと。)しかし、競争の圧力は常にある。その結果、労働者を低賃金・長時間労働で搾取し、子供を奴隷として使い、廃棄物を投棄し、裏取引で安価に材料を購入してしまう、等々……。

　経済学者J・K・ガルブレイスは、いかに大企業が人心の

操作を通じて市場をコントロールしているか論じてきた。大企業は名人の人形師のような繊細な技法で、不必要な流行や欲望を作り出していると言うのである。ビジネスの決定にはすべて、倫理的な側面がある。会社の社長の決定は、何万・何十万の社員・供給業者・下請け業者、そして何百万もの消費者に直接的な影響を及ぼす。それにもかかわらず、道徳を著しく欠いた権力が公使されることが多い。利益が唯一の基準なのである。ニュルンベルク裁判の検察官の言葉を引用しよう。「この裁判は極めて重い。いかなる者も、軽卒に、あるいは復讐心から同意すべきではない。被告に課された責任を、自らも深く謙虚に認識しなければいけない。この公訴に笑みは存在しない。そして、憎しみもまた存在しない。」今日、アフリカ亜大陸で乳児向けの調整ミルクの販売キャンペーンに着手しているビジネス界の人々、あるいは、声なき共同体の人々（及び動物）の唯一の住処である森林の伐採を命令しているビジネス界の人々にも、おそらく「憎しみは存在しない」場合が多いだろう。しかし、憎しみの有無に関係なく、結果はやはり悪いのだ……。

「悪魔の化学者」に下された判決は玉虫色のものだった。重役のうち 12 人が囚人の奴隷化と虐待の罪で拘置所に送られたものの、1950 年代末には、戦争犯罪の判決が下った内の 2 人が、大会社の取締役に復帰したのである。だがそれでも、この裁判は今日、人命に関わる影響力を持ったビジネス界の人々への警鐘として生きている。決定における倫理的次元を、決して低く評価しないことだ。

ジレンマ 42　実のならない木

「実のならない」部下は、与えられた金貨で贅沢に遊び暮らしたほうが良かったのかもしれない。そうすれば少なくとも、自分の身勝手さを反省するという道が彼に残されていただろう。例えば聖書〔「ルカによる福音書」〕の「放蕩息子の物語」では、財産相続をした2人の息子のうち、1人は家を継いで財産を賢く使い、もう1人は家から出て、楽しく過ごした。財産が底をつくまで……。放蕩息子は家に戻り、自分の行いを後悔した。家族は放蕩息子の帰還を喜び、優秀な息子がこれまで蓄えた財産を使い果たして、盛大な祝宴を開いたのである。

　聖書の「実のならない木」の物語では、与えられたのは「タレント」（古代東方の貨幣単位で、数ケ月の労働に等しい）である。しかし何れにせよ、これらは個人の技能（神あるいは商人のために良い事をする能力と幸運）を表わす喩えである。

　さらに、この物語は富の産出をめぐる物語とも考えられる。利益は貯蓄するのではなく、賢く投資せよ。それがこの物語の教訓である。マックス・ウェーバーなどの社会学者によれば、プロテスタントによる聖書の再解釈によって、社会は資本主義社会に完全に変容した。富は神による承認、及び美徳に等しいものになったのである。（確かに私自身も幾らか変奏してしまったのだが）聖書では元々、むしろ利子を獲得するために銀行に貯蓄することが説かれていた。この点において、高利貸を大罪と見なすイスラム教との違いは大きい。

　最後になるが、この物語で闇に放り出される者は、悪事遂行(コミッション)の罪ではなく、怠慢(オミッション)の罪で咎められていることも確認しておきたい。

ジレンマ *43* ヨブの運命

　その日、黄昏の星々は暗くあれ。探し求めても光は射さず、夜明けの光を見せることもないように。その日、母の子宮の扉を閉ざさず、私の目から悲しみを隠さなかったのだから。何故、私は胎内で死んでしまわなかったのか。何故、腹から生れ出たときに、私は魂を放棄しなかったのか。(……) 何故、悲嘆にくれる者に光が、苦痛に満ちた魂に生命が与えられるのか。死を熱望しても、死は訪れない。隠された財宝にも増して、死を掘り起こそうとしているのに。(……) 横たわれば、そうだ、いつ私は起き上がるのだろうか。いつ夜は去るのだろうか。私は夜明けまで掻き乱される。私の肉は蛆虫と腫れ物に覆われ、私の皮膚は裂けて膿んでいる。日々は機織(はたおり)の梭(ひ)より速く、望みもなく過ぎ去っていく。(……) 人は女から生まれ、人生は短く、苦悩に満ちている。花のように咲いては、切り落とされる。影のように移ろい、永続することはない。

　ヨブはそう語った。「ヨブ記」は聖書のなかでも最も強烈な印象を与える。西欧社会の「原型的神話」の形成に大きく寄与していると言えるだろう。しかしヨブの物語には、キリスト教の信仰に対する最も根深い哲学的挑戦が含まれてもいる。慈愛に満ちた全能の神は何故、こうも大きな苦難と悪疾の存在を許したのだろうか？

　私の顔は涙に汚れ、目蓋(まぶた)の上には死の影。私の手に不正

ディスカッション　273

はなく、私の祈りは純粋であるにもかかわらず。ああ大地よ、私の血を覆うなかれ。私の叫びを消すなかれ。このようなときにも我々が仕えるべき全能者とは、何なのだろうか。彼に祈りを捧げることで、何の利益が得られるのだろうか。(……)［それでも］神の魂が私の鼻孔の中にあり、私の息が体内に残っている限り、私の唇は不正を語らず、私の舌は虚偽を発しない。(……)［これが偽りならば］小麦の代わりにアザミが、大麦の代わりに雑草が生えても構わない。ヨブの言葉は尽きた。

すると神は答えた。「嵐の中から」。

〔神の言葉を聞いてヨブが悔悟をすると〕兄弟姉妹や知人たちが皆、ヨブのところを訪れ、家の中で彼と共にパンを食べた。主が彼に課したすべての災いを哀れみ、慰め、銀貨と金の耳輪をヨブに贈った。主はここまで行き着いたヨブを以前にも増して祝福した。ヨブには4000匹の羊、6000頭の駱駝、1000のくびきに繋いだ雄牛、1000頭の雌の驢馬が与えられた。(……)この後、ヨブは140年を生き、息子たち、孫たち、それに4世代まで見る事が出来た。ヨブは日々を満喫し、老齢まで生きて亡くなった。

ハッピーエンドである。少なくともヨブにとっては、これ以上、悪の存在をめぐる問題に直面する必要はない。しかし、ヨブとは異なり、(自分自身に過誤が無いにもかかわらず) 苦しみの続く人々にとって、この問題は消えることなく残っている。

ジレンマ 44　贖罪の小羊

　宗教の観点からすれば、「神は人間に○○を行うように欲する」という考えは、何の問題もないことであり、そこに議論の余地はない。（この考えは合理性の彼岸にある。）しかし、「人間は神の欲する○○を行うべきである」という考えは、確実に人間の意思決定の領域にある。「神の欲することを、神は人間に欲する」と表現しても、同語反復になってしまう。これが「エウテュプロンのジレンマ」である。エウテュプロンはプラトンの対話篇『エウテュプロン』に登場し、神々が是認するものは何でも徳があると主張した。処刑される途上のソクラテスだったが、エウテュプロンにこう応じるだけの時間はあった。神々は徳あるものを是認するのだろうか？　それとも、神々が是認するから徳があるのだろうか？　宗教を断固として懐疑したバートランド・ラッセルは平和運動で逮捕されたとき、看守から自分の宗教を尋ねられたという。「不可知論者」と偉大な哲学者は答えた。「どう綴るのか？」と看守。「たくさんの宗教があるが、どれも同じ神を崇拝していると思っていたよ。」ラッセルの信念は、アブラハムとは異なり、もしも私たちが自分自身の理性を捨て、宗教などの権威に依存することに満足すれば、問題が生じるということである。どの権威に？　旧約聖書？　新約聖書？　コーラン？　ラッセルによれば、人間は自分の生まれた共同体が神聖と考える教典を選択し、さらに、「その教典の中から、自分たちが嫌いなところは捨て、自分たちが好きなところを選ぶ。」聖書のなかで最も影響力のある言葉が、「汝、魔女を生かしておいてはならない」〔『旧約聖書』「出エジプト記」〕だっ

た時代もある。ラッセルはデカルトの懐疑精神にならって、こう考える。悪魔が本当に力を持っているとしたら、悪魔が私たちを騙して、実は悪魔の書いた聖書を私たちに受け入れさせているのかもしれない……。これは正に、『旧約聖書』を悪の所業と考えるグノーシス主義の見解だとラッセルは記している。スピノザのように、神の全知全能を真剣に考えるならば、「罪」の概念も捨てなければならない。これは恐ろしい帰結に至るとラッセルは言う。スピノザの同時代人は尋ねた。自分の母親を殺したネロは悪くないのだろうか？ リンゴを食べたアダムは悪くないのだろうか？ スピノザは答えない。

　ゼーレン・キルケゴール（1813-1855）は、アブラハムの物語が倫理の限界を示していると考えた。普通ならば誤っていると考えられることでも、神が命じる限り、それを行うのが正しいと考えよ、というパラドックスがそこにあるからだ。論理的な規則は行為を導くことはできないが、その代わりに私たちは自分自身の「実存」と行為に責任を持たなければならないとキルケゴールは結論する。そうでなければ、あらゆる倫理体系は宗教の教義によって無と化してしまう。そして、厳格なルター派のプロテスタントだったキルケゴールによれば、神の言葉は社会や聖職者などの他者を介することなく、直接、個人が手に入れることができるという。

　（「財産は窃盗である」と唱えるばかりでなく）「神は悪である」と常に唱えていたピエール=ジョセフ・プルードンならば、アブラハムの物語にパラドックスを感じなかっただろう。ことによると、アブラハムはもう少し厳しく自分の良心を追求し、善良なる神は人間の信仰を問うために、罪のない者の犠

性を求めることもあると判断すべきだったのかもしれない。これこそ正に神の所業ではないか。キリスト教の信仰の中心には、結局のところ、神は自分自身の息子を犠牲にしたという考えがあるのだから。

さらに言えば、この物語は単なる「寓話」ではなく、字義通りに真実と考えられている。伝統的解釈によれば、アブラハムは自分の息子を殺すことの「正しさ」を知り得なかったにもかかわらず、正しいに違いないと確信するのに十分な信仰心を持っていたということになる。この物語が聖書において重要な位置を占めるのは、キリスト教は血をめぐる宗教ではなく、信仰心をめぐる宗教であることが、この物語によって強調されているからだ。「マタイによる福音書」がユダヤの人々に説くように、彼らが「救済される」のは彼らの美徳によってではなく、アブラハムという手本に従うことによってのみ。神が命じるならば、人を殺すことは正しい。この物語の教えである……。

ジレンマ45 現代の「善きサマリア人」

もちろん車を止めるべきである。誰かが救助を必要としているのだから。聖書に登場する善きサマリア人も立ち止まり、手を差しのべている。ところが、1992年の事件では、故障車の運転手は銃を抜き、助けに来た男を撃ち、彼の車を盗んだのである……。「善きサマリア人」は過去の話になった。現代の「善きサマリア人」は決断を間違えたのだろうか？

もちろん現代においても、危険を知りつつ他人のために尽くす「善きサマリア人」のような人が幸福になる物語も沢山あるとはいえ、近年、努力が報われない事例も少なくない。

確かに、アメリカ合衆国の高速道路の例は極端である。それに聖書の物語においても、サマリア人は傷ついた人を助けるのに負担がかかっている。しかしそれでも、ひょっとすると最近、人間性は悪くなっているのだろうか？

イスラム文化に伝わる「悪しき隣人」の物語を考えてみよう。善良な家族が質の悪い隣人たちに悩まされている。現代風にアレンジして言うならば、隣人たちは垣根にレイランドヒノキを鬱蒼と茂らせ、昼間は絶えずテレビを大音量で観続け、夜間は絶えずディスコ音楽を流している……。善良な家族は厄介な隣人たちに一度、二度、そして三度、近所のことをよく考えて欲しいと頼んだが、その度に、無礼な言葉を投げつけられるばかりで、全く申し出を聞いてもらえない。そこで善良な家族は、預言者に助言を求めることにした。「今度また隣人たちが反省しなければ、自分たちの家具をすべて運び出し、道に置いておきなさい」と予言者。どういうことだろうか？「人々はそれを見て、理由を尋ねてくるだろう。そうしたら、こう説明すればよい。隣人たちのせいで、私たちはもう家で幸せに暮らすことができない、と。隣人は大いに恥ずかしい思いをするだろうから、夜には家具を部屋に戻すことができるだろう。」

このイスラムの伝統的物語では、質の悪い隣人たちが最初に表に出てきて、善良な家族に家具を家の中に戻すように頼み、素直に謝罪することになっている。しかしながら、これは今日ではとても考えられない筋書きである。共同意識の遥かに強い伝統社会では、それも有り得たのかもしれない。現代の都市ならば、道に出された家具は夜中に盗まれ、朝には無くなっているに違いない。あるいは、叩き壊されているか

もしれない……。質の悪い隣人たちは、それを見て笑っていることだろう！

デイヴィッド・ヒュームは偉大な友人アダム・スミスやジャン゠ジャック・ルソーと同じく、人間は同胞に対して好意的な性質を持っていると信じていた。(トマス・ホッブスは正反対の意見を持っていたが、それでも3対1……。)人間は何かしら自己愛(これは非常に重要で必要なもの)を備えて生まれてくるが、他人への愛も存在する。社会を成立させているのは、他人に対する「思いやり」(あるいは、アダム・スミスの言う「共感」)だと言うのである。反対に「悪は共感の欠如である」と、ニュルンベルク裁判の心理学者G・M・ギルバートは語っている。しかし聖書の物語も示すように、自己利益に比べて共感は何と弱い力なのだろうか。そしてまた、第3の力である「無関心」を忘れてはならない。ヘレン・ケラーが『わたしの宗教』(1927)〔『ヘレン・ケラー 光の中へ』〕に記しているように、「ほとんどの悪に対する治療法を科学は発見したかもしれないが、あらゆる悪のなかでも最悪なものに対する解決法は発見していない。それは人間の無関心である。」

実のところヒュームは、善悪の間に事実上の相違は存在せず、行為に対する異なる感情的反応が存在するのみと考えていた。感情的反応が私たちの行動を決めるのである。例えば、傷を負って道に横たわっている人の姿を見れば、私たちは心配するかもしれないし、恐怖を感じるかもしれないし、無関心でいるかもしれない。最近行われた爆撃を耳にして、私たちは怒りを覚えるかもしれないし、「大義」の一撃と賞賛するかもしれない。爆撃されて亡くなった人々の死体に直に接

し、親族の悲しむ泣き声を聞けば、私たちの「感情的」反応は、もっと深いところから生じるだろうし、もっと倫理的なものになるだろう。

「道徳的実在」の正体を暴いたのはヒュームが最初でも最後でもなかった。この「現世の神」を倒す試みは、絶えず繰り返し行われてきた。そして、その都度、新しい試みと賞賛されてきた。20世紀初頭には、「ビクトリア朝の価値」の拒否として再燃している。『道徳観念の起源と発達』(1906)のエドワード・ウェスターマークは、社会を「人間が正誤の区別を学ぶ」一種の学校と見なしているが、その学校では、「校長が習慣であり、全員が同じ授業を受けている。」道徳判断の「客観的実在」は「キマイラ」〔頭がライオン、胴はヤギ、尾はヘビ〕のような怪物であり、「道徳的真実」のようなものは存在しない(と彼は論じる)。「道徳的真実の究極の根拠は、道徳概念は感情に基づいているということであり、感情の中身は丸ごと、真実というカテゴリーの外部にある。」ウィトゲンシュタインの言うように、

> 倫理や宗教について書いたり話したりするのは(……)、言語の限界に背くことである。我々の牢獄の壁から逃れようとするのは、全くもって絶対に希望がない。人生の究極の意味、絶対の善、絶対の価値について何かを語ろうとする欲望から生じる限り、倫理学は科学ではあり得ない。そのようなものは、いかなる意味においても、我々の知識を増やすことはない。

しかし、たとえそうだとしても(ウィトゲンシュタインが珍

しく居心地悪そうに付言するように)、「人間の精神の中には、確かに或る傾向が存在し、私は一人の人間として、それに深く敬意を抱かざるを得ない。私は一生涯、それを軽視することはないだろう。」

ジレンマ 46　乞食のラザロ

私はこの物語が好きだ。ほとんどの宗教的物語がそうであるように、この物語も非常にスパイスが効いている。「永遠に」罰せられればいい*と思うような不愉快な人間に、私たちは何人出会った（あるいは耳にした）ことがあるだろうか？　他方、私たちは何度、乞食の前を通り過ぎたことがあるだろうか？　乞食を助けようと立ち止まろうと思うことは少しもなく……。確かに「乞食のラザロ」の物語は、ジレンマ1の「救命ボート」の問題に新しい視点を与えてくれる。〔人間の犠牲になっている動物を解放するべきだと唱える〕ピーター・シンガーや、第三世界の飢えた子供たちはアブラハムの腕にかかえられ、「救命ボート」のシナリオを考えた「近視眼的な」ハーディンは業火に苦しめられるのだから。

* 「聖人の幸福をより喜ばしいものにするために（……)、聖人は永遠の断罪を受けた者の苦しみを見ることが許されている。（……）聖人は呪われた者の懲罰に歓喜するだろう。（……）聖人は喜びで満たされるだろう。」(聖トマス・アクィナス)

実のところ、「ラザロの乞食」の物語が説得力を持つのは、乞食が余りに哀れで、救いがないからである。そして明らかに、「金持ちの男」は乞食を助ける余裕があった。したがって、その意味では、助ける余裕のない「救命ボートのシナリオ」とは全く異なる。

「ラザロの乞食」の物語の現代版に相応しいのは、難民を収容する施設という大きな問題である（これは「善きサマリア人」の物語にも対応しているだろうか？）。2001年、大勢の難民を乗せた船が南太平洋に沈んだ。インドネシアから出航したばかりだった。ノルウェーの船が難民の船のSOSに応えて、人々を船に引き上げた。難民たちはインドネシアに戻りたくないと主張し、近くのクリスマス島へと運ばれた。オーストラリアの領土である。難民はそこに収容施設を要求することができる。ところが、これを聞いたオーストラリアの首相は、難民の船が島の近くに来るのを妨げるように海軍に命じた。オーストラリアはすでに十分過ぎるくらい、難民を受け入れているというのである。首相はノルウェーに受け入れる責任があると提案したが、そうなれば今後、海で溺れている人を助けるのも躊躇（ためら）われるとノルウェー政府は指摘した。怪我や病気に苛まれ、何れにしても悲惨な難民たちは、貨物船の上の箱の中に放置され、指を浸し、舌を冷やす1滴の水も与えられないまま、太平洋の暑い日照りに苦しめられることに……。彼らを苦しめた人々がいつの日か、彼らと立場を交替することになるのかどうか。もちろん、それを知る由（よし）もない。

　すると教訓は？　美徳それ自体で報われるわけではない。

ジレンマ 47 & 48 「猿罪（えんざい）」

　動物はあらゆる重要な点において私たち人間の「先生」なのだから、動物より人間が優れていると主張するのは馬鹿げていると、古代のデモクリトスはすでに論じていた。例えばクモは織物の先生、ツバメは建築の先生、ナイチンゲールは

歌の先生である。しかし、(社会的・政治的な権利ではないにせよ*) 動物が実質的な「権利」を持っているという考えが哲学の問題の場所を占めるようになったのは、比較的最近のことにすぎない。『大型類人猿の権利宣言』(1993) を発表したピーター・シンガーとパオラ・カヴァリエリ以後と言うこともできる。最近では、動物の権利を説くアメリカの法律家スティーブン・ワイズが、チンパンジーとボノボは人間と同じ基本的な法権利を持つべきだと論じて、裁判を起している。チンパンジーの保護区を設けながら世界を旅する、チンパンジー学者ジェーン・グドールと共にワイズは、チンパンジーやボノボは感情を持っているだけでなく、理性的思考をすることもできると論じるのである。そう考えると、そもそもダーウィンが述べていたように、動物と人間との違いは「程度の違いであり、質の違いではない。」

*ただしニュージーランドでは、もう少しで動物の権利を法律に記すところまで行ったことがある。

事実、私たち人間はチンパンジーと 99％、同じ遺伝子を受け継いでいる。数万あるいは数十万の遺伝子のうち、ほんの数百の遺伝子が、人間とチンパンジーを分つのである。(さらに言えば、人間の大半の遺伝子はミミズや魚、そして植物とさえ同じものである。) そして、チンパンジーはコンピュータ・スクリーンを使った迷路ゲームを学ぶことも、人形を世話して遊ぶことも、自分の顔を鏡に映して楽しむこともできる。蜂の巣から蜂蜜を採取するために棒を使うこともできるのだから、未来の計画を立てることも、ある程度できるのだろう。ある研究グループはボノボに約 3000 の単語を教えたと発表している。また、ボノボは人間と同じ特殊な能力を持

っている。ボノボはキスを含め、性愛を楽しむことができるのである。

チンパンジーは人間の子供、あるいは（大人のようには話をすることのできない）重度の障害者と同程度の能力を持っている以上、「完全な自由の権利」ではないにしても、少なくとも「尊厳の権利」を与えるべきではないだろうか。自らの生活環境を「選択する権利」を含め。それがスティーブン・ワイズの言い分である。チンパンジーを何の地位もない「物体」と同じように扱うべきではない。ダーウィンはさらにそれ以上のことを述べている。

> 以下の命題は、私には間違いがないように思われる。親子関係を含め、社会的本能を備えていることが明らかな動物はどれも必然的に、道徳の感覚あるいは意識を獲得している。（……）動物には知性の限界しかない。言語ではなく共感が、社会性を獲得するうえでの鍵である。そして、道徳のかたちは、進化生物学が論証してきたように、集団の必要によって決まるのである。

確かに多くの動物は社会的行動をする。例えば、ヒヒは岩石の下に生息する昆虫を食べるのが好きだが、何匹か一緒になって大きな岩石をひっくり返し、採集した昆虫を共同で食べる。ペリカンが年老いた盲目のペリカンに餌をやっているのを見たという旅行者も１人ではない。他の鳥や魚のなかにも、それと同じことをする種類がいる。馬や牛はお互いの体をそっと咬んだり、舐めたりしてダニを取り除く。猿はお互いの毛からトゲを抜き合う。

私たちの道徳世界から動物が除外されてきた最大の原因は、動物は話をすることができないからだろう。チンパンジーは単純な言語を使うのを覚えることがあるが、ここでのように裁判所で弁論することはできない。少なくとも、アルバートの「情熱的」な最終弁論はあり得ない！　しかし、仮にチンパンジーが本当に弁論をしたとすれば、適切な対応は何だろうか？　「私たち」人間と「彼ら」動物の区別を「免罪符」として持ち出して、種々の動物虐待を正当化し続けることが果たしてできるのか？

　現在でもチンパンジーやボノボは銃で撃たれ、拉致されている。食べられることもある。アメリカ合衆国では、いまだに実験や生体解剖に使うことが許されている。英国では1996年以来、非合法化されているのだが……。

ジレンマ 49　人生は不公平

　トーマスはこれを下らない理屈と思ったかもしれないが、「美徳理論家」たちはアリストテレスの議論を非常に真剣に受け止めてきた。ただし、プラトンの『メノン』では、ソクラテスはメノンに同意していない。まずソクラテスは（またもやアリストテレスとは一致しないのだが）、立場によって異なる美徳には関心がないと言う。ソクラテスが探求しているのは、美徳のすべてに共通する特徴、すなわち最高位の美徳を規定する性質なのである。

　ソクラテスとメノンが議論するうちに、メノンは迷い始め、自分は「美徳」について結局のところ何も知らないと認めた。そこでソクラテスは議論を主導し、意見を述べた。もしも「美徳」が特別な技能あるいは知識の一種ならば、それを教

えることができるはずである。誰も「美徳」を教えることができないようならば、誰もそれを持ち合わせていないのであると、ソクラテスは結論した。

しかし、ソクラテスには考えがあった。普段とは違い、彼はそれをストレートに披露した。第1にソクラテスは、美徳は中庸の知識を含んでいると述べた。プラトンの記述によれば、ソクラテスはこう説明したという。過剰な勇気は蛮勇であり、危険な過信にすぎないように、過剰な美徳はすべて悪徳になる。したがって、美徳はすべて知恵によって導かれる必要がある、と。「要するに、人間の精神が行なうことすべては、知恵によって導かれるときには幸福に至るが、愚劣によって導かれるときはその反対になるのです。(……) 要するに、美徳が何か有利なものになるためには、知恵の一種にならなければならないのです。」したがって、正しいことをすることが、まさに知恵の最高のかたちなのである。

そして、ソクラテスは議論をこう結んだ。賢く見えるために、そして、幾つかの点において成功するために、知識を持っている人がいる。だが、彼らは解決に至る道のりを本当に理解することなく、問題の解決を学んだ人のような存在であるにすぎない。彼らは知識があるように見え、成功することも多いかもしれないが、善の本質について深く知らないのである。

ちょうどジェームズ、サマンサ、ブレーンのように！

ジレンマ 50　子供っぽい自己主張

クック夫人はトーマスの「誤り」を立証していないにもかかわらず、それが非難されて当然の「誤り」であると決めこ

んでいる。トーマスが発したラテン語「Petitio principii！（説明ガ必要ナ原理ヲ証明シテイナイ！）」が指摘したのは、まさにその点だ。確かに、これは倫理学の論争において、よく見られる過ちである。しかし、実のところトーマスはカントに関心を持っている（毛むくじゃらポパーや海賊フレデリックの本はすべて読み終わり、目下のところ就寝前にカントの本を読むのを好んでいた）。自分が挙げた条件をすべて考慮に入れるならば、自分は間違っていなかったと「世界」の全員が同意するのではないか？　他の誰であっても、自分と全く同じ状況に置かれたならば、キャンディーを取っても反対されないのではないか？　トーマスはそう思っている。（幸運にも、他の誰もトーマスの行為を見ておらず、目撃者がいる可能性は非常に低いようだ。）自分が望む通りに「普遍」を正確に定義しておけば、何をしても「普遍」になると、トーマスは考えている。彼は劣等生の集まる教室の片隅で、小声で不平を漏らす。「あれは公平ではない……。行為の功利主義と規則の功利主義の区別は存在しない*！」

　*規則の功利主義は「全員の利益のために」規則を選択しようとする、学校のクラスで称賛されるような立場である。行為の功利主義は快楽の最大化を唯一の基準と認める、無政府主義の響きがする立場である。

　哲学者ジェームズ・レイチェルズが単なる「自分主義(ミーイズム)」と呼ぶもの（他人を差別することにもなる、良くない自分主義）をトーマスは見せているにすぎない。しかし、彼はそれを知らない、あるいは気にしていない。

トーマスの教育哲学の断片。あるいは、ボラード先生の教育

哲学?

 ジャン・ピアジェ (1896-1980) に顕著だが、子供の発達を幾つかの段階に分ける哲学者がいる。例えば、ある「前論理的」な段階の子供は、水が細長いグラスから大きな太いグラスに移されるところを見ても、水が減った、水がいくらか消えたと考える。この段階の子供は、倫理的決定においても非合理性を示す。サマンサは通学途中で自分の本がたくさん入った手さげカバンを偶然無くしてしまい、「ブレーンズ」は故意に数学の本を1冊捨てたとしよう。多くの子供たちは、サマンサの方が悪いに決まっていると言うだろう。サマンサの方が多くの本を無くしたからである。この段階の子供たちは意図ではなく、結果に関心を持っている。しかし、これはどれほど非合理的なのだろう？ ことによると、子供たちは両親から態度を学んできたのである。

 ピアジェの発見によれば、幼児はゲームの規則に神秘的性質があると考えている。そのため規則は変えることも、挑むこともできない、と。(ただし、幼児は自分自身の利益のために、臆することなく規則を無視するのだが。) この年齢にして子供は、何をするのが正しく、何をするのが間違っているのか、その結果を功利主義的に比較して決めている。例えば、意図的にコップを1つ叩き壊すよりも、紅茶一式を乗せたお盆を偶然落とすことの方が悪いと考えるのである。そして、「大きく」間違った行為 (例えば、紅茶のお盆を落とすこと) は厳しく罰せられるべきだと考える。幼児は罰が「神聖」であることを非常に喜ぶものだ。悪いことをしたサマンサは、火刑にならないとしたら、犬に食べられてしまうだろう……。刑罰が残酷になればなるほど、幼児は安堵するのである。

もう少し成長した子供たちは、規則とは人間が作ったものであり、変更可能であることを理解するようになる。しかしながら、子供たちは規則に全員が同意しているかどうかを重視する。また、この段階の子供たちは、自分自身への適用も含めて、規則の適用に執心するようになる。年長の子供は結果のみならず、意図も非常に重要だと主張する。そして、罰則には構築的・改良的役割があると見なす。そのため、罰則は犯罪に釣り合う、適切なものであるべきである、と。

　心理学者ローレンス・コールバーグは子供の道徳的発達を研究する目的で、幾つかの恐ろしい物語を考案した。その一つは、妻を癌で失いかけている男の物語である。男は妻を救う薬を手に入れるために、あらゆることを試みた。そして、今や自暴自棄になった彼は、薬を盗む計画を立てた。これは正当化されるだろうか？　コールバーグによれば、子供は段階を経て発達していくという。「前道徳的」段階では、罰を避けるために行動が決定されているにすぎない。続く「快楽主義的」段階では、個人にもたらされる快楽によって行動が正当化される。次の段階はコールバーグが「良い子」段階と呼ぶ段階であり、他者を喜ばせたいという欲望によって行動が規定される。これは後に洗練され、他者の「期待」に応えるという、義務感の一種になる。第5の段階で、個人は良心の命令に従うようになる。そして第6の段階で、「普遍化可能な道徳原理」を持つ。道徳哲学者たちを彼らの道徳的立場に基づいて、コールバーグの類型に分類すると、子供のために非常に良い練習になるだろう。当然、シンガーが下、カントが上に分類される。

ジレンマ 51 　金持ちのジレンマ

　途方もないくらい裕福な場合、お金をどう使ったら良いのだろう？　これは抜き差しならない問題だ。ジレンマ 40 にも登場したジョージ・ソロス（英国通貨のポンドに対抗した投機でも有名な億万長者の投資家）は、そう思っていたに違いない。ソロスは哲学書を書こうと望んでいたほどである。「本当の私は瞑想にふける私である」と彼は切なく記した。あの愛すべきお金は、彼にとって重荷以外の何ものでもなかった。ソロスの解決法は合同企業や基金を立ち上げて、お金を使ってしまうことだった。例えば、セルビアに包囲されたサラエボ市民への基金。旧ソビエト連邦の新しい共和国への基金。哲学の大学院生への基金（見返りに彼は自分の哲学を聴いてもらえる）。しかし、ソロスは真の哲学者ではなかった。もしそうだったならば、経済学者ソースティン・ヴェブレンが 19 世紀末に書いた言葉に目を留め、思考を深めたことだろう。ヴェブレンが「有閑階級の理論」と題された論文において明らかにしたところによると、非常に裕福な人々にとっては、たんにお金を消費するだけでは十分ではない。お金は使い切らなければならないだけでなく、「浪費」されなければいけないのである。

　ヴェブレンはこれを新しく、「見せびらかしの消費」［「衒示的消費」の訳語もある］と呼んでいる。気の毒なメガバックスが苦しみながら行っていたことである。今よりも単純な時代には、結局のところ人々は見せびらかしの無駄な浪費に感銘を受けていた。シャルルマーニュ皇帝が手袋を 800 組も購入したとか、英国の貴族がトイレでお尻をふくのに羊皮紙を手でちぎって使っていたとか、犬の食事を銀の器に入れて出

していたとか……。しかし現代の金持ちは、ヨットや自家用飛行機や島を購入するぐらいでは、ゴシップ記事に取り上げられて得た臨時収入どころか、談合の賄賂を使い切ることもできない。

それならば、お金を燃やすのも理解できるような……。そもそも、彼は間違っていると誰が言い切れるだろう？　貧しい家族が生存のために使うより多くのお金を、私たちの多くは自動車をピカピカにしておくために、こぎれいな車庫に入れておくために使っている。国連の計算によると、世界の大多数の人の財産の5倍を、西洋人は牛1匹に使っているという（しかも、それは牛を幸せにするためですらないのである！）。それにもかかわらず、私たちは無駄な買い物をするのに余念がなく、しかも、買い物は欠かせないと言い張っている。

この愚かさは余りに明白なのだが、それでも私たちはこう考えようとする。自分が恵まれた地位にあると理解できる人が、彼ら（私たち）のなかにどれほど存在するかは別としても、仮に過剰にお金を持っている人がいるならば、他人を助けるためにその余ったお金を使えば、簡単に物事は上手くいくだろう……。

メガバックスは学校に楽器を寄付することもできるだろう。貧しい才能あるミュージシャンのために学校を創立することもできるだろう。利益を自分の経営する会社に還元して、100人の社員を新しく雇うこともできるだろう。あるいは、古いレコードをリサイクルして細かく砕き、庭に置く椅子だろうと何だろうと、役に立つものに作り替える資金を出すこともできるだろう。ところが、メガバックスも無駄使いを選んだ。私たちが皆、そうしているように……。花を植えるこ

となどに贅沢をしていると言うかもしれないが、これもまた私たちが皆、多かれ少なかれしていることだ。それすら禁止されるなら（実際に禁止しようとした社会はあるが）、人間の幸福の総計は増えることなく、一気に小さくなってしまうだろう。裕福な人々が財産を享受するのを見るだけでも、人々は何か目指すもの（羨望の対象）を与えられるのだから。

　財産が「不足」している人々を助けること。あるいは、生活の基本は満たされているならば、あとはその質を向上させること。こうして財産の共有を図るという伝統的な道徳原理は、それほど明白に共有されている原理ではない。哲学者たちのなかには、明白であることを信じさせようとする者もいる。例えばピーター・シンガーは、幸福の最大化を計算することは可能かつ必要であると論じている。彼によれば、人間がその計算の結果を実現することに失敗するならば、それは怠慢あるいは弱さにすぎないという。しかし、あいにくのところ、幸福の最大化を支持する功利主義を採用する場合でさえ、自己中心的で無責任なことにも、お金を使う自由を認めるという一般規則を必要とするだろう。（あるいは、近親者の生命維持のために惜しみなく財産を投げうつ場合のように、無責任とは言いがたいことにもお金を使う自由。自分の倫理体系に反して、彼自身もそうしたことを行っているとシンガーは認めている。）

　ジョン・ステュアート・ミルは19世紀、福祉主義の安易な単純さに反対してこう書いている。「援助のすべての場合において、考慮すべき2つの結果がある。援助の結果と援助に頼ることの結果である。前者は概して有益であるが、後者はたいてい有害であり、利益を台無しにすることが多い。」

メガバックスと同じように、ミルも慈善の行為を低く見ているのである。「第1に、慈善はたいてい常に過剰か過小である。ある場所では援助を惜しみなくするが、別の場所では飢えている人々を放置したままにする。」しかし、たとえそうであっても、「政府は自活できない人々に保障を提供する義務がある。これは単に、論理の問題である。」なぜだろうか？「政府は貧しい犯罪者にも拘留中は、生活物資を提供しなければならない以上、犯罪者ではない貧しい人々にも同じことをしなければ、犯罪を奨励しているに等しい」からである。

それならば、メガバックスも他人を援助するために自分のお金を使う義務があるだろうか？ ミルにとって「義務とは、借金を取り立てるように、人から引き出すことができるものである」が、メガバックスに借金はない。私たちは任意の個人に対して徳を施す義務はない以上、誰も寛大さや好意を要求する道徳的権利を持っていないとミルは主張する。「任意の個人というわけでないにせよ一般的に人間は、為し得るすべての善行を要求する権利を持っていると道徳主義者は考えようとする。そして、この仮説からすぐに、道徳主義者は正義のカテゴリーに寛容さと慈善を含めてしまう。ところが、道徳主義者ならば私たちの最高の努力は同胞に与えられるべきだと言わざるを得ないが、それは同胞に負債を追わせることにもなるのである。」

むしろミルは、あらゆる人間の価値を尊重する必要を認識していた。そのためには、個人の自律性を高めること。そして、自分自身の目標を達成する方法や手段があると保障することが重要である。（したがってミルは今日、中道的な「第3の

道」[cf. アンソニー・ギデンズ『第3の道——社会民主主義の刷新』]の社会民主主義者に非常に人気がある。)しかし、ミルは大多数の政治家と同じく、利権の獲得を本心では求めていたのである。また、ミル以上に、あらゆる社会的義務を否定する思想家もいる。よく知られるように、フリードリヒ・ニーチェは道徳を罪悪感に由来すると見なして嘲笑していた。強者・成功者に対する弱者・劣等者の復讐心の一部が道徳にすぎないと論じたのである。著書のなかでニーチェは、むしろ責任を負わない個人を賞賛している。そのような個人は「不細工な者や醜悪な者」に義務を感じることなく、弱者を搾取、侮辱、奴隷化する。「破壊のなかの喜び」を見出し、他人の苦痛に対しては軽蔑以外に何も持たないというのである。

　こうなると、メガバックスのフラワー・フェスティバルのアイディアも、おそらくそれほど悪くはない……。

ジレンマ 52　美の罠

　アメリカ合衆国では、教育や公共事業よりも「美容」に多額のお金が費やされている。ブラジルなどの国々では、化粧品を売る「エイヴォン」レディーたちの「軍隊」は、普通の美しくない軍隊よりも巨大で数も多い。「美容」産業は広告を通して公然と商品を生産し、販売を展開する。映画、テレビ報道、ポピュラー音楽、さらには最近では政治、スポーツ、ビジネスなどの「現実世界」で成功するか失敗するかは、「美容」において成功するか失敗するかにかかっている。

　しかし、キリスト教の倫理に影響を受けている社会では、美容の「明らかな不義」に対する大きな抵抗がある。美徳や尊厳などの進歩的概念よりも美容が優先される「非道ぶり」

に対する抵抗である。人間を外見でランクをつける価値観には、事によると、バーディが不平を言っていたように、発生学的な起源があるのかもしれない。生殖能力を潜在意識が計算する……？『なぜ美人ばかりが得をするのか』のナンシー・エトコフによれば、「美」は見る人の観点によって異なるというよりは、異文化を横断する現実であるという。彼女はその証拠に、自分とは異なる民族・文化の人間であっても、いかに間違えることなく魅力のある順番にランクをつけることができるかを示した、数多くの研究を挙げている。

ランクづけが可能な理由は、進化の長いプロセスのあいだに、最も「繁殖力のある」パートナーを見分けるようにプログラムされたからである。男性が「砂時計」のように腰のくびれた女性を探すのは、その女性が出産するのに十分な成熟した年齢に達していると同時に、まだ妊娠や授乳を経験していない若い年齢の女性である確率を最大にするためであるという。パーティーでウルフィにばかり注目していた「ビッグ・ジョン」は嫌な男ではないと、エトコフは言うだろう。それに何だかんだと言っても、多くの女性が探し求める男性はアゴがしっかりしていて、身長が高く、色黒でハンサムな男性ではないか……。そうした男性的魅力は、育児を助けてくれる能力も表しているというのである。

エトコフは「最も美しい女性は金髪のアメリカ女性である」とは言わないが、それにかなり近いところを述べている。「紳士は金髪がお好き」〔ハワード・ホークス監督、ジェーン・ラッセル、マリリン・モンロー出演、1953年公開の映画のタイトル〕、そして、男性は色黒よりも色白の肌を好むようにプログラムされていると彼女は論じるのである。また、男性は

「毛深い」女性を好まない……と。女性の性質の詳細に構うことなく（！）、エトコフは『プレイボーイ』誌のモデルの金髪に注目する。アフリカ、アジア、南アメリカの女性は言うまでもなく、古典的なブリュネットの髪の女性さえ問題にしない。同じようにしてエトコフは、しなやかで筋肉質の肉体が自然の嗜好であると主張している。ルネサンス絵画に描かれた「理想郷（アルカデイア）でのお楽しみ（ピクニック）」の場面！　ほとんどの場所や時代において、豊満で優雅な女性が見た目に愛らしいと考えられてきた証拠ではないのか……。美は進化のメカニズムの本質であるのみならず、社会的・政治的生活に不可欠である。プレイン家の試みのように美の力を無視することは、押し寄せる海の波に向かって、「引き戻せ！」と命じ、波を私たちの意志に従わせようとするようなものではないのか……。「美しい生活を送り、美を快楽の領域に戻すことが、21世紀の文明の課題である」と彼女は書いている。

　しかし、魅力あることは美しいことと同じではない。おそらくこれがナンシー・エトコフへの反論、そしてバーディとウルフィにとっての最高の希望になるだろう。もちろん魅力と美は色々な割合で混じり合っているが、2つを同じものと見なすのは哲学にも科学にも反する。ナンシー・エトコフはその過失ゆえに哲学者ではない。彼女は「臨床心理士」であるが、その議論には小さなごまかしが含まれている。「魅力」を「美」にすり替え、さらにこれを「最も繁殖力がありそうな外見」にすり替えているのである。

　化粧やダイエットに絶えず心を奪われている女性は、「美しい体」を崇拝する「カルト宗教」に騙（だま）されているのではないか。男性もまたこの宗教の犠牲者である。「6つに割れた

腹筋」を何とか手に入れようとする最近の傾向を言っているだけではない。この宗教のために、男性はありのままの女性と関係することができないのだから。（なお、自分は本当は男性だと考えている女性や、本当は女性だと考えている男性は、この「肉体の罠に捕らわれた」尺度の極限にいる。）美しい自分の肉体のなかに閉じこめられている間は、自分自身でいることができないことを発見したウルフィと同じである。

知覚の重要性を論じたメルロ゠ポンティは、身体は「世界への視点を形成」し、「私たちの意図の目に見える形」であると論じながら、「身体の自己像」を彼の哲学の中心にしっかりと置いている。この自己像が歪んでしまうと、その帰結は深刻である。食欲不振、不安、ストレス、低い自己評価、セクシャルハラスメント、近親相姦、強姦にさえ至る……。おそらくプレイン夫人に（娘の名前をつけるときにも）影響を与えたナオミ・ウルフは『美の陰謀』において、歴史のなかで称賛されてきた美のタイプは複数あることを論じている。「ある時代が女性に見出す美の性質は、その時代が望ましいと考える女性的なふるまいの象徴にすぎない。」私たちに必要なのは、「外部から身体に入ってくる刺激のたんなる結果を知覚と見なす学説に逆らって、精神の根本を身体と世界のなかに再構築すること」だと言うのである。これに従えば、ウルフィとバーディを助けることもできると考える人もいるだろう。

しかし、時代に左右されない美の根源のようなものはないのだろうか？　もちろんそれは、女性の哲学者ディオティーマがソクラテスに述べた「美の形式」のように、人間の女性に特有のものではなく、男性や全自然のなかにも見出される

性質だろう。『饗宴』のなかでソクラテスは一度、哲学の議論で負かされた側になったことがある。「あなたが美しくないとしたら、あなたは醜いに違いない」とソクラテスが述べたところ、ディオティーマはその「中間」もありうると論破したのである。ある物事の真実を確信し、正しく信念を抱いていても、その物事を確実に知らないことがある……。このような人物は無知でも有識でもなく、その中間にいる。彼女はソクラテスにそれを思い出させた。

ジレンマ 53　良き人生
「中道」を見つける必要がある。シッダールタ（ブッダの名前のほうがよく知られている）は決心した（そう、彼がブッダなのだ！）。「中道」とは世界をありのままに受け入れる道であり、世界のなかで何かを求めて格闘することではない。シッダールタは「4つの高貴な真実」を書き出した。

1　人生は苦しみに満ちている。
2　苦しみは心配と渇望から生じる。
3　渇望が止めば、苦しみは消える。
4　高貴な「八道」に従うことによって、渇望に打ち勝つことができる。

　最後の点については、「正しい思考」、「正しい弁論」、「正しい努力」に関する熱心な教えに満ちた一種の「美徳の倫理」のプログラムと思えばいい。しかし、その究極には仏教に特有の新たな目的である「涅槃（ニルヴァーナ）」があり、これが仏教に神秘的性格を与えている。「涅槃（ニルヴァーナ）」とは、人間が完全な平

静、平和、眼識を達成する心の状態のことである。

仏教は「宗教」というよりは、むしろ実践的な人生哲学であると考えられている。ギリシア哲学と中国哲学には多くの共通した思考が見られるが、それもそのはず、2つは人類の歴史においてほぼ同時代に花咲いたのである。従うべき「戒律」は外的権威を伴う規則というよりは、精神的実践のプログラムであると現代の仏教徒は強調する。その一人、サンガラクシータはこう記している。道徳は「知識や洞察の問題であるとともに、善良な意図や感情の問題でもある。(……)道徳的な人生は、私たちの内にある最善のものにしたがって、いかに行動するかという問題になる。すなわち、私たちの最も深い理解や洞察、私たちの最も広く最も包括的な愛や思いやりから行動するということである。」

かたや仏教徒にとって人生で最悪なのは、人生の目的を目指すことさえできないことである。シッダールタが告げるように、私たちは永遠に生まれ変わる存在であり、前世で果した行いの倫理的価値に応じて、人間社会と動物王国の両方の「階梯」を上下する。仏教徒はピタゴラスのように、動物の苦しみのなかに「祖先」の受難を見る。「涅槃(ニルヴァーナ)」を達成した人間だけが、ついに真実と美の王国へとその身を解放されるのである。

東洋の教えに従うならば不幸なことに、最高のものは男性にだけ許されている。「涅槃(ニルヴァーナ)」は女性のためのものではない。女性が非常に勤勉に働いても、男性に生まれ変わる希望を持つことができるにすぎない。そして、男性になってから「涅槃(ニルヴァーナ)」を目指すのである。ただし、女性にも平等に与えられていることがある。女性の苦しみは、男性が経験する苦

しみと同じ種類のものである。これで少し女性の地位は向上。そしてもちろん、動物には著しく向上した倫理的地位が与えられている。

仏教のなかには、「形相」の世界を探求するプラトン、知性を重んじて物質世界を軽視するソクラテス、有徳の人生を勧めるアリストテレス、そして何よりもストア派のライフスタイル全体が反響している。ゼノンやクリュシッポスなどストア派の哲学者は、真に「善」である唯一のもの、人生において所有する価値のある唯一のものは美徳である……したがって、他のものはすべて道徳的に無価値であり、完全な無関心をもって迎えるべきであると考えていた。

ストア派の熱心な信奉者だった古代ローマの哲人マルクス・アウレリウス（121 - 180）は、ストア派のアプローチをこう要約する。「あなたを悩ませるすべてのことは、あなたの態度次第であるにすぎない。あなたの態度を変えること。そうすれば、船が港に入るときのような静穏を見出すだろう。すべては安らかで落ち着いたものになる。静穏な湾が暴風雨や大嵐からあなたの身を守り、あなたはそこで平和に休むことができるだろう。」

仏教が生活に実際の洞察を与えてくれるかどうか、それはまた別の問題である。

ジレンマ 54〜57　監視の権限

民主主義者である「デモクラティア」の大臣たちは個人のプライバシーの観点から、監視による法規制や安全（セキュリティ）の強化（あるいは、市場のより円滑な作動から得られる社会的利益）のコストを比較考慮する必要がある。自由の代償として監視を

行うならば、監視の代償が自由のなかから払われることにもなる……。永遠のジレンマ。

　社会を巧みに管理する手段として監視の価値を高めた哲学者は、功利主義の「父」と呼ばれるジェレミー・ベンサムである。彼こそ「パノプティコン」(一望監視装置)の具体的プランを作成した人物なのである。「パノプティコン」という円形の建物を用いれば、多数の人間の行動の監視やコントロールを、たった1人の「監視人」によって行なうことができる。ベンサムはこの装置を監獄に最適と考えていたが、この「パノプティコン」(あるいは「監察ハウス」)は、人々を「監察のもとに」置き続ける必要のある、あらゆる種類の施設にも適用することができる。ベンサムが例にあげたのは労役施設、救貧施設、老人・障害者の労働施設、隔離病院(ラザレット)、工場、病院、精神病院、そして学校だった。
(隔離病院(ラザレット)とは、それにしても気の利いた名前！ [→ **ジレンマ46の乞食のラザロ**])
「監察の権力」の効果はベンサムの述べるように、相当に包括的である。「道徳の改善、健康の維持、産業の活性化、指令の普及、人々の負担の軽減、経済の安定化、断ち切られていた貧民法の難問(ゴルディオスの結び目)の結合！」

　ベンサムは熱心にプランの詳細をつめていく。

　　普通は必要とされるだろうが、警告の声を発する面倒を取り除くために、そして監視人が遠くにいる別の囚人にかかりっきりになっていることを囚人に知られないようにするために、ブリキの細いチューブを各々の独房から監視人の守衛室に通す。チューブは必要なエリアを通過したあと、

独房に面した窓から守衛室のなかに引き入れられる。この装置を使うならば（とりわけ、耳をチューブに適切にあてるように注意しておくならば）、どんな小さな囁きでも聞き取れるだろう。(「第2の手紙」)

より大きな公算がベンサムにはある。

　特定の時間、実際に監視下にある囚人に関しては、監視されていると強く思わせれば思わせるほど、自分が監視下に置かれているという感情は強まる。少しも逸脱させることなく、多数の人間をこのような状況に置くことができる計算になる。大雑把に見積もったとしても、最も行儀の悪い人間であってもこの状況から逃れることはできないだろう。最初は小さな違反を試み、その成功に応じて、ますます大きな違反を犯していくだろうが、そのようなことをしても、甘い監視と厳しい監視との相違を思い知るだけだ。(「第5の手紙」)

ここまで哲学者が推薦してくれるなら、内閣はもう懸念することがないはずなのだが……。

ジレンマ 54　パノプティコン I

　ジョージ・オーウェルがスターリン体制下の生活の寓意をこめた小説『1984年』のなかで、「ビッグ・ブラザー」による全体主義の専制を描いて以来、国家による監視は悪名をはせている。それ以前は、ここまで論争の的になってはいなかった。例えば、英国のエリザベス1世やナポレオンの行った

監視は大いに称賛されていたのである。今日では政府と市民団体の応酬（政府は新たに権力を拡大しようとし、自由を求める市民団体はそれに激しく抵抗する）無しに、1ケ月が過ぎることはない。オーウェルの小説発表（1949）から2世代が経過する今日では、意見の多勢はプライベートな生活への心配から離れ、国家権力の支持へと戻り始めている。

「デモクラティア」は完全なフィクションではない。例えば英国では、150万台の監視カメラが設置されている。見えるところにあるカメラもあれば、隠しカメラもある。これは8つの家族につき1台のカメラに相当する。また、電話・ファックス・電子メールの通信傍受システムであるエシュロンは、アメリカ合衆国、英国、カナダ、オーストラリア、ニュージーランドなどですでに作動しており、インターネットを往来する数百万の情報も傍受されている。そして、「調査権力規制法」のもと、毎日のやり取りが未来の閲覧のために特別の「データ倉庫」に数年間は保管されているのである。

ただし、完全にフィクションの部分が1つある。私たちの物語では、監視の効果があることになっている。ところが、21世紀初頭の現在、英国の囚人の数は人口比で言えば、中国、サウジアラビア、トルコ（個人の自由の尊重において鈍感であるとよく見なされる国々）よりも多い。したがって、監視カメラの抑止効果がまだ現れていないことは明らかである。

ジレンマ55　パノプティコンII

プライバシーと監視の問題では、一つ面白いことがある。一般の人々を監視するのは良いとされても、政府の人々を監視するのは悪いとされる……。政府は市民が自分たちを監視

するのを嫌うのである。政府の情報にアクセスできることは、アメリカ合衆国の憲法の重要な達成の一つであるが、一般的に情報の公開と自由は「目標」にとどまり、残念ながら未達成である。(おそらく 30 年も経てば、その機運もまた戻ってくるだろう……。) 余りに多くの決定、余りに多くの技術、討議、議論が秘密裏にされる必要があるとされている。裁判は「非公開」で開廷されるのが最善とされ、政府の資料や証拠は保護され、証人は「X 氏」として衝立の背後に立つ。新聞やテレビは行動を束縛され、限界を踏み越えた場合には、「公務秘密」をめぐる色々な法律のもとで型通りに処罰される。国家機関は監視する権利を要求するが、自らが監視されることは望まない。哲学者は矛盾を嫌う。この矛盾など、その典型だろう。

ジレンマ 56　パノプティコンⅢ

再びベンサムを引こう。

　監察の原理を最初は監獄に適用し、続いて精神病院、そして病院に適用したあと、私がそれを最後に学校に適用することに親の感情は耐えられるだろうか？　悪いことをした生徒にさえ、気まぐれに過度の罰を与えることを妨げるその効果を観察してもらえば、純真と若さの住居に暴君を導き入れるのではないかと心配する親の思いを消散させるのに十分だろうか？

　監察の原理を学校に適用した場合、拡張の程度を 2 つ区別することができる。勉強の時間に限定して適用するか、

あるいは休憩・食事・娯楽の時間を含む、すべての時間帯に適用するかである。

最も用心深い臆病者であっても、前者の適用に反対するとは想像し難い。勉強の時間に関しては、私が思うに、1つの希望しかありえないだろう。監察の原理は勉学のために用いられるべきなのである。ここには格子・横木・閉め釘など、牢獄によくある恐るべきものは何もない。それをわざわざ観察して確かめる必要があるだろうか。ここでは、あらゆる遊び、あらゆるおしゃべり、要するにあらゆる注意散漫は、部屋の中心に先生が隠れていることによって、次に生徒たちのあいだに設けられた間仕切りや衝立（いくらでも数を増やすことができる）によって、効果的に禁止されるのである。（……）しかし、これでは自由な市民の開放的な精神やエネルギーが、兵士の機械的な訓練、あるいは修道士の禁欲生活に変えられてしまうのではないか？　この精妙な装置の効果は、人間にそっくりな機械を組み立てているのではないだろうか？

非常に立派な疑問だが、どれも要点には触れていない。こうした疑問のすべてに満足な解答を与えるためには、直ちに教育の目的に立ち戻る必要があるだろう。この訓練によって幸福は増大するだろうか、それとも減少するだろうか？　兵士であろうと、修道士であろうと、機械であろうと、幸福であれば良いのである。戦争や大嵐は読書で経験するのが最善だが、平和と平静は実際に享受するほうが良い……。

ジレンマ 57　パノプティコン IV

ベンサムは「ディオニソスの耳」と彼が呼ぶ監視（監視されている人々には知られないのが理想）と、本物の「監察」（行為の本質からして、公表が要求される）という2つのタイプの監視を明確に区別している。同様に、閉回路テレビカメラの多くは設置を明らかにしているが、店舗が行う顧客の買物履歴へのアクセスはもっと控えめに行われるだろう。ベンサムは間違いなくプライバシーに敵意を持っていた。プライバシーによって、恥ずべき行動（信ずる神を持たない人々が好むような類の行動）が促されると考えていたのである。当然ながら、監視は「神の存在しない社会」において必要とされる。信者の共同体では監視は余分である。主なる神がいつもすべてを見ているのだから。何れにせよ、電子技術を使用した現代の監視という新しい現実に直面すると、これまで前提にしてきた区別（政府の領分とプライベートの領分の区別、データの収集とデータの「創作」の区別）は不鮮明になり、終いには消滅してしまう。

ジレンマ 58　学部長の娘

この状況はまさに、現代の「能力主義」の世界の典型である。読者の多くも、これと同じような状況に直面する可能性は小さくない。選ぶ側に立つ場合もあるだろう。選ばれる側に立つ場合もあるだろう。ロッキード社の「指導者のためのガイド」〔→ **ジレンマ 35〜40**　ビジネス週間〕によれば、この哲学科の状況に似た事例においては、何らかのかたちで人事課に相談するのが最善であるという。すぐに上司の娘を選ぶのは受け入れ難い。利害の対立を作り出してしまうからであ

る。だが、それが理由で第2候補者を選ぶのも受け入れ難い。それでは、「ビジネスにとって最も有効な決定にはならない」からである。ロッキード社のガイドを離れて私たちは追記したいのだが、第2候補者を採用するのは「非倫理的」でもある。なぜなら、これだと応募者は能力と無関係の理由で落とされてしまうことになるからだ。そうなると、これは紛れもない「ジレンマ」である……。確かに実際の採用事情は複雑であるし、かなり恣意的でもある。私の知人の事を話すならば、彼はある大学の倫理学講座の講師に応募したことがある（本当はラテン語を教えたいと思っているので、倫理学でなくても良かったのだが）。ところが応募要項には、応募条件として「倫理学を教える能力」とは記されておらず、「モンゴロイドの親族構造を専門とすること」と書かれていたのである。フタを開けてみると結局、3人しか応募者が集まらなかった。1人は私の知人。もう1人は自信に満ちた若い女性。倫理学には強くないが、モンゴロイドの親族構造を専門にしているという。そして3人目は……、応募要項を書いた教授の配偶者だった。

ジレンマ 59 コピーのジレンマ

このような場合、ロッキード社の倫理ゲーム「灰色の問題／頭脳」〔→ジレンマ 35〜40〕は、「支給を中止して、使用時にのみ署名をさせて発行する」処置を薦めていない。これでは「人間全体を閉め出せば犯罪はない」と言うようなもの。「非倫理的」であるのみならず、非効率的な方法と見なされているのである。むしろ、通知（非公開の警告）を上手く使って、講師の余計な「計らい」を制止するのが、ビジネス倫

理に適っていると言う。「支給横領を警備主任に報告する」などと警告して、過剰に厳しく全員の行動を管理しようとすると、それが仕事に影響を与える場合は特に、信頼関係を傷つけてしまうことが多い。

もちろん通知をすることによって、かえってコピー機が紛争の種になってしまうこともあるだろう。悪いと知りつつ故意に、しかもより狡猾に誤用されてしまうかもしれない。そのような事態が生じるならば、「倫理課」はソクラテスの対話篇『ヒッピアス（小）』を引用しながら、改善を要求するしかない。ソクラテスの言うように、意図的に間違ったことをする人は、意図せずに間違ったことをする人よりも善良である。前者だけが正しいことも行えるからである。

ジレンマ60　フェンス（2部構成）

「インターネット・ショッピング」〔ジレンマ5〕と同じ問題がある。「それにしても、なぜこんなにうまい話が？」と疑問に思いつつも、多くの人々はこのようなチャンスをつかもうとするだろう。

ビジネスにおいては、商品・サービスの適正・質・価格について判断する責任のある人間は、個人的な関心とは離れたところで判断を行う必要がある。材木工場の主任が大学の施設課主事に安価あるいは無料で材木を提供すると言い出すならば、彼らの判断能力は低下しているのではないかと気がかりになる。色々と薦められても、疑い深くなってしまう。しかし、大学のすべての教職員が割引を受けられるのならば、確かに購入を考える材料にもなる。ただし、そのような条件のなかに隠された「賄賂」があるかもしれない。そうならば、

割引が全教職員対象なのか「説明を求める」という選択肢は、実際には意味がない。ところがおかしなことに、ロッキード社の「倫理ガイド」では、その選択肢を選ぶのが最適と考えられているのである。

ビジネスの世界においては、業者が大きな顧客に特別の計らいをすることが普通に認められているからだろう。むしろ、そうしなければ損！　しかし、顧客に賄賂を払って販路を拡大してきたロッキード社の歴史は、おそらくこれとはまた別問題である。

ジレンマ 61　教員資質監査

もう一度よく考えるべきだ。学部長に報復してはいけない。「倫理ガイド」の上でも、マイナスの評点になる。相手の程度まで自分を落とすのは何故だろう？　「倫理ガイド」はそう警告する。学部長の行動は容認できないと言葉で明確に述べ、この件に関して両者の見解を学長に報告するべきだと告げるほうが、はるかに良い。このようにすれば、資質監査の結果を第三者が再確認することができるのみならず、学部長に「警告」を与えることもできる。（ただし当然ながら、学部長との関係は悪くなる。）

あるいは、学部長が「ほんの冗談だよ！」と言ったので、この件を水に流すのはどうだろう？　学部長も本当は謝罪をしたかったのだろうし、今後は気をつけるに違いない。キリスト教の寛容の精神から許すことも大事ではないか。ところが、そうすると「倫理ガイド」から警告されることになる。「威嚇を阻止しないのは、威嚇を幇助することに等しい。対応の欠如は、この種の行為を助長する。」おっと！　何が間

違っていたのだろう？　他人のことに構わない（mind your own business）ようにしたのが間違いだった。

「ビジネスでは他人のことに構わない（mind your own business）ことのないように。」
「自分の知ったことではないから、それには関わらない」という選択肢は、間違った解答であるばかりか、「間違った態度」と評価される！　企業の「倫理ガイド」の多くは、この態度が会社を最も悪化させる要因と考えているようだ。最後になって告発するようでは首にされる。倫理意識の向上を計る日に、「他人のことに構わない」と答えてしまう社員は、もう昇進が望めないと思ったほうがよいだろう。ロッキード社の「指導者のためのガイド」は、（このときばかりは灰色ぶりを捨てて）厳しく社員に告げている。「不正はあなた自身の問題である。」

　もう一つ別の事例を考えよう。被雇用者が不在の事例である。スティンジー大学のある講師が、学部の必修講義と重なる時間に研修を行う契約をしてしまった……。彼は研修には出なかったが、実は講義も行わなかったことを、私たちは知っている。同じ被雇用者としての責任を果たすために、私たちはこの講師に説明を求めるべきだろうか？　あるいは直接、上層部に報告するべきだろうか？　それとも、自分の知ったことではないと判断して、関わらないでおくか？

　やれやれ、これは考える余地もない。この種の事例は、予備的な事情調査の必要なく、大学（及び政府）に対する不正であると認識する必要がある。匿名で手紙を倫理課に送るという選択も悪くない。しかし、問題解決（及び不正者の取り

押さえ）に長い時間がかかるだろうから、学部長にすぐ報告するほうが良いのは確かである。

ジレンマ 62　懐かしの「かわい子ちゃん」

「女性講師を『かわい子ちゃん(スウィーティ)』と呼ぶことには何の問題もない」と答えると、ロッキード社の倫理ゲーム「灰色の問題／頭脳」では珍しいダブル・ペナルティ（マイナス 20 ポイント！）が課せられる。灰色のマニュアルは白黒つけて説明する。管理者の役割は生産的な労働環境を保証することである。したがって、この状況において何もしないことは、自分の職分を捨てることを意味する、と。

しかし、「かわい子ちゃん」と呼ぶことは本当に間違ったことなのだろうか？　なるほど、こうした表現は性差別的・侮蔑的・屈辱的であると主張する人々もいる。彼ら／彼女らにとっては、その表現がどのような意図で発せられたのか、どのような意味に理解されたのかは無関係である。例えば、「かわい子ちゃん」と呼ばれた本人が気にしないと言っても、問題にしないのは間違いであり、問題にするべきだと言うのである。講師たち自身の考えとは無関係に、老教授ジョンは罰せられるだろう……。

ビジネス倫理のまとめ

要するに、被雇用者のための「倫理規則」は強力な管理の道具である。ビジネスの通常の規則や手続きとは異なり、この規則は灰色であるため（つまり、文脈や詳細に応じて「議論の余地がある」ため）、被雇用者は規則に確信を持てないのではないか。また、被雇用者にとっては、行為の判断主体とし

ての自律性と自信が事実上、崩されてしまうかもしれない。「灰色」の規則に違反したという理由で行われる制裁や懲罰は、それ自体、倫理的に疑わしい可能性がある。現在、企業の世界では「倫理」専門家が大きな脚光を浴びており、倫理規則の存在を必須と見なす政府も多いが、その「倫理」の評判は良くならず、かえって悪くなっている。ある調査によれば、多くの人々は倫理規則を恣意的要求、そして時間の無駄と考えているという。アメリカ合衆国で3番目に大きいエンロン社は、組織を律するべく内部資料を処分している最中に内部崩壊した。組織的な詐欺・不正の企業体質は、信心深く厳格な道徳と極めて幸福に共存していたのである。

オーストラリアの倫理学者トレヴァー・ジョーダンは、現代のビジネス倫理や職業倫理においては規則が過剰に強調されていると指摘する。「倫理的体制」を設置し、倫理規則に実行力を与えることばかりに、多大な時間が費やされている……。ジョーダンが言うように、私たちにもっと必要なのは、ルールブックやマニュアルがなくても正しいことを行う意志のある人間なのである。

ジレンマ63　プルタルコスの「好みに合わない食事」

古代ギリシャ、デルポイのプルタルコスは、霊魂再生の神秘思想とは別の理由で菜食主義を唱えた数少ない古代世界の著述家の一人である。彼の著作「肉食について」は、哲学の古典とまでは言えないかもしれないが、随筆の古典と見なされている。動物の肉を食べるのは自然の意図だと主張する「肉食人」に対して、プルタルコスは挑戦した。自然の意図と言うならば、自分自身で動物を殺し、素手で生肉を食べる

べきではないか？　野獣のように食べるほうが、ナイフとフォークを使って食べるよりも良いのではないか？　アフリカ大陸を探検した宣教師デイヴィッド・リヴィングストンは『南アフリカにおける宣教の旅と探検』(1857) のなかで、「大型のネコ類」［ライオン］に殺されそうになった経験を描いているが、それほど野蛮には響かない。

　……それは夢のような状態を引き起こす。痛みの感覚や恐怖の感情はない。それはまるで、クロロフォルムを吸った患者が、手術の一部始終を見ていながらも、執刀されるのを感じないと言うようなものだ。（……）この特異な状態はおそらく、肉食動物によって殺されたすべての動物に生じるのだろう。そうだとすれば、これは善意ある捕食者が、獲物の死の痛みを減らすために与えた慈悲である。

　今日、私たちは人間が肉を食べるという考えに慣れているが、人類の進化のなかで見れば、それほど古くからある営みではない。著名な解剖学者ジョルジュ・キュヴィエはこう書いている。

　人間の自然な食物は、その肉体構造から判断するならば、主として野菜の実や根、そのほか水気の多い部分であろう。人間の手はそうしたものを集めるのに便利なように作られている。また、人間の持っている短いながら、ほどよく強い顎、長さが他の歯と等しい犬歯、そして結節のある臼歯は、調理されていない限りは、草を咀嚼することも肉をむさぼり食うことも、ほとんど許さないのである。

それどころか、草食であるはずの馬が肉を食べるように調教されることも多く、同じく草食であるはずの羊が草を拒むほど肉食に慣れていることも指摘されてきた。ピタゴラスは叫んだ。「ああ、人間たちよ！」

肉体を罪深い食物で汚さないようにしなさい。私たちにはトウモロコシがあります。私たちには、枝にずっしりとぶらさがっているリンゴや、蔓にたわわに実っているブドウがあります。火にかけて調理すれば柔らかくなる、美味しい香草や野菜もあります。それにミルクや、タイムの香りのする蜂蜜の魅惑といったら……。この世界は無害な食物を豊富に与えてくれます。流血や殺戮を伴わずに、大いに食べ、大いに飲むことができるのです。

歯医者はこう付け加える。

人間を雑食動物に分類する理論を唱える人々は、人間が変形された犬歯を持っていることに注目する。しかし、果食動物（ゴリラ、チンパンジーなどの類人猿）、ラクダ、雄のジャコウジカなど、普通は肉を決して食べない動物のほうが、「犬歯」を顕著に持っているのだ。また、人間の「犬歯」の形、長さ、固さは、本当の肉食動物の犬歯とは大きく異なっていることも知られている。

ジレンマ 64　獣
肉食が人間の「自然」という議論は狩猟を正当化する。し

かし、ネイティヴ・アメリカン、イヌイット、アボリジニなどの狩猟採集民族は昔から、都市文明に生きる現代人よりも環境と調和して生きてきた。

地球上で最古の起源を持っている、オーストラリアの原住民(アボリジニ)を例に取ってみよう。4万年もの間、彼らは自然とうまく調和をとって生きてきた。彼らは狩猟も行なっていたのは確かだが、土地の守衛でもあった。土地の破壊者でないのはもちろん、土地の所有者でもなかった。土地は動物、植物(そして精霊)と共有していた。そして土地は、原住民(アボリジニ)に文化のアイデンティティ、共有された記憶、神話、伝説、そして道徳的規則を与えてくれたのである。

湿地に生育するオークの木は、小さな軟体動物であるカンビオのことも考えて、持続可能な仕方で伐採された。特に重要なルートに沿ってのみ道が開かれ、重要な儀式を行うために円形の場所が作られた。火は草地を整えたり、カンガルーなどを狩猟のために誘い寄せたりするために使われた。また、バンヤバンヤ（ヒロハノナンヨウスギ）などの木々を守るために防火帯も作られた。これらの木々は、水気の多い木の実をびっしりつける。19世紀の開拓者の一人は、「見事な山の低木林からバンヤバンヤの木が、青い天空の柱のように頭を出している」と記している。生れてきた一人一人に自分の木を割り当てるほど、原住民(アボリジニ)の人々は木をとても崇めている。そして、各々の木を守る義務と引き換えに、その木の実を手にいれる権利を得るのである。必要なときには、その木を守るために死すことも辞さない。

白人が到来して森を伐採したとき、彼らの聖なる木々も失われた。聖なる木々や他の植物だけでなく、動物たちも住む

場所を失った。木々を守ろうとした人々は全員、武力によって撃退された。土地の「開拓(クリアリング)」は原住民の「除去(クリアリング)」と一体になって進んでいったのである。初期の入植者は敬意をもって原住民(アボリジニ)と接し、彼らの言語を学んだり、彼らの習慣や民間伝承を記録したりした。しかし、後発の入植者は言語も民間伝承も破壊してしまった。また、原住民(アボリジニ)の生き残りを強制的に予備軍隊に入れたり、ヨーロッパの規則や生活習慣に適応するように強制したりした。一度、土地から追い出された人々は、他に生きるすべを持たない。その土地が彼らの文化や意識の中心をしめていたのだから。土地の所有をめぐる戦いで殺されなかった原住民(アボリジニ)は、その後、労働者として雇われれば幸運なほうだった。アルコールやアヘンを報酬に……。ここから学べる教訓は2つある。第1に、自然や食物に対する態度と、人間の権利に対する態度には直接の関係があるということ。第2に、肉食が「自然」であるか否かということよりも、肉食をどのように行っているかを見るほうが重要であるということ。

今日、肉を食べる人々（より正確には、食肉生産者）は、産業による最大の環境汚染者である。アメリカ合衆国の水質汚染の半分は食肉生産が原因。世界中の河川の汚染や、「海の死」（湿地帯が消滅し、毒素が蓄積されて海が死んでいく）の責任も食肉生産にある。大きな雄牛を育てるには大量の水を消費しなければならない。500グラムの小麦を生産するには約4リットルの水を消費するが、500グラムの食肉を生産するには約400リットルの水を消費するのである。何と驚くべきことに、アメリカの家畜のために消費される穀物や大豆の量だけで、世界の全人口の5倍以上の人間を養うことができる

……。また、アメリカで生産される小麦の90％、トウモロコシの80％、オート麦の95％は牛、豚、鶏、羊などの家畜用。人間が食べるために残された作物を育てているのはアメリカの農地の半分以下であり、大部分の土地は家畜の飼料を育てるために使われている。これはどれくらい自然なことだろうか？

ジレンマ65　プルタルコスの応答

（羊や牛を食べていながら、猫や犬を食べる人々に抗議するのは矛盾だと言う人々は、「動物は私の友達だ……。私の友達を食べないでくれ」というジョージの言葉を、どう考えるだろうか。）

ここでプルタルコスは、動物殺害を死刑と結びつけているようだ。アテネで最初に殺されたのは「最も見下げ果てた悪党」だったが、時代が経つと哲学者も殺されることに……。動物を殺すのは血に飢えた野蛮な行為であり、人間の心をさらに残忍な行為に傾かせるだけというのが、プルタルコスの結論である。

肉食と戦争を関連づける議論は、プラトン『国家』にも見られる。そしてグラウコンとの対話のなか、ソクラテスは菜食の人々に訪れる平和と幸福を称揚しているのである。大麦の料理と小麦粉の「高貴なパンケーキ」。それに塩、オリーブ、チーズで味や香りを添え、葦の敷物の上に盛りつける。デザートには炒めた果実や木の実と、茹でたイチジクや根菜。「こうした食事を採っていれば、人々は平和に健康のまま長寿をまっとうすることができるだろう。そして、子供たちにも同じような人生を伝えることができるだろう。」

中国の黄帝ならばソクラテスに同意しただろうが、グラウ

コンは人々がこのような食事に満足できるとは思っていなかった。人間は動物の肉を食べることも含めて、「普通の便利な人生」を望んでいるとグラウコンは主張する。ソクラテスが言うような食事は哲学者の共同体には向いているかもしれないが、他の人々には魅力的ではないと言うのである。

それに対してソクラテスはこう応じる。「真の国家とは、私たちが描いてきたような国家、いわば健康な国家であると私は信じている。しかし、熱病を患う国家のことも考えるのがあなたの楽しみだというなら、それを妨げるものは何もない。」そしてソクラテスは、理想国家の成員に豚飼い、猟師、「多数の家畜」を入れてみようと提案した。対話は続く。

ソクラテス「人々が動物を食べるということは、多種の動物も必要ということだね。」
グラウコン「確かにそうです。」
ソクラテス「こうした生活をするとなると、以前よりもはるかに多くの医者も必要になるということだね？」
グラウコン「はるかに多く必要です。」
ソクラテス「それから、元々の住人を支えるのに十分だった国土も、今や小さすぎて、十分ではないね？」
グラウコン「まったくその通りです。」
ソクラテス「そうすると、私たちは放牧地や耕地を求めて、隣国の土地が少しでも欲しくなるだろうし、同じように彼らも私たちの土地が欲しくなるだろう。もしも彼らが私たちと同じように必要限度で満足することなく、富を無限に蓄積しようとするならばね。」
グラウコン「それは避けがたいでしょう、ソクラテス。」

ソクラテス「そうなると、私たちは戦争に行くことになるよ、グラウコン。そうではないかね？」

「まさにその通りです」とグラウコンは答えた……。プラトンの「理想」社会は理想的どころか、検閲や厳しい経済統制のある軍事国家やファシスト国家のようだと嘆くプラトンの批判者は、この対話の展開に驚くかもしれない。しかし、プラトンの描いた国家は実は彼の理想ではなく、グラウコンが市民の名において食肉の必要性を訴えた結果にすぎない。言わば政体の必要悪であるが、ソクラテス自身はこれを避けたのである。

ジレンマ66　聖パウロの見解

かたや神はこうも告げている（旧約聖書「創世記」1：29）。「人間も獣も殺してはならぬ。口に入る食物も殺したものであってはならぬ。生命ある食物を食べるならば、その生命が汝を活気づかせるだろうが、殺して食べるならば、汝もまた死んだ食物によって殺されるだろう。生命は生命からのみ生まれ、死はつねに死からやって来る。殺したものを食べれば、汝の肉体も殺される。（……）汝の肉体は食べ物から作られる。精神が思考から作られるように。」

初期の教父たちが記録するように、エビオン派の人々はパウロを偽の預言者、ユダヤ教からの転向者として拒絶した。しかし、間違いなくパウロは非常に道徳的な人物だった。彼は様々なことを咎めている。不正、不道徳、堕落、貪欲、妬み、殺人、口論、詐欺、悪意、悪口、中傷、横柄、高慢、酩酊、痛飲、放蕩、嫉妬、官能、魔術、敵意、不機嫌、自分本

位。そして紛争、貪欲、不正な演説、怒り、騒ぎ、口汚い言葉、悪意、不誠実。それから災いなる物質主義、自惚れ、強欲、自慢、背信行為……。18世紀イングランドの哲学者ロード・ボリングブルック（1678-1751）は、新約聖書の中に2つのまったく異なる道徳（異なる信条ではないにしても）を見出した。イエスの道徳とパウロの道徳である。

事実、聖書には菜食主義の要素が色濃くある。食用に動物を殺したことが旧約聖書に記されているのは、イヴが神に背いてリンゴを食べた後のことである。イエスになると、魚ばかり食べているように見受けられる。5000人以上の人々のために、イエスが5つのパンと2匹の魚を分かち合って満腹にさせた逸話は有名である。（それに何と言っても、イエスの使徒の多くは漁師だった。）

しかし魚を愛する人ならば、フランシスコ会の修道士、パドヴァの聖アントニウス（1195-1231）の説教を聴くために、魚の群れが集まってきたという逸話を思い出すだろう。（その信徒たちを食べるのは明らかに倫理に反する。たとえ、魚たちが天国に行けるとしても。）聖フランシスコは食べるためにと魚やカモの施しを受けたが、生き物たちの自然の美しさにとても感動し、魚とカモを自由にした。野生のキジを与えられたとしても、もちろん彼はキジを仲間にするだろう。聖フランシスコは病後の説教をこう始めた。「親愛なる者たちよ！私は神とあなたがたに告白しなければなりません……。私は豚脂（ラード）の入ったケーキを食べてしまったのです。」

ジレンマ 67　クリュソストモスの警告

クリュソストモスも聖書キリスト教会（菜食主義、アルコ

ールの害悪、動物を憐れむ美徳を教える19世紀の運動）に入信できれば、もっと幸福だったろう。聖書キリスト教会は1800年にイングランドで創設された宗派であり、すべての信者に肉やワインを節制する誓いを求めた。改宗した長老派牧師シルヴェスター・グラハム（1794 - 1851）は菜食主義の食生活を通して自らを清め、精製しない全粒小麦で作った「グラハム・クラッカー」の効用を唱えていた。グラハムは性的純潔に関する説教のなかで、スパイスや豊かな食物は性的欲望を高めると警告している（彼にとって、それは悪いことなのである）。

　しかし「哲学天国」では、クリュソストモスがどちらの味方をしているのか、誰も確信を持てなかった。菜食主義の厄介なところは、信奉者のなかに極端に走る者がいることである。肉を食べることは、どんな状況においても、本当に悪いことなのだろうか？　生態系の一部として調和しながら生きている土着の人々（極少数しか残っておらず、絶えず絶滅の危機にあるとはいえ、いまだ重要な反証例である）は、肉を食べても良いのではないだろうか？　人間が動物を捕まえて食べることは、常に間違っているのだろうか？　もし、肉食がそれほど悪いことならば、肉食動物はどうなのだろうか？　肉を食べないように訓練すべきだろうか？　小さな昆虫もすべて保護すべきだろうか？　乳製品や卵を食べるのは間違ったことだろうか？　農作物を育てるときにも動物が生活の場所を失っているが、それは知らずに済ませることができるのだろうか？

　聖パウロも言う通り、動物の肉を食べることに何の問題もないとしても、かたや動物を他の理由で殺すことは「間違っ

ている」と、どのようにしたら言えるだろうか？ 2000年、英国政府は600万匹の元気な動物を、「選別」のために大量殺害した。そのために軍隊を動員する必要があった。キツネ狩りを趣味にする人々が援助を志願してきたが（予想された事態）、この大規模な仕事は軍隊以外の手には余る。動物たちの死体が山積みにされて燃やされた。異臭は遠くまで広がった。余りのことに、フレッド・ブラウン教授など科学者たちは、「英国のあの野蛮な行為は、人間性の不名誉である！」と抗議の声を上げるに至ったのである。オーストラリア政府も農民たちに毎年、数百万のカンガルーを「選別」するように求めている……。

調理のためであれ、娯楽のためであれ、経済的理由であれ、「研究」データのためであれ、大量の動物たちを無残に殺すのは、動物の生命を軽んじていることになるが、しかし、動物の繁栄を保護する規則も結局のところ慣習的・恣意的になりやすい。そうした規則が動物ではなく、あくまでも人間の道徳の健全性を守るために存在している限りは……。

ジレンマ68　カエルの王様

約束は守らなければいけない。これは社会生活の基本的な原則の一つである。法律を守るのと同じように、約束を守ることは重要。これは社会契約の一つなのだから。

この物語が最も人気を博した時代の哲学者イマニュエル・カント（1724-1804）も、この物語をとても気に入り、約束を破ることは非理性的（彼にとっては極めて悪いこと）だと考えていた。何故なら、誰かが約束を破った場合、それによって必然的に、約束という制度全体が破壊されるからである。

しかし、カエルは人間ではない。そのように王女も反論するかもしれない。普通、カエルは言葉を話さない。言葉を使って、義務の生じる約束をすることもない。ただ、この物語に登場するカエルは非常に理性的である。カントの視点からすれば、このカエルは道徳的な「目的の王国」に入れるべきだろう。(カントは女性をこの神聖な世界に入れるのに、それほど熱心ではなかったようだ。女性には「非理性」の傾向が強いとカントは考えていた。ならば、王女にも用心したほうが良い。)

しかし、王女の軽率な態度を支持するような物語もある。小人のルンペルシュティルツキンは粉屋の娘との約束〔娘に代わって、王様の望むように藁を金糸に変える〕を守ったばかりでなく、娘を憐れんで、約束に「免責条項」〔藁を金糸に変えるならば、生まれてくる子をもらうのが約束だが、もしも自分の名前を当てることができたら、その約束を取り消してあげる〕を認めたが、名前を当てられて破滅した。粉屋の娘は最初の約束通りのことをしなかったが、〔王妃になって子を産むなど〕見事に報われることになったからである。

デイヴィッド・ヒューム (1711 - 1776) は約束の基盤自体を懐疑し、このような問題をすべて切り抜ける。「何故、私たちは約束を守るべきなのだろうか？」約束は「理性的」であるどころか、まったく非理性的であるとヒュームは考える。むしろ、「とことん考えてみれば約束は悪であり、知性の真性で健全な活動とは反対の位置にある」というのである。何故なら、実行するのが望ましいことを約束するのならば、約束する必要はまったく不要なのだから。また、実行するのが望ましくないことを約束するのならば、約束をしようがしまいが、実行するのが望ましくないことに変わりはない。だか

らと言って、「無関心なことに関して約束は有効であると主張するのも、あまり説得力がない。本当に無関心なことなど存在しない」からである。

不作法な王女は走り去りながら、ヒュームの言葉を暗唱する。「約束と契約は決して道徳の基盤ではない。」

ジレンマ69　カエルの王様（続篇）

どうしてカエルは王子に変容したのだろう。このミステリーは、魔術というよりも論理の問題なのである。ここに答えのひとつがある。

王様は明らかにカント主義者である。状況とは無関係に、約束は守らなければいけない。これが物語の表向きのメッセージ。しかし、もっと微妙なメッセージもある。カエルから王子へと不思議な変容が生じたのは、王女が王様に背き、カエルを乱暴に壁に投げつけた後のこと。そのとき王子は、王女の突然の激情(パッション)によって、魔法から解放されたのである。『カエルの王子さま』〔グリム童話『カエルの王様、または鉄のハインリヒ』の英訳〕の物語はよく知られている。ただし、多くの人が知っているのは、王女のキス（なぜキスしたのだろう……）によって幸福にも変容が生じるという「毒抜き」版なのだが……。何れにせよ物語は重要である。『赤ずきんちゃん』は、偽装している者に騙されないように警告する物語。『ヘンゼルとグレーテル』とともに、意味深い民俗的想像力・価値観が詰まった「おとぎ話」である。メアリー・シェリー『フランケンシュタイン』には、東ヨーロッパのユダヤ人に伝わってきたゴーレムの物語（宗教指導者（ラビ）は粘土から人造人間を作るが、人造人間は日増しに強力になり、制御

不可能になる)の影響が見られる。『眠り姫』『シンデレラ』『美女と野獣』もまた、変容をめぐる物語である。
『指輪物語(ロード・オブ・ザ・リング)』の著者J・J・R・トールキンは中世研究家であり、厳格なカトリック教徒だが、聖書はおとぎ話(フェアリー)のコレクションだと述べている。

おとぎ(フェアリー)の国とは、妖精(フェアリー)たちが存在する領域である。そこには小妖精、小人、魔女、トロール〔ほら穴や地下に住む巨人あるいは小人の種族〕、巨人、ドラゴンが存在し、たくさんの事物があふれている。海、太陽、月、空。そして地球。地球のなかにあるすべての事物。木、鳥、水、石、ワイン、パン。そして私たち、命にかぎりのある人間。私たちには魔法がかけられている。

現代の学術的著作は味気ないのだが、伝統的には哲学も重要な物語、寓話、イメージを提供してきた。イデアの真理をめぐるプラトンの理論は、「洞窟に住む人」はイデアそのものではなく、壁に映る影を見ているという物語である。プラトンの動機の理論(理性は意志を導き、意志は欲望を制御するという三つ組の理論)は、「馬車」(2頭の馬と1人の御者)のイメージに集約されている。また、ゼノンのパラドックスで最も印象深いのは、アキレスがカメに追いつくことができないという有名な話である。

現代の哲学にも、味のある面白い物語がないわけではない。バートランド・ラッセルの集合論における「床屋のパラドックス」〔村にたった1人の床屋がいる。その床屋は自分で髭を剃らない人の髭を剃る。床屋の髭は、誰が剃るのだろう？　床屋自

身が剃らないとすると、自分で髭を剃らない人の髭を剃るという規則に反する。床屋自身が剃るとすると、またこの規則に反するというパラドックス〕。白い白鳥をたくさん見たあとで、黒い白鳥を1羽でも発見したときの問題を提起したカール・ポパーの「反証主義」。また、政治理論は想像上の物語を用いて、社会生活や正誤の起源を説明することもあった。

それどころか、「物語理論」という全く新しい哲学の部門も登場した。辛辣なアラスデア・マッキンタイアは『美徳なき時代』(1981) のなかで、もはや西洋は「創世の物語」を持たないために、西洋の道徳は失われてしまったと主張している。したがって、私たちは人生を意味のある時間的文脈のなかに置くことができない。個人としても、共同体や文化全体としても、私たちは過去(私たちはどのような存在だったのか?)・現在(私たちは今、何をしようとしているのか?)・未来(私たちはどのような存在になろうとしているのか?)を必要としているという。「人間は行為や習慣においても、創作活動においても、本質的には物語を語る存在である。(……)『私は何をすべきだろうか?』という問いに私が答えられるのは、その前に、『どのような物語のなかに私自身は存在しているのだろうか?』という問いに、私が答えられたときのみである。」

しかし、ここで取り上げたのはおとぎ話。おとぎ話にはおとぎ話の強みもあれば、弱みもある。「おとぎ話 (fairy tale)」という言葉は、17世紀、大人のあいだで非常に流行していた短い物語を指すために作られたフランス語の「conte de fées」に由来すると思われる。おとぎ話は子供のための物語のように見えるが、本当は人生のあらゆる問題を

取り扱う、巧妙な「プロパガンダ作品」なのである。とはいえ、王女とカエル（王子）のおとぎ話は、当時行われていた親の取り決めによる結婚に関する物語と考えれば、これもまた面白い。

ジレンマ 70　レダマの木

　この「レダマの木」は、おとぎ話のなかで最も印象の強い物語の一つである。ヨーロッパの数々の民話に広まり、数百の版があるとも言われている。『ファウスト』の詩に霊感を与え、トールキン『指輪物語』にも影響が見られる。「レダマの木」の物語は、人生のドラマに満ちあふれている。死と引き換えに命を生みだす「感動的な場面」から始まり、幼児虐待、殺人へと展開し、容赦ない復讐へと転がっていくのだから……。グリム兄弟は『子どもと家庭のメルヒェン集』の序文のなかで、民話は教訓を伝えるためにあるのではないが、それにもかかわらず、「おいしい果実が人間の助けを借りることなく、健やかな花々から生まれるように、教訓が自ずと生まれてくる」と書いている。『グリム童話——その隠されたメッセージ』の著者マリア・タタールも言うように、おとぎ話は道徳の価値体系の断片（全体ではないにせよ）を拾い上げる「磁石」なのである。

　おとぎ話は価値を伝達する非常に強力な手段である。小説家のチャールズ・ディケンズはそう考えていた。「このような微妙な道を通って私たちに伝わってくる、寛大さや慈悲の心の分量を計算するのは難しいだろう。しかし、忍耐、礼儀、貧民や老人への配慮、動物愛護、自然愛、圧政や暴力に対する憎悪など、こうした多くの善が子供の心に最初に芽生えて

くるのは、おとぎ話の強力な助けを借りてのことなのである。」

　現代アメリカの哲学者マーサ・ヌスバウムは、彼女の著書『愛の知識』のなかで物語が感情に訴える力に注目し、実のところ物語はむしろ理性的と結論づけている。落胆、憎悪、悲嘆、感謝、そしてときには愛さえも、すべては理性的でありうる。つまり、人生において決断を要する複雑な状況に対して、私たちは道理に合った反応をすることができるというのである。なぜ私たちは怒りを感じるのだろう？　誰かが何か間違ったことを、私たちに対して、あるいは親しい人に対してしたと思うからである。そこには論理が潜んでいる（吟味してみると、論理が破綻することはあるにしても）。なぜ私たちは、ある行為を嫌うのだろう？　あるいは逆に、気高いと感じたり、正しいと思ったりするのだろう？　道徳規範に適った行為でも嫌うことがある。道徳を無視した行為でも気高く正しいと感じるときもある。なぜだろう？　行為に対する感情的な反応は、私たちの価値観をあらわにする。私たちの内に秘められた自己に触れさせてくれる。これは重要なことだ。そして、こうした価値観や内なる自己にアクセスする方法が物語であり、そこには感情が構造化されているのである。

　ヌスバウムによれば、哲学者たちが物語の価値を理解していた時代があったという。アリストテレスでさえ、物語や劇の展開を観ることによって、たくさんの隠された倫理が明かされると考えていた。そして、事実を研究するよりも詩のほうが哲学的であり、「普遍的な真理に関わる」とも。事実、物語のなかには、私たちの生きる道や美徳、そして人生そのものについての教えがある。感情についてのメッセージがあ

り、適切な時に適切な感情を持つことの重要性を教えてくれる。だが、西洋哲学は概して冷静な理性という、生の感情から遠く離れた「より高度な」道を追求してきたのである……。

ジレンマ 71　レダマの木（続篇）

どうして石臼なのだろう？　ともあれ、これは懲罰の伝統的イメージである。聖書においても、子供たちが罪に陥らないための警告として登場する。また、この物語は子供中心である。愚かな偽装を弄する悪い継母や、騙されやすい父も印象深いが、物語の大筋は子供を中心に回転する。マリレナと兄の2人は苦しむが、継母の悪行を目の当たりにして重要な役回りをする。（『ヘンゼルとグレーテル』『白雪姫』『シンデレラ』にも見られる物語配置。）私たち読者も、物語に登場する大人たちではなく、間違いなく子供たちに感情移入して読み進めることになる。こうした物語のなかでは、大人たちはどこか愚かな存在。［息子の肉で作った］ブラック・プディングをうまいうまいと食べ続けたこの父も、例外ではない。ヘロドトスの語った「カラチの人々」（ジレンマ 76）、あるいは「髪の国」の人々（ジレンマ 76）であれば、理解できるだろうが……。

この物語はすべてをコントロールする全能の母から、自分とは距離を置いた父へと、子供たちを方向転換させる物語だと論じる人々もいる。しかし、フロイト派であろうとなかろうと、この物語には正義が力強く描かれていることに変わりはない。継母の悪行（おとぎ話に登場する継母は、いつもこの役まわり）は、最後にうまく帳消しになる。罪のない者は救われ、罪のある者は罰せられる。そして物語の最後に、誕生

と死の入れ替わりもまた反復されるのである。

ジレンマ 72 　警告の御伽噺

　何れにしても、マッチで遊んだだけで死とは……。
　ルイス・キャロル『不思議の国のアリス』の公爵夫人は述べる。「どんなものにも教訓はあるのよ。見つけさえすればね。」ディケンズの小説に挿絵を描いたジョージ・クルイックシャンクは、ディケンズの語るおとぎ話には「不注意にも」教訓が省かれていると感じ、自分自身で補足したという。おとぎ話をもっと道徳的にするために、彼は熱心にそれを作り替えた。失望するディケンズに向かって彼が言ったように、「下品なこと」は取り除いて、「控えめな真実」を取り入れたのである。例えば、あちこちの広場でワインを噴水にしてシンデレラの結婚式を祝うという案は、「不健康、困窮、犯罪」を避けたい王室に配慮して廃棄になった。その代わりに、ワインやジンで大きなかがり火を焚くことになったのである。マッチで遊んだ悪戯っ子の物語からは、教訓が失われる危険はない。ここに刻まれているのは、本物のおとぎ話というよりは、むしろ警告の訓話なのだから。
　実のところ、現在に伝わるおとぎ話の大半は「警告の訓話」である。原典の持つ深みや魅力、そして活力が失われたところもある。しかし逆に、たくさんの説教が追加された。ポーリンとマッチの物語にしても、「マッチで遊ばないように」という警告に加えて、両親（そして社会の上位者）に背くことのないようにという警告を伝えている。
　したがって、究極の罰を受けることになったポーリンの過ちは、「火遊び」それ自体ではなく、権威に背くことであり、

「火遊び」は比喩なのである。漁師の「望まないことはしない」小魚（この小魚は漁師に捕まえられる）のように、彼女は母親の言う事を守るべきだった。警告の訓話の世界では、不従順には２つの原因がある。好奇心と頑固さ。両方とも悪い習性、いやそれどころか悪徳と見なされる。ポーリンは好奇心にあふれ、そして頑固だった。逆に、訓話のなかの美徳は「３つのh」である。勤労（hard work）、正直（honesty）、謙虚（humility）。

警告の訓話では、しばしば子供たちが自らの罪によって死ぬが、悪事をすれば実際に……。こうした訓話が人気のあった時代、死は公共政策の問題でもあった。宗教改革者カルヴィンは、言うことを聞かない子供を死刑にするべきだと唱えていた。ニューイングランドでは、「不幸」なことが実際に行われていた。大勢の子供たちが牢屋に入れられたり、処刑されたりしている。リンゴを盗むなど、ありふれた悪事のために……。牢屋に入れられなかった子供たちにしても、「本当の犯罪者」が処刑されるのを見るために、牢獄の中庭に連れていかれた。

押韻を踏んだ訓話の風刺世界に生々しさが宿るのはそのためである。両親が自分の子供たちに諭したいと思っていることが、こうした訓話には込められている。しかし皮肉なことに、物語展開が過激すぎるので、かえって子供たちを怯えさせることがないようだ。親指をかじってばかりの男の子は、親指を切り落とされる。パンを踏む女の子は、ヘビやハエやヘドロに覆われる。

同時代の「おとぎ話」には、もう一つの社会の現実も映し出されている。子供たちだけでなく、娘や妻も従順を求めら

ディスカッション　331

れる社会。自立している女性を待ち受ける運命を描く物語も多い。そして、その運命たるや決まって悪いものなのである。「おとぎ話」において、独立心は子供に対してだけでなく、女性に対しても禁じられている。これとは逆に、従順な若い王女、妻、娘に対して法外な重責が課されることはない。カエルの物語を読み返してみよう。いや、そろそろベッドに入る時間だろうか。

ジレンマ 73　不法入国者──現代の御伽噺

　現実の「権力政治」では要するに、あなたの国家の領域の外で人間が死んでも、それはあなたの責任ではないということだ。(あなたが入国を阻止したために、その人間が領域の外に出ていたのだとしても。)これを「相対主義」として考える人もいる。他の国家は私たちの国家とは異なる以上、異なる基準を適用すべきであり、他の国家の人々に何が起きても、私たちにはあまり関係が無いというのである。しかし、私たちのウィグルズ大尉の物語(そう、これは英国の子供向けの本の英雄「ビグルズ少佐」を連想させる名前)には、ポストモダニズムの相対主義が倫理の物語に関して投げかけた問題が明白に表れている。この「物語」を支配している「暗黙」の規則・前提は何だろうか。どのような視点が排除されているのだろうか。難民の物語ということならば、偽装したり嘘をついたりして入国しようとする「移民」の物語もあり得るのではないだろうか。もちろんこれは、迫害から逃げ、困難に耐え、ついに安住の地に到着する無実の「移民」の物語とは相容れない。

　「ビグルズ少佐」の物語は、少なくとも「白人男性の責務」

の範囲において、非常に「道徳的」である。私たちの英雄「ウィグルズ大尉」も、外国人に対する固定観念(ステレオタイプ)から離れることがない。大多数は無教養にしても無害な「原住民」であり、少数は危険で「油断のならない悪党」だという固定観念。物語はめでたく、「悪党」がやっつけられるところで終わる。外国人だから退治されたのではなく、道徳に欠陥があるという理由をつけられて。

ある典型的な挿話（「珍しい香水の事件」）のなか、ビグルズ少佐は英国の探検家コッター氏に雇われている「混血」の男が、珍しいランを独り占めしようとしたことを耳にする。仲裁を依頼されたビグルズは思いめぐらす。「道徳的理由だけを考えれば、あの悪党がランを持ち逃げするのを許すべきではない。ならず者が利益を得ることに私は断固反対だ。」彼の上司の空軍准将は（読者のために）、議論の種である財産権の問題に関して述べる。「結局、この男ラモンはコッター氏に雇われていたのに、契約を破った。油断ならない悪党は大事なものを盗んで、それを売った。私の意見では、遠征の成果を盗んだ者は、他人の所有物を持ち逃げする泥棒のようなものだ。」ランの利益はラモンのような悪党の現地人のものにはならず、英国人のものになるのが道理であると調停するビグルズ。このような物語を読むと、世界の多くの人々が西洋の倫理を（たとえ、人種差別的ではなかったとしても）帝国主義的と考える理由も分かるだろう。

しかし、ここは「不法入国者のボート」に話を戻そう。私たちのジレンマはどれほど現実的なのだろうか。1970年代には、航海には極めて適さないボートに乗って、大勢の人々が東南アジアから逃れようとしていた。そして、当初は人命

救助に関する通常の海上法に従って、商船が難民を拾い上げていたのである。ところが、救助された者を次の寄港地で降ろせるという数世紀にわたる習慣が存在するにもかかわらず、難民を降ろすのは無理であることが判明した。その結果、商船は航路を変更して、難民のボートの近くに寄るのを避けたのである。どれほど多くの人々が溺れ死んだのか、誰も知らない。

1980年代には、英国の船が香港に向かう途中で、900人のボートピープルを救助したが、サッチャー首相は難民を降ろすのを許可しなかった。英国議会は大騒ぎになった。「ボートピープル」を拒否した事例のなかで最も悪名高いのは、1938年にセント・ルイス号に乗ってドイツのナチス政権を逃れてきたユダヤ人の難民に対する拒否である。ユダヤ人がハバナに到着したとき、アメリカ合衆国の沿岸警備隊は彼らを英国へと追い返し、英国は英国で前例に従って彼らをベルギーへと送り返した。そして、彼らは強制収容所に。

ウィグルズ大尉の物語を読み始めるとき、私たちはそれと意識することなく、彼は「正しいことをする」と思いこむ傾向がある（何と言っても、物語の中心人物は英雄のはずだ！）。ところが、物語が進むにつれて、ますます私たちの思いこみは引き裂かれていく。不幸なことに、「現実の人生」においても、政府寄りの物語・見解に異議が申し立てられることは少ない。例えば、亡命者は侵略者、詐欺師、薬物取引人、犯罪者、テロリスト等であり、収容所に閉じこめておくか、海で溺れさせておいても構わないという物語・見解は、自分たちの足場を検討する習慣を欠いた、無批判な大勢の人々に受け入れられていく。亡命者やホームレス、あるいは狂人の

「脅威」(具体的に定義されないだけに、政治的には有効な言説となる)に直面した西欧諸国は、その力と富に見合うような寛容と忍耐を育ててこなかった。むしろ、その逆だろう。

日常会話と同じように、物語においても言葉は重要である。「ビグルズ少佐」の物語の著者 W・E・ジョンズ「大尉」も「やっこさん」、「混血児」、「悪党」などの言葉を、それらの含意に無頓着に喜んで使っているが、オーストラリア政府が難民を記述する言葉は、それよりもはるかに計算高く、もちろん偏見に満ち満ちている。銃口を向けられて横づけされた難民ボート。「不法入国容疑船舶 (SIEV：Suspected Illegal Entry Vehicles)」と呼ばれ、沿岸パトロールによって逮捕される (ザル sieve のように穴だらけで浸水しやすい彼らのボート)。収容所に何年も拘禁されている脅えきった家族。これで人目を引く物語になる。もし「SIEV」を取り押さえれば(ただし、"マッド"・ハリーが向かってはマズいが)、これで「平和解決」。「列に割りこもうとする人々」を「安全施設」に収容完了。そのうえ、同情を呼びそうな「難民」という言葉の代わりに、冷たく偏見に満ちた「不法入国者」という専門用語で彼らを呼ぶのである。

ハンプティ・ダンプティの指摘(作者ルイス・キャロル)は、的を得たものだ。言葉の意味を決めるのは、力を持っている人。これは記号学の難解な論文にもたくさん引用されている。そして、倫理の多くの議論も言葉の使い方が軸になっているのである。「まったく結構なことだ!」と『鏡の国のアリス』の中のハンプティ。突然そう言われても、アリスは何が何だか分からない。

「結構って、何をおっしゃっているの？」とアリス。ハンプティ・ダンプティは馬鹿にした笑いを浮かべる。「君には分からないだろう。私が君に教えるまではね。私が言おうとしたのは、決着をつける巧い議論ということだ。」アリスは反論した。「結構という言葉は、決着をつける巧い議論という意味ではないわ。」するとハンプティ・ダンプティは見下して、こう言った。「私がそれを意味すると言ったら、それを意味するのだ。それ以上でも、それ以下でもない。」「大切なのは、言葉にそれだけたくさんの意味を持たせることができるということね」とアリス。「大切なのは、どちらがご主人様かという、それだけのことだ」とハンプティ・ダンプティ。(現代フランスの哲学者ジャック・デリダはハンプティにとても似ているが、彼の場合は「古命名法」。「古い」言葉を取り出し、「そこに新しい意味を接木する」のである。)

ジレンマ 74 「髪の国」のハゲ族

このような社会は考えにくいと読者は言うかもしれない。誰が一体、些細な外見の相違をもとに、国民を区別しようと望むのか？ しかし、こう書いてみると突拍子もない話でもないような。人間の社会は些細な外見の相違をめぐって動いている。外見の相違が明らかではない場合は、宗教あるいは他の社会的要素が区別の元になる。例えば近代の日本でも、身分制度が廃止されたにもかかわらず300万人もの「被差別部落民」がハゲ族のように差別されていた。「被差別部落民」とは皮や肉を扱う「穢れた」職業の人々の子孫、とも言われていた。日本の産業基盤を作り上げた先端的「財閥」が

1975年、闇の「部落地名総鑑」を用いて採用応募者から「被差別部落民」を除外したことを認め、社会問題になったこともある。なぜ、こうした人々が劣位に置かれてきたのだろう。人種でも、宗教でも、肉体的な特徴でもない。ただの「伝統」である。

しかし、ここでの問題は「髪の国」の文化の論理基盤に異議を唱えることではない。女性を教育・訓練する価値はないと考える地域がまだ世界には多くあるが、この差別の「論理基盤」に誰が異議を唱えるだろうか。民族的少数者が世界の各地で迫害されているが、この迫害の「論理基盤」に誰が異議を唱えるだろうか。異議を唱える人は相対主義者ではない。文化相対主義の主唱者（語義矛盾？）の一人である人類学者ルース・ベネディクト（1887-1948）は、北西海岸のアメリカン・インディアンのなかに入って研究をした。反響を呼んだ論文のなかで彼女が述べるように、ある部族で誰かが自然死をした場合、それは「出征」を必要とする侮辱であると見なす習慣があるという。ある時、一つの部族の長が姉と娘の2人を溺死事故で失った。すると部族から「出征」のための集団が作られ、他の部族を殺戮しに出かけたのである。「幸運にも」すぐに7人の男達と2人の子供が眠っているところを見つけ、皆殺しにした。そして出征から戻ると、部族の全員が祝いに加わった。

西洋の倫理には（西洋の政治は異なるが）、人間はすべて肉体的特徴とは無関係に平等であるという「大胆な」前提がある。しかしそれならば、この「普遍的」価値とは相容れない、かくも多くの社会の方針を受け入れていることは、どのように説明できるのだろう？

これを哲学的に説明しようとするのが、相対主義の学説である。要するに、私たちにとって正しいことでも、他の人々にとっては正しいとは限らない。ひとつの文化のやりかたを、別の文化に押しつけようとするのは、極めて「不適切」である、と。こうした相対主義は、「文化帝国主義」（他の社会を無視・侮蔑して、自分たちの社会の価値・習慣を押し付けようとする考えかた）に対する反動と見なすこともできる。ジャン゠ジャック・ルソーの「高貴な野蛮人」の逸話（砂糖袋を運んであげようと申し出た愚かな白人の船乗りを後に残し、そこから逃げ去った「高貴な野蛮人」の逸話）も、自民族中心主義に対する反動だった。

　規則や価値は社会によって異なることは間違いない。人類学者の調査によれば、南アフリカの黒人たちは、愛によって性関係が作られる（さらに何と結婚することもある）国々があると知って衝撃を受けたという。そのようなことは「猫のすること」だと、彼らは軽蔑したのである。また、今日でもアメリカ合衆国のマサチューセッツ州の法律は、（「悪さ」を防ぐために）4月に犬の後ろ脚を縛っておくことを義務付けているほか、風呂に入らずに眠ることを非合法と記している。よく知られているように、オランダではカフェで麻薬を吸っても構わない。アフリカの地域には、少女たちに危険で痛ましい陰核切除を強いる場所がある。中東の多くの地域では、女性が公共の建物に入ったり、車を運転したり、外で仕事に就いたりするのを禁止している。「なるほど、しかしそれがどうした？」と、読者の皆さんは言うだろう。色々な点を考慮に入れても世界の大部分では、やはり習慣は王様である。相対主義者たちは正しい。もう後はご自由に！

ジレンマ 75 「髪の国」のハゲ族II

　実のところ、倫理学には2つの立場しかない。「それ」を正しいと考えるか、間違っていると考えるかである。だが、それに追加するならば、「それ」を正しいと考えない立場もある。あるいは、どちらとも言えないという立場。どちらでもあるという立場。どちらでもないという立場。どちらということもないが、両方とも正しいかもしれないという立場。どちらということもないが、両方とも違うのではないかという立場。これらを合わせて、8つの主な立場と言うこともできる。これまで哲学者たちは喜び勇んで新しい言葉を作ってきたのだから、各々の立場のなかで微妙にニュアンスの異なる立場にも、またたくさんの名前をつけることはできるだろう。例えば、「正と誤」は全く同じと考える「道徳のニヒリスト」がいる。ただし、「道徳的ニヒリスト」は「道徳の主観主義者」と一緒にすることもできる。「道徳の主観主義者」の主張によれば、人が「それ」を「良い」と言うのは、自分が「それ」を好きだと言っているにすぎない。「道徳的観点はその観点を持っている人にのみ価値がある。」そのため、これを「道徳性」とは呼べないというのである。

　立場を細分化するのはもう十分と思われるかもしれない。しかし、続けてみよう。主観主義者に似た立場に相対主義者がいる。相対主義者によれば、ある道徳的観点が「価値を持つ」のは、特定の時代・地域に生きる人々のあいだに限られている。したがって、それは時代を超えた普遍的な真実ではないというのである。より限定してこの立場を、「文化相対主義」と呼ぶことができる。これは「髪の国」でも争点にな

っていた。

　ただし、ある状況において正しいことでも、異なる状況では間違っていることもあると考えるのならば、(より洗練された)「道徳の絶対主義者」の立場を維持しているとも言える。ある人にとって正しいことでも、異なる文化に生きている別の人にとっては、正しくないかもしれない。2人の生きている状況は異なるのだから。

　また、道徳的真実は存在するにしても、誰もそれを知らないと考える人々もいる(「道徳の懐疑主義者」)。あるいは、「正と誤」に相違はあるが、それは「直感」によってしか知ることができないと考える人々もいる。プラトンのように「正と誤」を明確に区別して考える人々を、さらに2つのグループに分けることもできる。道徳的に重要なのは各々の行為よりもむしろ、行為を支える価値にあると考えるグループ(「柔軟な普遍主義者」)と、万人が従うことのできる規則・道徳的規範が存在すると考えるグループ(「強硬な普遍主義者」あるいは「道徳的絶対主義者」)である。宗教的規範はまさに後者の主張する規範。宗教的規範においては、「それ」を信じなければならない。他のことを信じるならば、規範の意味がなくなるからである。今日では多くの宗教が、信者でなければその規範を破ることを「許している」(ただし、可能な限り控えめに破ることが好ましい)。だがおそらく、規範を破った人間は「地獄行き」と考えてのことだろう。

　もちろん、規範的理論と記述的理論の区別、内在的価値と道具的価値の区別、規範主義と施行主義の区別もしなければならない。しかし、以上でもすでに相対主義国「レラタヴィア」の代表団が「髪の国」の政治家たちを楽しませるのには

十分だろう……。

ジレンマ 76　ほんのデザート

　道徳的観点の多様性を物語る最も有名な例は、古代ギリシアの哲学者ヘロドトス（紀元前484頃‐431）が記したダリウス王とインド部族（「カラチの人々」）の興味深い物語にまで遡る。父親の死後はその亡骸を食べることが正しく、礼儀正しい行為であると感じている民族がいることを、ダリウス王は耳にした。そして、それに関心を寄せたダリウス王は、問題解決と実地調査を絡めた「アクション・リサーチ」に乗り出したのである（両親に対する子供の尊敬の念は、ギリシア人ならば見過ごせない）。彼は使者を「カラチの人々」に送り、親の亡骸を食べるのではなく、（当時のギリシア人と同じように）燃やす習慣に変えるためには、何を贈与すればよいかと尋ねさせた。同時にダリウス王はギリシアの村の人々に、亡くなったばかりの親の亡骸を（「カラチの人々」のように）食べることができるかどうかと尋ねた。

　ヘロドトスの記録によれば、どちらの人々もショックを受けたという。自分たちの習慣しか考えられない。それを変えることなど、とても認められないと言うのである。ここから学べることは？「習慣は王である」。これをルース・ベネディクトは何世紀も後に「再発見した」。ヘロドトスもベネディクトも、善悪が交換可能であると証明したわけではない。発見したのは、善悪に関する人々の意見は変化するということ。そして、文化状況が異なれば、意見も異なるということである。しかし、どの文化においても、死者を弔うときに守るべきことが1つある。死者を敬わなければならない。それ

に、自分が死んだときには、そうしてもらいたいのではないか。後日談になるが、ダリウス王がギリシアに招いた「カラチの人々」は全員、ギリシアで結婚して生活することになった。したがって、誰かが亡くなったときには、何かしら理屈を考えたのだろう。

ヘロドトスの面白い物語。

　ヘロドトスの有名な『歴史』に語られた面白い習慣の1つは、ペルシャ人の習慣だろう。彼らは「重要なことを決定するときにはワインを飲む」のが最善と信じている。そして翌朝「素面(しらふ)」のときに（頭痛はするだろうが……）、その決定を再考し、これで良いと思えば行動に移すというのである。しかし、ヘロドトスは付言する。「最初の決定のときには酔っていない人々もいるのだが、再考するときには皆、ワインの影響を受けている。」(第1巻、133)

　他の国家や国民との関係に関するペルシャ人の信条にも、非常に考えさせられるものがある。「遠くにいる国民に対する評価ほど低くなる。」その理由。「自分たちはあらゆる点において、他の国民よりも優れていると考えるからである。」(第1巻、133) まるでイングランド人のようだ（ヘロドトスは幸運にもイングランドを訪れたことはなかった）。しかし、少なくともペルシャ人は、信心深いイマヌエル・カントのように、「世界で最も不名誉なこと」は嘘をつくことだと信じていた。「次に悪いことは、負債を負うこと。何故なら、何と言っても債務者は必ず嘘をつくからである。」(第1巻、139)

　バビロニアの習慣は、もっと彼らの「社会性」を反映している。バビロニアの女性は一生に一度、愛の神アフロディテ

の寺院に赴くことを義務づけられていた。そして、そこに座り続け、「見知らぬ人」(男性)によって「解放される」まで、根気強く待たなければいけないのである。男性は女性の脚のあいだに銀貨を投げ入れ、彼女を招き寄せ、アフロディテと関係のある行為をするために「聖地の向こう」に連れていく。女性は最初に出会った男性を受け入れなければならず、拒むことはできなかった。「背が高く美しい女性はすぐに解放されるが、醜い女性はことが実現するまで長いこと座っていなければならなかった。寺院のなかで3、4年待っていた女性もいる。」ヘロドトスがこう語って、男性たちを楽しませたのは間違いない。(第2巻、199)

バビロニアには医者がいなかった。そこで、男性が病気になったときには、病人を広場に寝かせて置く。「すると、通行人たちがやってくる。そのなかに自分も同じ病気にかかったことがある者や、その病気に苦しんだ人を知っている者がいれば、病人に助言を与えるのである。」病気なのに広場に寝かせられ、言わば二重に苦しむことになるのだが、回復する人は確かに非常に早く回復して、仕事に戻ったという。(第2巻、197)

「社会性」に関する習慣とはいえ、現代人には最も遠く感じられるのは、特別な夕食を用意することで知られるマッサゲタイ族の習慣である。「男が老いると、親族は皆一緒に集まって、彼を牛数頭と共に犠牲に供する。犠牲の後、親族は男の肉を茹で、祝宴となす。人生最後の日をこうして迎えることのできた男は、最も幸福な人間であるとみなされた。」もう一つの習慣も私たちには受け容れがたく、相当に不快なものである。「男が病死すると、親族は彼の肉を食べず、地面

に埋めて、彼の不幸を嘆き悲しむ。」(第2巻、216)

　遊牧民の Padaeans 族は少なくとも、虚弱者に対してもっと寛容だった。生肉を食べて生活していた彼らは、病人も食べていた。種族の一人が病気になると、一日中家で看病することなどせずに、速やかに病人を死に至らしめる。「衰えて死ぬと肉が腐る」と考えていたからである。また、彼らは礼節を重んじていたため、男は男の肉を食べ、女は女の肉を食べていたのである。(第2巻、99)

　スキタイ人は残念なことに、血に飢えた習慣をたくさん持っていた。身の毛のよだつような彼らの習慣を詳述できるのは、哲学に関する真面目な本ではなく、安っぽい犯罪小説以外にはない。スキタイ人は戦闘で殺した人間の頭皮から全身の皮を剥ぎ、その体を巧妙にも邪悪な目的に使う嗜好を持っていたと記すだけにしておこう。例えば、「全員に対してではないが、最も嫌っていた者の」頭蓋骨は酒を飲む器に使われ、頭皮は縫合されて特製の外套になったという。(第4巻、64—65)

　Tauri 族は犠牲者の頭蓋骨を別途に使っていた。不幸にも彼らの手中に落ちた人々はみな、頭を切り落とされてしまう。そして誇らしげに家に運ばれると、「煙突」などの高い柱の上に掲げられた。その理由は風水のためではなく、「家全体を守るため」だったという。(第4巻、103)

　最後になるが最低ではない習慣を1つ。トラキアの Trausi 族は子供が誕生すると、非常に道理のある方法でその子を迎えたという。「子供が生まれると、親族全員が丸く囲み、生まれ落ちたこの世界でその子がこれから経験する苦悩のために泣く。人類が苦しんできた病気の名を数え上げな

がら。これとは逆に人が亡くなると、笑い声と喜びの声をあげながら埋葬するのである。」(第5巻、4)

ジレンマ 77　親族の名誉

これは本当に、少し油断のならない問題である。相対主義国「レラタヴィア」の住人ではない読者は、ここにジレンマを感じるのが難しいかもしれない。それどころか、少し目茶苦茶ではないかと。そして、ジョーンズ家の人々は「普遍的」な生存権を侵害したと考えるかもしれない。しかし、そうだとすると、自分たちの文化的価値を押しつけたという告発を受ける準備をする必要があるだろう。世界の少なくとも20カ国では、「名誉殺害」は「普通のこと」として健在なのである。例えば20世紀末のパキスタン、イエメン、エジプト、レバノン、パレスチナの領土では、「名誉殺害」の死者は2000人と記録されているが、これは氷山の一角にすぎない。増加し続ける犠牲者に遺憾の意を示した、いわゆる「国連決議」に対して、20の加盟国は調印する準備がなかったのである。

ヨルダンでは「殺人」の半分が、家族の名誉のために行われている。こうした「殺人」に対して厳罰を下そうとする法案は、「アメリカ合衆国に諭されている」と激怒した議会によって、高らかに阻止された。しかし、ヨルダンは安心して独立を意思表示できる。何故なら、西側諸国は彼らの行為に寛容なのだから。西側諸国は現金と商品の流通も止めることはない（その代わりに、政治的敵対国との摩擦を伴うことになった、人権問題に集中することを好んでいる）。

高次の道徳的立場を重視して、この問題に関する自らの

「良心的」立場を主張する国々もある。自分たちの伝統はイスラムであり、「イスラム法」に準じているのだと。イスラムで不倫の「行為」が発覚したカップルには、公開処刑が強いられる。しかし、この法は冷酷であるにしても、「許されざる」関係を犯した独身者を殺すことまでは認可していない。「名誉殺害」の事例の多くは、(このジレンマの場合と同じく)それに当たる。また、同じ家族の構成員による強姦等の被害者のために、その加害者の殺害を許可することもない。その場合は「鞭打ち80回」に処すと規定されている。

「名誉殺害」の行為は、実のところハンムラビ法典*に由来している。息子ではなく、娘を家族の資産と見なした紀元前1200年のアッシリアの法典。非常に古い法ではあるが、人々の態度に広く影響を及ぼしている。キリスト教の教会結婚式では、花嫁の「所有権」が父から花婿へと委譲される。花嫁の手が父を離れ、花婿に委ねられるという肉体的な上演。(レヴィ=ストロースが『親族の基本構造』で指摘するように、フロイトが社会生活の発展の鍵とみなした近親相姦の禁忌は、まず何よりも、女を贈与するにあたって「純潔」に保っておくシステムである。その禁忌が侵犯されると、もはや女は贈与されるには不適格となり、「名誉殺害」の応答が行われることになる。)

このジレンマにおける女性の地位は、そこまで宗教や伝統の価値に彩られてはいない。むしろ、男が女に及ぼす力に関係している。このジレンマのように男女の力関係が覆されるならば、おそらく問題は高次の道徳的課題になるだろう。

*賢明なるハンムラビ王の法典によれば、例えば、ある男の娘が他の男に襲われて、流産するならば、罪を犯した男は失われた子供の補償として10シェケル〔ユダヤの通貨単位〕の銀貨

を払わなければならない（規則209、210）。さらに女が亡くなったときは、男をより厳しく罰しなければならない。その男の娘が死刑に処されるのである。

反対の議論

ニーナ・ローゼンスタンドは著書『物語の教訓』（2000）のなかで、イスラム諸国（及びイスラム法と聖戦）における女性差別を浅はかに正統化している。

> こうした伝統は確かに古典的なイスラムの価値体系の一部ではあるが、これを文化的・歴史的な文脈から見ないように注意すべきである。イスラム教の価値の起源は、1000年以上前に遡る。同時代の西洋の価値体系に目を向けるならば、聖戦、懲罰、女性の地位に関して、著しく類似した考えが見つかるのである。

この興味深い議論は、倫理学の教科書で真剣に進められている。何世紀にもわたって行われていることは、「固守」するのが正しいというのである。この議論を真剣に受け取るならば、「逸脱」してきた西洋の体系は、道徳的土台を欠いた体系と見なされるだろう。

これは奇妙なことではないと言わんばかりに、ローゼンスタンドは続ける。「さらには今日、すべてのイスラム諸国がこうした規則を厳守しているわけではない。」そして彼女は、自分の主張を高らかに結んでいる。「原理主義諸国に関して西洋人は判断を下す前に、その歴史的文脈をよく調べるのが賢明だろう。」

この言葉を真剣に受け取るならば、倫理学をゴミ箱……歴史の「ゴミ箱」に引き渡しても良いのだろうか。

ジレンマ 78　廃墟と化したドレスデン

英国とアメリカ合衆国は第2次世界大戦の末期、ドイツの小さな街をいくつも空爆した。「慣例的」な戦闘によって生じた荒廃を写真は伝えている。

これらの街に軍事基地は無かった。それは英国とアメリカ合衆国も知っていた。近年になって英国で公開された文書によれば、爆撃の基準は2つ存在したという。1) 爆撃機が街の位置を容易に見つけられること。2) 炎上しやすい街であること。

ドレスデンは1945年2月に破壊し尽くされた。推定3万人の人々が死んだ。死者の大半は民間人。しかも、ロシア軍の侵攻から逃れて到着したばかりの人々が多かった。あるアメリカ空軍の司令官によれば、こうした空爆によって戦争終結を早めることができるとは考えていなかったという。むしろ惨禍が「父から息子へ、そして孫へと伝えられることで、未来の戦争を抑止する効果がある」と期待していたという。何という「功利主義的」立場だろう。未来の人命を救うという名目で、多数の民間人の殺戮を正当化しているのだから（しかし、本当に効果があったのだろうか……）。

「ドイツ国民」が英国と連合軍の爆撃機に対して、大きな脅威を感じていたのは確かである。これは「総力戦」であり、空爆は敵国の士気を挫くと考えられていた。このような戦術が最も残酷な結果を生んだのは、アメリカによる広島と長崎への原爆投下である。広島と長崎が選ばれたのも、原爆を投

下するのが「容易」だったからにすぎない。「侵略戦争」を継続することは得策ではないことを広報するために、たまたま選ばれたのである。広島と長崎でも、老若男女を問わず子供たちを含め、何十万もの人々が命を奪われた。犠牲者に定められた人々が国家の政策を支持していたのか、あるいは異見を持っていたのか、それは無関係に。

第2次世界大戦後も民間人に対する空爆は「戦争犯罪」でなく、「合法的」軍事作戦の一環であると見なされている。ほんの一例を挙げれば、カンボジア、ヴェトナム、コロンビア、フィリピン、東ティモール、チェチェン、パレスチナなどでの空爆。犠牲者たちは「付随的損害」と呼ばれて貶められている。国家に対する反乱軍もまた、民間人を標的にしている。アイルランド、スペイン、イタリア、ドイツ、スリランカ、フィリピン、イスラエルなど。このリストは終わることがない……。

キプロスのカルタゴ司教は戦争の欺瞞をこう非難している。「全世界は敵の血を浴びて濡れています。個人が人を殺せば犯罪です。しかし、国家の権限において人を殺せば、勇敢な行為と認められるのです。殺す理由が正当だからではありません。残虐の規模が大きいと、忌まわしいことも潔白になってしまうのです。」

ジレンマ 79　正義の戦争

確かに哲学者は自分の好むことを兵士にも求める。だから、人権を擁護・支持することを求めるのである（ただし哲学者は個々の人権擁護には、あまり踏みこまない）。第2次世界大戦末期にローズヴェルト大統領が「4つの自由」と呼んだ権利

がある。貧困からの自由、恐怖からの自由、言論の自由、信仰の自由。過去の殺戮と同じく、第2次世界大戦の殺戮も連合国にとっては「自国・他国を問わず、人権と正義を守るために」行われたのである。

だから連合国は戦後のヤルタ会談において、戦争を二度と行わないと誓約しなかった。その代わりに、「平和に対する脅威を防止・除去し、平和を侵害する侵略等の行為を抑制するために、効果的・集団的な措置をとる」準備として、「国際連合」の組織設立を約束したのである。国連は決まって「正義」の戦争を遂行する。

しかし、プラトンの対話篇のなかでソクラテスがケパロスに説くように、他人に危害を加える行為が「正義」ということはありえない。もっとも、ソクラテスの意見は少数派。古代の哲学者の大半は、戦争は「勇気」などの男らしい美徳を教育する公的機会と考えていた。ヘーゲルも戦争を支持していた。戦争は人間存在の捉えにくい「本質」を想起させてくれるというのである。

男らしい美徳や兵士について、エラスムスはこう記している。「愚かな軍人、頭の鈍い君主……見かけ以外は人間ですらない。」軍隊を送りだす人間の倫理も問われる。戦争は支配者の偽装の仮面として役立つにすぎない。偽装の仮面に隠れることによって初めて、支配者は通常ならば考えられないことを、敵国民に対してのみならず、自国民に対しても行うことができるのである。

作家ブルース・チャトウィンは一人の「ヴェトナム退役軍人」のことを回想する。それは、30年間も他国の人間を殺すために雇用された職業軍人ということだ。退役後？　「彼

はバラを刈りこんでいる」という。チャトウィンも書いているように、「見知らぬ人」を意味するラテン語「wargus」は、「オオカミ」という意味も持っている。両方とも追い払うか、殺すかすべき危険な獣という含意である。プロパガンダは敵の地位を、「獣のように凶暴・不信心で、癌のような存在」に格下げしようとする。さもなければ、自分たちを獣に変えようとする。

古代ギリシアの詩人ホメーロスは、殺すという行為を2つの全く異なる種類に区別している。1つは冷酷な行為。ギリシア語では「menos」。トロイア戦争を詠った叙事詩『イリアス』のなか、助けを求める相手をオデュッセウスが処刑するときに見せたような行為である。もう1つはトロイアの勇士ヘクターが戦場で経験したような行為。オオカミのような激怒、血まみれの虐殺に対する熱狂からくる行為である。断末魔の苦しみにおいては、もはや「人間」ではなく、いかなる規則にも束縛されていない。

同じようにジークムント・フロイトも、人間の相当に残酷な本性をとても印象的に記している。

　人間は愛を求める穏やかで、友好的な生物ではない。攻撃されたならば、たんに身を守るだけでは終わらない。強い攻撃性が人間には本能として与えられていると考えなければならない。したがって、人間にとって隣人とは、自分を助けてくれそうな人である。あるいは、性的対象であるのみならず、自分の攻撃性を満足させたり、報酬を与えることなくその労働力を搾取したり、同意なしに性的に使用したり、財産を収奪したり、恥をかかせたり、苦しめたり、

拷問したり、殺したり、そういうことをしたくなるように誘惑する存在である。「人間は人間に対する狼である。」自分自身の人生や歴史を振り返ったとき、誰がこれに反論する勇気を持っているだろうか。(「文明とその不満」1930)

ヒューマニストにも色々な立場があるが、人間に信頼を寄せている点は共通している。カントは『永遠平和のために』(1795) のなかで、「戦争するかしないかを決めるには、市民による認可が必要である」と述べている。市民に意見を求めるならば、「恐怖に満ちた遊戯を開始する以前に、市民がよく考えるのは何よりも当然」なのだから。確かにカントはトマス・ホッブズの有名な言葉「万人の万人に対する闘争」と同じく、人類の自然状態を闘争と見なしていた（自ら闘争を引き起こすのであれ、脅威を与えられたために闘争するのであれ）。しかし、それでもなお永遠の平和はカントにとって疑問の余地なく人類の目標であり、その現実的探求は「純粋理性の範囲内における権利理論すべての目的と意図」だったのである。

カントと同時代、ジェレミー・ベンサムは『普遍的永遠平和のための計画』(1789) に結実する研究に没頭していた。ベンサムは自分の構想した「一望監視装置(パノプティコン)」の評判など気にすることなく、それと同じ原理を拡大し、世界を監視する超国家的な「目」を基本に置いたのである。もちろん強制力を用いるのではなく、情報の自由な交換による監視によって、違反国家を恥じ入らせて更正させるというのである。

カントの夢に到達するもう1つの可能性として哲学者が認めるのは、「グローバル化」だった。アダム・スミスは戦闘

の衝動に対する解毒剤として、利潤という動機を提案した。「もしも交易を世界的に行うことができるならば、戦争システムは根絶され、諸政府の野蛮な状態に革命が生じるだろう。」また、1848 年にジョン・スチュアート・ミルはこう書いている。

　　個人の利益を強化・増大することによって、戦争を急速に時代遅れにしているのは交易である。個人の利益は、当然ながら戦争と対立する。世界平和の主な保証である国際的交易の拡大・急増は、人類の観念・制度・性質の絶えざる進歩のための、偉大なる永久の安全措置であると言うのは、誇張ではないだろう。(『政治経済学原理』1848)

しかし不幸にも、世界的交易が 19 世紀に増加するにつれて、世界戦争も増加していった。
戦争は善？　悪？　それとも？　これは明白。戦争は「悪くない」。人間が悪いのである。

正義の戦争？
東ティモール——インドネシアの武装組織による大量虐殺から先住民を救うための戦争。
アフガニスタン——西洋のライフスタイルをイスラム原理主義から保護するための戦争。(そう、アフガニスタン人を解放するための戦争。)
シエラレオネ——無作為の大虐殺・動乱に熱を上げる犯罪的武装組織に対抗し、民主的政府を樹立するための戦争。

カンボジア——「知識階級」を絶滅させ、国家を「零年」に戻すことを企てた残忍なクメール・ルージュ体制を除去するための戦争。

バルカン諸国——神話的な「セルビア帝国」を再建しようとセルビアの煽動家スロボダン・ミロシェビッチが進める「民族浄化」を止めるための戦争。

ルワンダ——フツ族の武装組織によるツチ族の虐殺（血の流れる河川、人骨に覆われた野原を残した悲惨な虐殺）を止めるための戦争。

ジレンマ 80　抑止

ミーニー家とイングレイト家は理性的だろうか。彼らはパブの他の客にも、自分たちのことを理性的と思って欲しいようだ。単なる暴力のために爆発装置を設置したのではなく、最も偉大な戦争哲学者クラウゼヴィッツが『戦争論』に記したような「統制された政治」、「別の手段による政治」である、と。

しかし、どちらかが一度でも爆薬を発火させるなら、被害は想定された「勝利」には見合わない悲惨なものになるだろう。パブの店員フィルはおそらくそう考えて困惑したのである。合衆国の戦争計画立案者バーナード・ブロディも核戦争に関して同じ意見を持っている。受け入れがたい規模の破壊をもたらす可能性があるとき、抑止力に依存するのは理性的とは考えられないというのである。同じことが抗争中のミーニー家とイングレイト家にも当てはまる。なるほど、「理性的人間」ならば爆薬に点火することはないだろう。しかし、

「理性的人間」ならばこのように脅迫するものだろうか。

『オックスフォード英語辞典』によれば、「抑止」という言葉は1820年に登場している。意味は「脅かして追い払うこと」。だが、それならば少なくとも、絶えず戦争をしていた古代ギリシアの都市国家時代にまで遡ることができる。理論としての抑止は、抽象的・理性的に自分の利益を追求する判断という、哲学者の好む思考方法にも支えられている。それを強調したのが「囚人ジレンマ」(例えば、私の前著『哲学101問』を参照願いたい)。敵国の軍備を見ると、それがすべて自国に対して使用されると思いこんでしまう「大佐の誤り」も、こうした思考方法の典型である。大佐は燃料庫に座って計算をする。

【敵国のミサイルを破壊する自国のミサイルの効果】+【攻撃目標を破壊する自国のミサイルの効果】+【自国のミサイルの発射の頻度】+【敵国が反応する前に被害を与えるため、自国のミサイルに必要とされる時間】−【自国のミサイルを破壊する敵国のミサイルの効果】−【敵国が降伏するか絶滅する前に、生命維持の必要がある犠牲者の数】−【自国が降伏するか絶滅させられる前に、生命維持が可能な犠牲者の数】= ?

(ミーニー氏は屋外トイレに座って、どれくらいの重さの爆薬があればイングレイト家の生垣に甚大なる被害を与えることになるのか、計算したのだろうか。)

第2次世界大戦の終結直後、広島と長崎の上空のキノコ雲がまだ世界の人々の意識を覆っていたとき、アインシュタインは発言した。「世界政府が広まらない限り、新しい思考に向けた共通の努力をしない限り、人類は破滅を運命づけられている。」ブロディは核兵器の逆説をこう要約した。「これま

で私たちの軍事組織の主要な目的は、戦争に勝利することだった。これからの主要目的は、戦争を回避することでなければならない。」

原子爆弾の登場以来、戦争に関する古典的な「経済」は時代錯誤になったとブロディは書き留めている。戦争から得られる利益は乏しく、損失が大きくなったのである。「原子爆弾が存在するという事実。そして、その破壊力は途方もなく大きいという事実。原子爆弾をめぐるすべての状況に影を落としているのは、この2つの事実である。」しかし、「抑止」に関する限り、ブロディはこう認識している。武器を使用する必要はなく、ただ両者が核戦争の可能性に恐怖を感じながら生活することを意味する。正当な理由なしに先制攻撃をすれば核戦争になる可能性が高くなり、核戦争の可能性が高くなればなるほど、抑止の効果は強くなるのだ、と。クラウゼヴィッツが述べたように、戦争には戦争自体の論理の問題の前に、まず戦争をめぐる言語の問題がある。軍事力は理性的判断の手段に留まらなければならない。

相手を完全に破壊する能力を片方が持った時点で、それ以上の武器を持つ意味はほとんど無くなる。

しかし、核戦争に関してこれと反対の見解を述べる軍事専門家は少なくない。核戦争は可能であり、「勝利可能」と言うのである。合衆国政府に影響力を持つもう1人の顧問ウィリアム・ボーダーは、核戦争は不可避であると予言する。両側のミサイルが飛び交い、多くの都市が壊滅する「空中の決闘」。1970年代までは、それが少なくともアメリカ合衆国において優勢な見解だった。国防長官ジェイムズ・シュレジンガーは「相互確実破壊」という古い理論を捨てると発表し、

核戦争の事態において合衆国が「勝利する」ために構想された戦略に賛成している。「ハト派」のカーター大統領と「スター・ウォーズ計画」のレーガン大統領の両政権下において、合衆国軍は攻撃目標のリストを拡大した。200のソビエトの都市（大陸のほぼ全員を殺すのに十分な数である）のみならず、地下にあるミサイル格納庫・発射台も標的に含まれていた。この計画は「合衆国に有利な条件で、否が応でもソビエト連邦に敵対行為の終結を模索させる」と言われていた。戦争を回避するだけでなく、戦争の勝利に焦点を合わせていたのである。もし戦争に勝利できるならば、（シェルター生活を我慢すれば）戦争をするのも悪くない……と。

事実、1983年に開始された「戦略的防衛主導」の新政策（いわゆる「スター・ウォーズ計画」）は、それ以前の「相互確実破壊（Mutual Assured Destruction）」――（狂っているMAD）――に比べ、「より道徳的・倫理的」な政策として推進された。もちろん、各国の反戦運動家たちは合衆国の新構想に仰天した。だが、核戦争の「勝利」が可能であるという見解も、ある意味では抑止を強化するかもしれない。自国のミサイル格納庫・発射台を、例えば「スター・ウォーズ計画」によって守るならば、理論的には敵国に攻撃を思い止まらせることにもなる。ただし、自国を守れると思えば、先制攻撃に乗り出す機会もはるかに高まるだろう。

それにしても、抑止論は絶え間ないプロパガンダを必要としている。「敵」を破壊することは国民の意志であり、相手に敵意があることは明白であると広報し続けなければならない。（ここにも抑止政策の欠点がある。抑止政策は相手国の攻撃の抑止に帰結するかもしれないが、自国が攻撃に乗りだす危険を

増やすからである。）

しかし、ここで私たちの「近所」の問題に戻ろう。「核の均衡」は決して非核戦争を抑止しなかった。朝鮮（1950〜53）、ヴェトナム（1961〜73）、ハンガリー（1956）、チェコスロバキア（1968）での戦争は、核爆弾の不吉な影の存在にもかかわらず勃発した。同じように、ミーニー家の車のタイヤは外されるだろう。イングレイト家の猫には緑のスプレーがかけられるだろう。核戦争による絶滅の危機でなくとも、戦争は痛々しい脅威である。絶滅を避けるために戦争を引き起こすというのならば、それはまったく解決ではない。

ジレンマ 81　テロの学校

問題が1つだけある。その「テロの学校」はアメリカ南部ジョージア州のフォートベニングに本拠地がある。資金はもちろん合衆国政府から与えられている。半世紀以上もの間、（アメリカ国民の敵ではないとしても）合衆国政府の仮想敵と戦闘するためのゲリラ兵士を養成してきたのである。

1988年に大きな自動車爆弾がベイルートで爆発し、85人の罪のない通行人（及び標的とされた1人のイスラム法裁判官）が殺された事件の背後にも、この学校の存在があると言われている。また、サウジアラビアが資金を提供している秘密工作によって爆弾を仕掛けたのは、他ならぬワシントンのCIA工作員だった。

2000年、アメリカ合衆国議会はその学校を閉鎖する動議に投票を行ったが、僅差で採決には至らなかった。代案として下院は「新名称創案」を行った（非常に重要な倫理的行為！）。不幸にも今や悪名高い「SOA」(The School of Americas）から、はるかに立派な響きのする「安全協力西半球研究所」に名前を変えたのである。

あなたは合衆国の関与を知ったことで、その学校に関する善悪の判断を変えるだろうか？ 学校を爆撃するのは止めようと思うだろうか？ もし判断が変わるようならば、ジョン・ロールズの言うように、あなたは「無知のヴェール」の背後から決断する必要があるかもしれない。ロールズによれば、私たちが本当に様々な要因を比較考量して、正しい結論を出すことができるのは、私たちの判断が誰の利益あるいは損害になるのか、まったく知らない状態で、問題を冷静に見ることができるときのみ、なのである。

影の「アルカイダ」組織の犯行とされる衝撃的な無差別大量殺害。悪名高い 2001 年 9 月 11 日の自爆ハイジャックとニューヨーク市の一部を破壊したことで頂点に達し、しばらくの間、容認しがたい悪行の典型と見なされたこの事件。その直後、合衆国大統領はこう明言した。「無法者や無差別殺人者を支援するいかなる国家も、同じように無法者であり無差別殺人者である。そのような国家は自らを危険にさらし、孤立した道を歩むことになるだろう。」

まさに賢明な言葉である。

ジレンマ 82 ドードーの叫び

ドードーも「ただの鳥」。何羽くらい必要？ 動物園で飼うくらいの数で十分？ 希少なパンダや可愛いコアラに並ぶくらいの数がいれば大丈夫？ 子供たちの世代も見物できるように。そして、人間が地球以外の惑星に住むときに、ドードーを野生に戻せば十分？ そう考えれば、ドードーは 30

羽で十分だろう。今日、科学者は一生懸命に生物の必要最低数を下げようとしている。珍しい動物たちのDNAや遺伝コードを蓄積していくと、ある種が絶滅したとしても、後日に復活可能だというのである（人間がそれを望むならば）。生身のドードーを残す必要はない。試験管に遺伝子サンプルが残っていれば大丈夫。それでも、ドードーは必要なのだろうか。ロンドンのトラファルガー広場には、ハトが一杯いるというのに。ダーウィンは『種の起源』のなかで、こう述べている。

　何年も前に、ガラパゴスとエーゲ海の離島の鳥を互いに比較したり、それをアメリカ本土の鳥と比較したり、他人が比較するのを見たりしたのだが、種や変種の区別の曖昧さ、いい加減さに私は驚愕した。

ダーウィンが認識するように、生物の種とは「便宜上、恣意的に与えられた」名辞である。類似しているとはいえ、現実の生物はすべて特異なのだから。環境倫理のホームズ・ロルストンが指摘するように、「絶滅の危機にある種に対する私たちの義務感」は、恣意的な区別の上に成り立っているのである。

例えば、樺の木の一種は珍しいことに葉の先端が丸い。当初はその特徴が重要とは思われていなかったが、1960年代になってから、ある優秀な植物学者によって別種と認定された。ところが、生育場所として知られているのは、アメリカ合衆国ヴァージニア州の2ケ所のみ。そのため、その樺の木の一種は「危機にある」と見なされることになった。誇り高いヴァージニア州の人々は義務感を覚え、2つの生育区域の

周囲に頑丈なフェンスを設けたという。これとは逆に、危機にあると見なされた「メキシコガモ」は、最近になって普通のマガモの一種と認定され、絶滅が心配される種のリストから外された。警戒すべき事例だが、ロサンジェルス沖サンクレメンテ島の野生のヤギ1000匹が、ある日突然、射殺されることになった。「珍しい草」を守る「自然保護」運動の一環というのである。幸いなことに、植物のために仲間を殺されまいとしたのか、同種の哺乳類はそこで増殖している。

科学者の指摘によれば、私たちはまさに「6回目の大絶滅」の最中にいるという。前回の絶滅は6500万年前であり、そこで恐竜が姿を消した。今回はあらゆる種類の生き物、特に私たちの仲間の哺乳類が失われている。しかも、「6回目の大絶滅」は現代になって始まった現象ではない。およそ5万年前に1つの種が成功を収め、その数を増やし、地球上に広がり、他の生き物を殺害・破壊したことの帰結なのである。「自然選択」理論の忘却された共著者アルフレッド・ラッセル・ウォレスは、こう書いている。「私たちは動物学上、貧困な世界に住んでいる。最も巨大で、最も獰猛で、最も奇妙な姿をした動物はすべて最近になって、この世界から姿を消したのである。」飛べない鳥もその犠牲者だった。ドードーは私たちが記憶している飛べない鳥の唯一の種である。他に犠牲になったのはマンモス、ヘラジカ、多毛のサイ。それから、何種類ものカンガルー、ナマケモノ、オオトカゲ、車の大きさほどのカメ。そして、1万年前までは地中海には残存していたが、殺されてしまったコビトカバやゾウ。

私たちが生き抜いているのは、いや正確に言えば、私たちが関与しているのは、生物の多様性が縮減していく周期的な

プロセスである。前回の絶滅の原因は、おそらく地質ないし天体の事変によって引き起こされた気候の変化にあった。今回の原因は、私たち人間の自然に対する態度にある。要するに、私たちはオランダ人の水夫と同じく、自分たちの欲望をすぐに満たそうとして、見つけたものは何でも破壊してしまう。大きな動物、その動物の命を維持していた中くらいの動物、小さな動物、そして森や林が姿を消したとき、私たち人間自身が生き残る見通しも暗いことに気づくだろう。そう考えると、何羽のドードーが必要なのだろう？　答えは予想よりも多い数になる。もちろん、オランダ人の水夫が思っていたよりも多い数である。

ジレンマ 83　オオカミを殺す

ここでレオポルドが指摘しているのは、シカの個体数を抑えるオオカミの役割である。今日の世界の大半の地域にはオオカミが生存していないし、シカの生存していない地域も多い。しかし、シカが繁殖している場所では、シカが美味しい緑の若木を齧りとり、緑を荒らしてしまう。農民は苦労してキツネの生存しない地帯を作るが、そこではウサギが増える。アフリカでは、世界最大の草食動物であるゾウが森を食い尽くしてしまう。

たとえ自然の「バランスが崩れている」としても、厄介な草食動物の食べる植物が不足するにつれ、すぐに新しいバランスが自然に生じてくるだろう。しかし、それでは人間にとって満足のいかないことも多い（あるいは、他の動物にとっても）。そこで「自然保護者」は、対象となる動物を大量に銃殺あるいは毒殺するのである。こう考えると、「極めて有

害」なオオカミの生態的価値を認めたレオポルドの言葉は、時宜を得ていたし、影響力もあったことが分かる。今日、オオカミがアメリカ合衆国（例えばヨセミテ）やヨーロッパの国立公園に放たれているのは、その結果。

ジレンマ 84　緑の革命（第1段階）

アルド・レオポルドは「緑の経済学」のアプローチに懐疑的だった。『ラウンド・リバー』のなかで彼はこう書いている。

> 20世紀の優れた科学的発見はテレビでもラジオでもなく、むしろ土地の有機体の複雑性である。有機体のことを熟知する者だけが、有機体に関する人間の知識の不足を正しく認識することができるのである。ある動物や植物を見て、「それが何の役に立つ？」などと言う人間は、無知の極みである。土地のメカニズムの全体が良いならば、私たちがそれを理解しようとしまいと、あらゆる部分は良いのである。測りしれない年月の間に、ある地域の動植物が何か私たちの好むもの（しかし、私たちが理解しないもの）を築き上げてきたとするならば、一見役に立たない部分でも、それを捨てようとするのは全く愚かな行為にすぎない。何よりもまず知的に予防措置を取るのならば、あらゆる「歯車」や「車輪」を保護することである。

1949年に出版された『土地倫理』でレオポルドが論じるように、「緑の経済学」のアプローチでは、人間にとっての経済価値を十分に持たない大半の種は保護することができな

い。その代わりにレオポルドが提示するのは、哲学の起源と同じくらい昔からある、全体論ないし「生態学的」アプローチである。プラトンの『国家』を開いてみればいい。上手に統治された国家が有機体になぞらえて語られている。「有機体を分散させるもの、有機体を1ではなく多にするものほど悪いものはない。」

ところが、経済学者は生物の種がより大きな関係のネットワークのなかにあることを考えることもなく、種に低い価値を置いている。そのようにレオポルドは「緑の経済学」を批判するのである。だが、経済学者がこの点を考慮に入れるならば、新しい経済価値が見つかるかもしれない。日光に照らされた森の葉のうえの雨のように、レオポルドの異議申し立てもいくらか消え去るのだろう。しかし、レオポルドが本当に異議を向けているのは、経済学の考え方そのものなのである。人間は「生物共同体」の市民というよりも、自然の「征服者」であるという態度を、経済学は変えようとしない。人間とは「進化のオデュッセイアを他の生物たちと一緒に進む旅人である」ことを忘れているのである。ただし、こうした「ディープ・グリーン」の異議は正しいかもしれないが、これは彼自身の言葉に照らしても見当違いである。環境倫理に関して、レオポルドはこう語っているからである。「生物共同体の統合性・安定性・美を守ろうとすることは正しい。それ以外は間違っている。」

そこには行動を促すような「態度」は何も論じられていない。レオポルドの環境倫理では意図は問われることなく、結果だけが重要なのである。だから、利己主義批判よりも「緑の経済学」のほうが大きな環境保全につながるならば、それ

を促進すれば良い。

「ディープ・グリーン」の人々は、人間の利益を離れて環境に対する義務を負うことが、環境に関する根本的アプローチであると思っている（この運動の名称もそこに由来する）。自然との協調を1歩前進させているのだ、と。しかし、こうした「環境中心主義」は実のところ1歩後退ではないのだろうか。「環境中心主義者」は人類の利益と環境の利益を分離することによって、「デカルトの誤り」を助長し続けているのだから。人間は自然界とは根本的に異なる分離した存在なのだろうか……。

環境を保護するための直接行動は正当である。だが、「生物共同体」の他のメンバーを傷つけることは、やはり避けなければならない。

ジレンマ 85　緑の革命（第2段階）

新種の作物を足で踏みつけるよりも、経済の視点から反論するほうが簡単ではないだろうか。新種に対する疑念は、「単一栽培」の危険性に集まっている。「単一栽培」は種の多様性を損ねるため、大規模な災害や病気の被害に対して脆弱な傾向がある。しかし、そのことに誰かが気づくのは遅く、異常事態が起きてしまうのが人間の弱いところである。難しい問題もある。ある時、除草剤に抵抗力のある新種の花粉を大量に食べるしかなかった蝶のオオカバマダラが病気になった。環境保護主義者はこれで自分たちの考えを訴えることができると思った。しかし後日、オオカバマダラはその作物の花粉を食べていないことが判明し、議論は失速していった。植物に「手を入れる」ことは生物の「パンドラの箱」を開け

て、変異体やフランケンシュタインの種族を解き放つようなものだという議論をよく耳にする。ところが、私たちの生命維持は「変異」に依存している。「自然」や「神」の命令ではなく、自然選択・移植・他家受粉の結果、この地球上には絶え間なく新しい生命の種が誕生してきたのである。

しかし、遺伝子組み替え作物は人間による「高生産作物」の探求の一部であり、「緑の革命」の異種であるとも言える。(今や、遺伝工学によって誕生した動物も存在する。) 遺伝子組み替えによる新種の米は、化学物質の使用量を減らすことができるうえに、味や食感も良いと考えられていた。同時に世界的貧困の災いを解決してくれるとも。ただし、急進的なスーザン・ジョージが報告したように、その約束はまだ部分的にしか実現されていない。確かに作物の産出高は上がったものの、それは肥料、除草剤、機械、他の農業器材にますます依存するという代価（あるいは利益？）を払ってのことにすぎない。その結果、幾つかの最貧国を生態的・社会的にさらに圧迫することになった。結局のところ、人間が食べるための食物は総じて減ったのである。この「緑の革命」は、社会問題に対して技術的解決を見つけ出そうとしたのだが、事態をさらに悪化させてしまった。

毒性化学物質の散布を本当に減らしたいのならば、植物の遺伝子構造を変容させたり、化学物質を直接に植物に注入したりするよりも、もっと良い解決法がある。伝統的・有機的な農法にも、まだたくさんの可能性がある。収穫量を減らすことになるとしても。しかし鍵となる方法は、価格水準を維持することを譲らない、世界中の食糧生産者の戦略に訴えることである。彼らは価格維持のためには、除草剤を節約する

のだから。

ジレンマ 86　苦痛は良いもの

「苦痛の何が悪いのか？」などと問うてはならないと、ジョエル・ファインバーグは述べている。しかし、ここで私はその問いを投げかけてみたい。苦痛は悪いものではない。私は大真面目にそう断言しよう。何故なら、生命体の重要な情報を伝達する「表現手段」として、進化のプロセスのなかで発達してきたのが苦痛なのだから。

苦痛と不安は生命の重要な要素であり、死と同じように取り去ることはできない。そのようなことがあれば、自然の全体系は破壊される。ダーウィンがそう考えていたことは間違いない。自然が全体として良いものであるならば、死や苦痛も同じく良いものである。ここでまた、貧民に対するガレット・ハーディンの浮かない考え（厄介者は根絶せよ！）に話を戻すこともできるかもしれない〔ジレンマ 1&2〕。

しかし、ファインバーグはこう考える。一般的に苦痛は「悪そのもの」と考えられている以上、「苦痛を経験する存在」に対して「苦痛を引き起こす」者は、その苦痛が必要であり、「良い理由」のために引き起こしていると示さなければならない。ファインバーグはここでアラン・ワッツの言葉も想起している。世界には苦痛があふれているかどうか尋ねられたとき、ワッツは答えた。「いいえ、ちょうど十分なくらいです。」

ジレンマ 87　金を！

できるだけたくさん儲ける努力をするべきなのだろう。ア

メリカが独立した1776年に出版されたアダム・スミスの『国富論』は、お金の本質を発見するだけでなく、お金をいかに活用するかを求めていた世界で、貪るように読まれていった。

　私たちの食事は肉屋・醸造者・パン屋の「慈悲」ではなく、彼ら自身の利益に対する関心によって成り立っている。私たちは彼らの人間性ではなく、自己愛に注意を向ける。決して私たち自身の必要性ではなく、彼らの利益に向けて語りかけるのである。

結局のところ、「乞食だけが友好的な市民の慈悲に頼って生きることを選ぶ。」もっとも……

　乞食でさえ完全に慈悲に頼って生きているわけではない。(……) 随時に生じる乞食の欠乏の大半は、他の人々と同じように、契約・物々交換・購入によって満たされている。人からもらったお金で乞食は食べものを買う。人から与えられた古着を乞食はもっと自分にあった別の古着、あるいは住居・物品・お金と交換するのである。

あるいは飲物や薬、そのほか何にでも。乞食も大きな「循環の歯車」——「現代経済のマネー・ゴー・ラウンド」——に加わりさえすれば、もう何も問題はない。

お金を良いものと考えるのは、何もスミスだけではない。アリストテレスも金持ちの旗を振っている。彼の見解によると、お金を儲けるのが美徳であるだけでなく、お金を持って

いることも美徳なのである。もっともアリストテレスはスミスやプロテスタントよりも、お金を使うことに熱心だった。彼が唱えた有名な「魂の大きな人」とは、「利益を生む有用なものよりも、むしろ利益を生まない美しいものを所有する人物である。それのほうが自分自身に充足する性格に相応しい。」「魂の大きな人」は自分の主催する酒宴を誇りにすると、アリストテレスは『ニコマコス倫理学』のなかで説いている。

> 自分自身の努力あるいは祖先や縁故から得られた適切な手段を持っている人物にこそ、大きな支出は相応しい。良い生まれや高い評判の人物にも相応しい。こうした事柄には偉大さと名声が伴っているからである。したがって第1に、魂の大きな人はこの種の人物である。魂の大きさは支出によって示されるのである。

ただし、この誇示のなかにも倫理的な配慮はある。

> 魂の大きな人は自分のためではなく、公共の物にお金を費やす。彼からの贈り物は奉納された捧げ物に似ているのだ。魂の大きな人はまた、自らの富に相応しく家の調度品を備える。家屋も公共的な装飾なのだから。そして、永遠の生命を持った作品に、喜んでお金を費やす。永続するものが、最も美しいからである。また、あらゆる種類の物事に、それぞれ相応しい分だけ費やす。神々と人間、神殿と墓地に同じものを選ぶのは相応しくない。

もちろん、あらゆる美徳と同じく、お金を持っていること

にもバランスが必要とされる。

　そう、このような人物が魂の大きな人なのである。浪費する人や低俗な人は反対に、正しい限度を超えて出費してしまう。小さな物に大きな出費をし、趣味の悪い見せびらかしをする。例えば仲間内の夕食会なのに、それを結婚式の晩餐会の規模にしてしまう。喜劇のコーラスを用意するだけなのに、都市メガラでするように、紫の衣裳を着せてステージに立たせてしまう。こうしたすべてを名誉のためにではなく、自分の富を見せびらかすために行っているのである。そうすれば称賛されると思っているらしい。そういう人物は大いに費やすべきところで、ほとんど出費しない。出費すべきではないところで、大きく出費するのである。他方、けちな人はすべてにおいて不足している。これまでになく出費したと思ったら、美しいものではなく、つまらないものに費やしてしまう。けちな人は何をするにしてもためらい、どうすれば出費をしないで済むかと考えている。そして、それでもなお嘆いている。普通よりも多く出費し過ぎているのでないかと、心配しているのである。

皮肉なことに、スミス教授はけちな男だった。お金の価値を唱えた、歴史上で最も偉大な思想家であったにもかかわらず、彼の1番の楽しみはスコットランド哲学会で砂糖壺を漁ることだった。

ジレンマ88　もっと金を！
　もちろん、アダム・スミスもここまでは言っていない。し

かし、スミスを含むほとんどの哲学者は、少なくとも次のことには同意するだろう。経済の起源においてこそ、法律と道徳規範の起源は見出される。例えば、ジョン・ロールズは『正義論』(1972)のなかで、経済構造と道徳との密接な関係を認めている。ロールズによれば、「立法者の決定というものは、利潤を最大にするために商品生産を決定する企業家の決定や、満足を最大にするために商品購入を決定する消費者の決定と、著しく異なるわけではない」。(まさに「功利主義」の体系全体は、すべての個人を「幸福の消費者」と見なす原則の上に構築されている。しかも、この「幸福」は万人に共通の価値を持つとされているのである。「権利と義務は、規範と一致する限りでの欲望の充足を最大にするために割り当てられた希少な手段である」。) 本物の哲学者は物質的虚飾を必要としないとプラトンは述べているが、彼の唱える理想社会にも物質的基盤が存在することを認めていた。私たちは法律の基盤が「善悪」にあると思っているかもしれないが、本当は違う。法律の基盤は、トマス・ホッブズが17世紀に鮮やかに論じたように、利己心にあるのだ。

ホッブズは『リヴァイアサン』(1651)のなかで、こう説明する。法律、つまり「自らへの制約の導入」が人々によって受け入れられるのは、「それによって自分自身の生存の維持と、より満足した生活が予見されるからに他ならない。人間の自然の情熱に必然的に伴う、戦争の悲惨な状況から抜け出すのである。」ホッブズが想定するこの有名な「戦争」状態では、「不正義は存在しえない。善悪の概念や正義・不正義の概念は存在しない。共通の権力が存在しないところに、法律は存在しえない。法律がなければ、不正義もないのであ

る。」ここでホッブズは立ち止まる。しかし、人々に戦争を止めさせるのは利己心に他ならない。そして、お金を儲けること以上に利己的なことはない。貨幣の最大化を美徳と見なす理論には、実は説得力があるのだ。例えば、人を殺してはならないのは、それを普遍化できないからでも（実は普遍化できる）、それが幸福を最大にしないからでもない（もしかしたら最大にすることもありうる？）。そうではなく、人を殺すことによって、結局はお金をもうける機会をひどく損ねるからではないか。

プラトンはもちろん、お金を道徳的生活の鍵と見なすことは望んでいない。『国家』のなかで彼は、お金は「目的のための手段」にすぎないと切って捨てている。これにはスミスも同意する。

> 私たちが富を追求し、貧困を避けるのは、主に人間の感情に由来する。何のために、世界の労苦や騒動はあるのだろうか。何が貪欲や野心の目的なのだろうか。何が富や権力や優越性の追求の目的なのだろうか。（……）共感、満足、称賛をもって観察、留意、着目すべきことは、私たちがそこから引き出す利点のすべてである。私たちに興味があるのは、安逸や快楽ではなく、虚栄なのである。

何故なら、お金は利己的行動の産物であると同時に、社会的関係のなかで初めて価値を持つことができるからである。しかしスミスは同時に、「ロビンソン・クルーソー」のような場合を例に出しながら、道徳はお金と同じく社会生活の副産物であり、社会生活に固有のものとする「心理学的」説明

を行っている。

> 人間という生き物は孤独な場所で、仲間とのコミュニケーションが欠如したままでも、成人に育つことは可能かもしれない。だが、自分自身の性格、自分自身の感情や行為の適正や欠点、自分自身の心や顔の美醜について考えることは無理である。(……)孤立した人間を社会に戻してみるがいい。彼はすぐに鏡を見ることだろう。

時代を経てフロイトも、道徳的行動が心に形成されるのは両親、先生、学校の仲間など社会の影響であると述べた。しかしながら、フロイトは無意識の心は私たちを迷わせると考えるのに対して、スミスはむしろ精神の「公平な監視人」、信頼できる案内人を想定している。これはフロイトの場合ならば、自我を統制する「超自我」に似ていると言えるだろう。

> あなた自身の行動を振り返ってみれば、少なくともしばらくの間、自分が2人の人物に分離していることが分かるのではないだろうか。1人はもう1人の行動を見ている。自然が私たちに与えてくれたのは、認められたいという欲望だけでなく、「認められるべき存在でありたいという欲望」(これはさらに困難な欲望)なのである。

そして、スミスはくりかえし強調する。富裕者であることより高貴なものはなく、貧者であることより不名誉なものはない。

説明（＝口座(アカウント)）に面白い話（＝利子(インタレスト)）を少し追加

「正しい」ことが正しいのは何故なのか？　これは大きすぎる問題なので、問題をこう変えてみよう（これもまた大きい問題なのだが）。貨幣が価値を持っているのは何故なのか？ たくさんの人間が試みているが、貨幣を勝手に印刷しても価値はない。（政府が行うにしても、貨幣を増やせばその「価値」は失われる。）「労働だけが、決して価値を変化させない最終的・現実的な基準である。その基準をもとに、あらゆる商品の価値を、いかなる時間や場所においても比較・評価することができる。」アダム・スミスと（面白いことに）カール・マルクスの2人が、同じ答えに到達した。非常に適切な答えである。何と言っても、労働という行為は非常に基本的・根源的かつ具体的なものである。非常に全体論的なものであり、あらゆる人々を結びつけるだけでなく、人間を自然界とも結びつける。美徳は勤勉に宿ると考えたプロテスタントは、やはり正しかったのだろうか。再びスミスの言葉を引こう。

> すべての個人は、結果として社会の毎年の歳入をできるだけ大きくするために労働していることになる。概して個人は公共の利益を高めようと活動しているわけではない。公共の利益をどれくらい高めたかを知っているわけでもない。（……）個人が意図しているのは自分自身の収益のみであり、他の事柄の多くの場合と同様に、自分の意志から離れた目的を進める「見えざる手」によって導かれているのである。（『国富論』）

その目的とは、最大幸福という「功利主義」の目的である。

最近の経済学者の言葉で言えば、不思議な「トリックルダウン」〔政府の資金を大企業に流せば、中小企業や消費者に波及し、全体の景気を刺激するという仮説〕。

> 富裕者は貧者よりも少ししか消費しない。富裕者はいかにも自分本位で強欲だとしても、ただ自分の利便だけを考えているにしても、何千もの雇用労働者たちを使用する唯一の目的が自分の無為で飽くなき欲望を満足させることだとしても、富裕者は改良によって生産された物品を貧者と分かち合う。地球が全住民に等分するのとほとんど同じくらいの生活必需品を、きちんと分配してくれる「見えざる手」によって、富裕者も導かれているのである。(『道徳感情論』)

ヨーロッパの産業革命を引き起こした大発見は、蒸気機関・印刷機あるいは他の技術革新をもたらした機械の発見よりも、むしろドイツの1人の牧師による神学上の発見だった。マルティン・ルターの唱えたプロテスタントの労働倫理は、世俗的成功を軽蔑するプラトンの遺産から企業家を解放し、彼らの成功は神の恩寵の印であると保証したのである。お金を儲けることは、まさに神聖なことだった！

ジレンマ 89 死と税

あるいは塩税を払い、かつ死ぬ？ いいや、当然ながら、そのどちらも選びたくない。しかし、19世紀末の大飢饉の間、無数のインド人が死んでいった。その数は何百万人にも及ぶ。英国の記録によれば、1887年には133万人の人々が

死んだ。そして、塩税を中止するまでの最後の15年間には、さらに375万人の人々が死んだ。(興味深いことに、最後の徴収担当者がインド国民会議の創設者の一人になり、塩税を終焉させたのである。)生活に必需のわずかな塩にも課税されたため、塩が欠乏した。それが原因で、人々は死に至ることも珍しくない痛ましい病気の犠牲、あるいは飢餓の苦しみに陥ったのである。

　税制のテーマは、(塩税だからというわけではなく)倫理学が扱うにしては相当に辛口のテーマである(もっとも倫理学それ自体が辛口ではある)。しかし、税は社会を形作る。そして、これまで見てきたように、社会は道徳生活を形作る。何れにせよ、倫理的次元を備えた実際の問題のなかで、税ほど影響力のあるものはないだろう。それにしては、あまり言及されることもない。

　もちろん、税の重要性をすでに認識していた哲学者もいる。ジョン・スチュアート・ミルは、相続財産などの「不労」収入に大きな税が課されていることを懸念していた。「不労」収入は本人に弁明する余地がないからである。今日では、国家の規模と権力にも相当する会社を、父から息子に相続することもできる(こうした遺産相続が普通のため、男性の権力が固定化される傾向にある)。しかし、税に関して次のように助言していたのは、税務長官をしていたこともあるアダム・スミスなのである。税は1)手ごろなものであるべき。2)予想可能なものであるべき(突然のことに市民が驚くような税ではなく)。3)釣り合いの取れたものであるべき(タバコ税のような「罰則」としてではなく)。4)便利なものであるべき(支払いは簡単にして、会計士など雇うことのないように)。私た

ちは第5の原則を追加することもできる。5）環境保護のためになるように。

しかし、一体なぜ私たちは納税しなければならないのか？

マルクスとエンゲルスによれば、税制は私的財産を再分配するに留まる。税そのものを廃止するべきだという。彼らは大反響を呼んだ『共産党宣言』のなかで、フランスの無政府主義者プルードンの言葉を借りて（もっとも返済はしなかったのだが）、財産は窃盗であると宣言した。正義によって要求されるのは、すべての物、すべての人から課税を全額免除すること。国家はその収益を必要に応じて共有する。このような社会の革命がない限り、正義といえども支配階級の欺瞞にすぎない。確かにこうした革命の要求は、例えばインドの巨大壁に苦しんでいた人々のためのものだった。

課税は貧者による富裕者の組織的搾取（あるいはその逆）なのかもしれないが、あなたは自分が税を支払う疑問を解決することはできない。「なぜ」と疑問を発することができるのは、税を支払い続けなければならない社会に、あなたが生きていてこそなのだから。

ジレンマ 90　処罰の暴力

これはスピゴット＆フィリップス裁判の実話である。

> 判決を読み上げても何の効果もなかった。2人はニューゲート刑務所に戻るように命じられた。2人を圧死刑の運命が待ち受けている。しかし、処刑場に連れてこられたフィリップスは、法廷で弁明し直したいと願い出た。拒否されても不思議ではなかったが、彼には恩典が与えられた。

スピゴットには重しが課せられた。350ポンド〔160 kg〕の重しを彼の体の上に載せること30分。さらに50ポンド〔23 kg〕が加えられたとき、彼も弁明を願い出た。

もっとも彼らの犯罪の証拠は動かない。即刻、有罪が確定。1720年2月8日、ロンドンの死刑執行場タイバーンで裁きが行われた。しかし、死刑判決が言い渡されるあいだ……。

フィリップスは硬直して、自暴自棄の振る舞いを見せた。彼は大臣が告げることに、まったく敬意を払わなかった。他の囚人達が祈りを捧げている間も、フィリップスは悪口を言ったり、歌声を上げたりの始末。人生の幕が閉じられるとき、囚人は以前より真面目になるものだが、彼の悪態は止まらない。だが、処刑の場でフィリップスはこう言ったのである。「あのかたは死を恐れなかった。これから天国に行くのだから。」(『ニューゲート要覧』vol.1、1824、P 131-133)

今日の私たちは、「追剥」を「テロリスト」と読み替えればいい。国際貢献をする正義の国家連合が国際的無法者を仲裁していると思われていたのだが、その正義の価値は急速に崩壊した。ハイジャックされた航空機がアメリカ合衆国の摩天楼に激突した2001年9月11日の事件の後、女神ネメシスを自認する「テロリスト」の世界的ネットワークを「容赦なき」力の行使によって根絶することが、新世界秩序の構築に必要と見なされていった。拷問、暗殺、潜伏場所の空爆によって。合衆国司法省は容疑者を目隠しにし、「さるぐつわ」

をくわえさせ、キューバの軍事基地グアンタナモ湾に連行し、「尋問」のために牢屋に収容した。人権弁護士たちは、これを当惑しながら見ていた。(確かに、もともと平気でこうしたことをする国々はある。もしそこであなたが逮捕されれば、拷問され、おそらく殺されるだろう。ただし、こうした国々は普通、自分たちは高い道徳基盤を持っているとわざわざ主張しない。)

テロリストは拷問するべきだ。そのように言う人々もいる。そのように主張する政府もたくさんある。テロリストはたんなる辻強盗とは違う。言語に絶する非道行為を計画するネットワークのメンバーかもしれない(公道が襲われる危険があるなら、スピゴット一人を処罰すれば良いではないか)。しかし、国家が何かしらの道徳原理で統治されているのならば、刑罰の規則にも何ら隠すところはない。拷問は不適切。有罪が確定するまでは無実なのである。有罪が確定したとしても、国民を害することが倫理的に正当化されるのは、慣例上、4つしかない。賠償／懲罰／抑止／矯正の4つである。

(アブラハムはラザロの件で最初の3つを用いている――**ジレンマ45**。) 第1の「賠償」は、犯罪者にその危害を「賠償」させ、被害を受けた物事を正しい状態に回復させることを意味する。財産損害、窃盗などの場合も含め、犯罪の大半にこれを適用するのは、あまり実際的ではないのだが、罰金や社会労働の命令を正当化する理由であることは間違いない。「矯正」も実際には困難が伴うかもしれないが、若年犯罪者に対する処罰を目的にすることが多い。

重大な犯罪では、犠牲者の感情や心の傷を「元に戻す」ことは不可能に近い。しかしながら、功利主義の尺度では、他の人々が犯罪行為の前に「考え直す」抑止効果を持った刑罰

も正当化される。社会による「懲罰」には、犠牲者が犯罪者に対して「自ら報復する」ことを抑止しようとする法の願望もある。19世紀のイングランドでは、市民が犯罪者に対する生殺与奪の力を持って裁判に列席したり、処刑を目撃したりすることも許可されていた。

もちろん、「見せしめに懲らしめる」（抑止する）社会の要求は、囚人の個人としての権利に対立する場合がある。ニューゲートなどの刑務所で19世紀の中頃まで続いていた「血塗りの規則」は、およそ300の罪に対する死刑宣告を要求していた。罪は「ジプシーと交わった罪」、「チェルシー廃兵病院入院者に偽装した罪」、あるいは（子供ならば）「悪意を持っている罪」など。その当時でさえ罪の多くが、極刑の適用を避けるために分類し直された（おそらく実行上の難点から）。1871年、ニューゲート刑務所にはおよそ1万4000人の囚人が収監され、その大半が死刑の宣告を受けていた。有名な絞首台では、スーパーマーケットのレジのように流れ作業で片付けなければならなかったのである。英国でついに公開処刑が廃止されたのは1868年。（処刑された死体は見せ物として、檻の中に宙吊りのままにする）絞首刑は、その少し前に廃止された。今日では、世界の約90ヵ国が極刑の行使を慎んでいる。

「被告人」の言動を改めさせるために拷問は極めて有効であるが、倫理の観点からは懸念を覚えるだろう。『ニューゲート要覧』も1772年には、「法令がイギリス人に対して野蛮になっている」と記録している。しかし、「弁明を拒否する被告人は、陪審によって有罪判決を受けるのと同じように、有罪と見なすべきである」と決定された。「厳罰」を与えよう

とする人々の渇望を満たし続けながら、刑務所改革派に対してもご機嫌を取る、これは巧い方法だった。

ジレンマ 91　サムの息子

　デイヴッド・バーコウィッツ逮捕の日、ジョー・コフィー巡査部長は彼と面会した。デイヴッドは落ち着いて率直に一つ一つの銃撃を語り、面会の終わりには、礼儀正しく「おやすみなさい」と言った。バーコウィッツが「サムの息子」であることは、まったく疑いの余地がない。一つ一つの犯行に関して彼が語った詳細は、殺人者本人だけが知っている事柄だった。

　弁護側の精神科医はデイヴッドを偏執的な統合失調症に分類した。対人関係の問題が、さらに彼を孤立に追いやったと精神科医は考えていた。デイヴッドは「悪魔の犬たち」が自分にとり憑いていると言っていた。こうした狂気じみた幻想は、彼の孤独によって大きくふくらんでいったのだ、と。デイヴッドが移り住んだ賃貸住居の隣にいた犬たちは、彼の幻想のなかで「悪魔の犬たち」に姿を変えた。そのなかの１匹、「サム」という名前の黒いラブラドールが、さらなる血を求めて吠え続ける悪魔の「主人」だった。（精神科医によれば）この幻想は現実を排除し、デイヴッドは自分の心が作り上げた薄明かりの世界に住んでいたというのである。この幻想の世界では、彼の高まる緊張は他者を攻撃するのに成功したときにだけ解放される。しかしながら、緊張が再び高まっていくのは避け難い。そのため、このサイクルが反復される。こうした説明がなされた。

　しかし、起訴者側によれば、「被告は偏執的特徴を見せて

いるが、通常の裁判を行うのを妨げるものではない。(……)被告は正常である。軽い神経症だろう。」逮捕されたとき、デイヴッドは落ち着いていた。微笑んでもいた。まるで逮捕されて安心したように見えた。刑務所に入れば、悪魔の犬たちが血を求めて吠えるのを止めると思ったのだろう。何れにせよ、デイヴッド・バーコウィッツは自分の罪を認め、「懲役 365 年の禁固判決」を受けたのである。死刑がなかったための措置だが、これは実行されえない。

この事件には後日談がある。1979 年、ロバート・レスラという名前の元 FBI 捜査官が、アッチカ刑務所のバーコウィッツに面会した。悪魔云々の話は、逮捕されたときに自分が正気ではないと権威当局に思わせるための作り話。そのようにバーコウィッツは語ったという。レスラによると、バーコウィッツが女性を狙った本当の理由は、自分の母親への怒り。そして、彼が女性と良好な関係を築けないことに原因があると認めているという。女性の後をつけて射撃すると、大きな性的興奮を感じたこと。犯行が終わってから、その場面を何度も思い返すのが好きだったこと。それをバーコウィッツは事細かく話したという。

女性の後をつけることが彼の夜毎の冒険になったと、バーコウィッツは元 FBI 捜査官に語った。犠牲者が見つからないときは、過去の殺人現場に戻り、そのときのことを思い出そうとした。犠牲者の葬式に足を運びたいとも思ったが、警察に疑われるのを怖れていたという。だが、自分の犯罪について警官が話をするのを聞きたくて、警察署の近くの「食堂」をうろついていた。(失敗に終わったが) 犠牲者の墓を見つけようともしていた。

新聞で注目されることに、バーコウィッツは特別な固執を抱いていた。警察に手紙を送るというアイディアは、「切り裂きジャック」に関する本から得たという。マスコミが彼のことを「サムの息子」と呼び始めたあと、彼はそのニックネームを借用して、ロゴまでデザインしている。
　デイヴィッド・バーコウィッツは極悪である。しかし、狂人なのだろうか？　狂人と認められることの利点を、彼は知っていた。それでは、誰を非難すべきだろうか？　私はデイヴッド自身を非難する。さもなければ、責任のある者は誰もいなくなってしまう。信じられることも、ほとんど残らなくなってしまう。

ジレンマ 92　ツインキーズ——ただならぬ「芝居」

　悪名高い合衆国の「呪われた者の弁護士」クラレンス・ダローは、注目を集めたこの裁判で、「運命論」ではないにせよ、決定論を口実として並べている。精神状態は身体行為の機能の一つにすぎず、独立した実在を持たないという理論。私たちの「行為」は環境の刺激に対する反応にすぎないという、当時は人気のあった理論である。主導者はJ・B・ワトソンとバラス・フレデリック・スキナー。後者はくりかえし、どのように動物が正と負の刺激（餌を与える、あるいは電流を流すといった刺激）に反応するかを説明したことで有名である（彼は条件付けの実験装置に「スキナー箱」と自分の名前を付けた）。
「この少年たち」は狂っている（異常である）に違いない。ダローはそう述べたが、人間は完全に正常でも他人を殺そうとすると唱える学派もある。例えば英国の哲学者ハーバー

ト・スペンサーによれば、人間は狩猟民として進化してきたのであり、容赦のない競争が人間の生存の条件であるという。こうした「社会ダーウィン主義」の見解は、社会を協同とは考えない。

コンラート・ローレンツとロバート・アードレイはこの見解をさらに押し進め、人間はその根本から攻撃的であるという見方を一般に広めた（アードレイは「縄張り意識」という言葉を作り出している）。進化によって人間は狩猟民・殺人者になったというのである。攻撃的な本能を喪失すれば生存できないような獣。それが人間なのか。彼らの理論には、「タナトス」あるいは「死の欲動」と呼ばれる生得の反社会的本能を想定したフロイトの言葉が響いている。第1次世界大戦の虐殺に直面したフロイトは、こう書き残した。「私たち人間は、終わりなく続く殺人者の血統を受継いでいる。私たち自身のなかにも、殺人を愛する殺人者の血が流れているのだろう。」

果たして進化は、本当に殺人者の進化だったのだろうか？こうした問題意識を持って、ジェーン・グドールはアフリカのゴンベでチンパンジーの画期的研究を進めた。確かにチンパンジーは人間と同じように攻撃的であり、領地を奪うために他のチンパンジーを殺すこともある。しかしまた、私たち人間と同じように、チンパンジーは協力し合ってもいる。チンパンジーはコミュニティの他のメンバーに食物を与える。そして、他のメンバーが亡くなれば、悲しむのである。また、私たち人間は狩猟民というよりも、むしろ採集民として進化してきたと論じる人類学者もいる。道具の発明の起源は、武器を作るという疑問のある衝動よりも、採集を行うという日

常の営みの必要性と、より深い関係があるというのである。

ジレンマ 93
ツインキーズ——悪役の登場
 あんな「汚らわしい」な言葉を出版した人々にも責任がある。
ツインキーズ——終幕
「ツインキーズ」は甘ったるいジャンク菓子の商品名だが、「心神喪失」を訴えて弁護することも意味するようになった。弁護依頼人は自分の行動に責任を持てる人物でなければならないという基準は、こうした弁護の登場によって強化されたのである。

 1979 年にサンフランシスコで起きた悪名高い殺人公判において、元警官のダン・ホワイトが市長と補佐役達を殺した容疑で告訴された。白昼に市役所内で殺害が行われたため、ホワイトの犯行であることは議論の余地がなかった。しかし彼は裁判で、ジャンクフード（有名な「ツインキーズ」）を食べたことが理由で心神喪失に苦しんでいると主張したのである。彼に有利な証言をした心理学者の仮定によれば、市役所に多めの弾薬を持参し、殺害中に再び弾を装填したとしても、ホワイトは自分の行動の善悪を比較考慮するような「判断力、理性的能力を犯罪当日には欠いていた」ということになる。

 その結果、ホワイトは一時の激情による「非謀殺」の罪に問われて閉廷。相当の減刑である。この判決を受けて、サンフランシスコの同性愛者のコミュニティで暴動が起きた。そして結局のところ、「心神耗弱」の法的概念は放棄され、「実質のある能力テスト」が採用されることになった。被告は

「抑制不可能な衝動」によって、自分の行動が駆り立てられていたのか。犯行時には、善悪を区別することがまったくできなかったのか。将来の法廷では、それを証明する必要があると規定された。哲学者にとっては、善悪の区別も容易かもしれない。しかし、私たちがすでに見てきたように、実のところ善悪の区別は一筋縄ではいかないのである。

歴史の注釈。
ここに紹介したダローによる弁護は、少年たちに責任がないとは言っていない。罪がないとも言っていない。死刑の適用にも反対してはいない。少年たちの責任を軽減することにダローは成功したのである。何の理由で陪審員が説得されたのか、私には分からない！

ジレンマ 94　自然保護区の島

もちろん現実の世界では、このような出来事は起こりそうもない。火山島をゴルフコースに改造することは可能かもしれないが、熱帯雨林をこれだけ伐採してしまったら、ゴミの埋め立て以外には何も役に立たない土地になってしまうだろう。(そうすると、さらに水質汚染のオマケまで付いてくる。) また、この物語のなかの自然保護区の島は無人島だが、現実の保護区の大半には「土着」の人々が残っていた。彼らは(動物と同じように)土地を追い払われるか、殺されたのである。それでも国民の大多数の利益のために、こうした土地を「開発」するべきなのだろうか？

この物語に登場した珍しい動物のうち、すでに何種類かの生命が土地の開発によって奪われている。ドードーのみなら

ず、オオウミガラスやフクロオオカミが絶滅した。(フクロオオカミの最後の1匹は、1936年にタスマニア島のホーバート動物園で命を落とした。) 以前は南オーストラリアの湿地草原に多数棲息していたシマワラビーと、砂漠地帯に棲息していたネズミカンガルーも、現在では写真アルバムに収められているだけだ。まだら尾のフクロネコ、急流に棲息するアオガエル、金色のオニネズミ、フサオネズミカンガルー(ウォイリー)、イチジクインコ、ボイド・フォレスト・ドラゴンなどの最後の希少な生息地も、山焼きやチェーンソーやブルドーザーによって奪われようとしている。

オオウミガラスの最後の1羽は、1844年にアイスランド人が叩き殺したと伝えられている。ドードーはモーリシャス島で絶滅した。しかし、他の動物はすべてオーストラリアという巨大な「自然保護区の島」に暮らしている(あるいは暮らしていた)。有史時代に世界中で絶滅した全哺乳類の半分は、オーストラリアに棲息していたのである。ほんの200年の間に1国に生存していた動植物のうち絶滅した種類の合計は、126にのぼる。なるほど、絶滅も自然界のサイクルの一部だろう。しかし、これほど大きな絶滅は、通常ならば100万年の時間を要すると考えられるのである。この点が重要。

人間以外の動植物に残された地球上の空間は、本当にごく僅かしか残されていないのだろうか。開発の問題について、アルド・レオポルドはこう書いている。

　　近所の若者が野球をすることのできる空き地が、街に6ケ所あるとしよう。そのうちの1ケ所、2ケ所、3ケ所、4ケ所、場合によったら5ケ所の空き地に家を建てるのは、

まだ「開発」と呼べるかもしれない。しかし、最後の6ケ所目の空き地にまで家を建てるのならば、私たちは一体、何のために家を建てているのだろう。最後の空き地に家を建てることは、「開発」とも呼べない。広い視野を欠いた愚かな行為にすぎない。「開発」はシェークスピアの語る美徳に似て、「過多になるまで育ち、自らの過剰によって息絶える。」

ララは「貯水池」を作ることを、クロフターの部下はテーマ・パークを造ることを夢見ている。前者は環境の被害を緩和しようと試み、後者は小さな利権をめぐって動いている(開発の場合、大半の問題は利権)。マクモアは「レプリカ」のブラックマウンテンでは満足いかないと言う。同じように、環境保護主義者は人工的に流域を変更された河川や、人工的に植樹された森林では満足いかない。なるほど、コピーはあまり「良い」ものではない。河川を真直ぐにすると洪水の原因になる。古来の森林地帯に棲息する動植物の一部しか、植樹した森林に適合しないという証拠もある。しかし、絵画の場合と同じように、コピーはコピーとしての長所を評価することもできる。反論の根拠を述べるのは、意外に難しい。オーストラリアのクイーンズランド沖にあるフレーザー島をめぐっても、「偽物」と「本物」の微妙な違いが考えられた。ほとんど人間の手がつけられていない動植物の聖域。実業家が土地を開発して鉱物を採掘したあと、その土地を「回復」させることができるかどうか。調査委員の回答を聞こう。「委員会の調査は、回復は不可能であるとの証拠を圧倒的に積み重ねている。さらに、採鉱した後で植物相を島の全域で

回復することが生態学的に可能であるとしても、野生の自然環境保護区というイメージは、採掘によって永遠に破壊されるだろう。」

クロフター氏の作るレプリカの山にも、自然保護区のイメージは欠けている。むしろそれをグラスゴー市の広場に置けば、何か良い使い道が見つかるだろう。

ジレンマ 95　自然保護区の島──黒ツグミ

マクモアはアッシジの聖フランチェスコ（1182 - 1226）の言葉を思い出しているのだろう。「私たちの控え目な同胞（動物たち）を傷つけないことが、彼らに対する私たちの第1の義務であるが、そこで止まるのは十分でない。動物たちが必要とするときはいつでも奉仕するという、より高い使命が私たちにはある」。もっと最近の言葉なら、ウィリアム・ラルフ・イング（1860 - 1954）の警告を思い出しているのかもしれない。

私たちは人間以外の動物を隷属させてきた。毛皮や羽に包まれた遠い親類を、私たちはとても酷く扱ってきたので、もし動物たちが宗教を抱くことにでもなれば、悪魔を人間の姿に描くことは疑いない。（……）私たちが下等動物と同胞であることを示した19世紀の大発見によって、新たな倫理的義務が生まれたのだが、いまだに人々の意識に浸透していない。

現代の哲学者メアリー・ミッジリーは問いを投げかけている。もしロビンソン・クルーソーが島を去るにあたって無人島に火を放ったとしたら、彼は土地に対する「義務」を怠ったことになるのだろうか？　「義務」を社会的行為と見なす

ならば、無人島である以上、「義務」を怠ったことにはならないかもしれない。『正義論』のジョン・ロールズは、慎重にも社会を特別な種類の社会契約と見なしているが、ただしこれでは「道徳の多くの側面を論じきれないだけでなく、(……) 動物や他の自然に対する正しい行為について何も説明できていない」と結論している。

この問題に関して、ミッジリーはローマの哲学者グロチウスを非難する。人間に限定された新体系のために、すべての種が権利を持つ「自然法」の古典的概念を「捨てた」グロチウスが、正義の道を誤らせたと言うのである。ただし、ミッジリーはこれに続けて、自然法のなかにも種々の例外があり、体系の基盤全体が崩れているように見えると論じている。次のような存在の権利はどうなるのだろうか。死者（過去の世代）／胎児（未来の世代）／若年（幼児）／老人（高齢者）／一時的・永続的な精神異常者、そして（薬や鬱による）「無能者」／重度の精神的ハンディキャップ。

義務を「理性のある」人間に限定することはできないと、ミッジリー自身は結論する。限定しようと試みても、理性が行動を支配するとは全面的に考えられない。こうした考えを適用できる実際の判例など、ほとんど存在しない。マクモアが思い出していたような昔ならば、行動を支配していたのは、私たちの同胞への義務ではなく、むしろ神への義務であった。大半の事例には、神への義務を適用することができた。それどころか、植物や岩石や河川、そしてもちろん木々に対する「義務」も含まれていたことだろう。

木の権利

え、「木の権利」?

巨大なアメリカスギを保護しようとした環境保護主義者が、ある控訴事件で敗訴した。環境保護主義者も一本一本の木に対して「十分な関心」を持っていないから同じだと言うのである。これを受けて1974年、アメリカの弁護士クリストファー・ストーンは、「木は法的地位を持つべきか?」と題された論文を書いた。法体系は人間個人の行動に関与してきたと彼は言う。しかし残念なことに、今日、最も社会のコントロールが必要とされるのは、機関組織、特に企業に対してなのである。

環境を守るべく「企業をコントロールするためには、どのような種類の新しいコントロールを用いることができるのか。そうしなければならないのか。」この問題に答えるためにストーンは、自然の事物にも法的保護者を任命することを提案した。例えば、危機に曝されている森林には、合衆国シェラ・クラブあるいは天然資源保護弁護団など、森林に友好的であることが知られている保護者を付ける。スコットランドの法律にこうした規定が存在すれば(実際には、存在しない)、マクモアはブラックマウンテンの保護者になれたかもしれない。

保護者には土地の状態を調査し、その調査を法廷に報告する権利のほか、土地を監視して法的基準を設置する権利が与えられる。(ジレンマ64でバンヤバンヤの木を論じたときに触れたように、オーストラリアの原住民(アボリジニ)は大昔からこのような仕組みを考えていたことも想起したい。)

「自らの利益のために補償を求める権利を自然の事物には認めないという考えは、必然性があるわけでも、賢明であるわ

けでもない。川や森は言葉を話すことができないから、法的地位を持っていないと言うのでは、答えにならない。(……)自然の事物の法的問題は、法的証言能力のない者の問題と同様に扱うべきだと私は考える。」

カリフォルニア州の法律のもとでは、弁護士が企業、大学、州、さらには生まれていない子供を弁護するために任命されることもある。それならば、自然環境を代弁することがあっても不思議ではないのでは？ ストーンはこのように疑問を投げかける。もちろん、「裁判で資産の権利が問題になるときは常に、法体系は金銭価値の産出プロセスにも関わっている。同じことをワシや自然環境保護区に関しても行うことを、私は提唱しているのである。」そうすれば、人間に対する被害を問うのと同じように、自然に対する被害を問うことができる。そして、自然を汚染する企業などに、罰金を科すこともできるのである。

ジレンマ 96　自然保護区の島——ひねくれ者

バスほどの大きさがあり、バスの3倍は重いステラーカイギュウは、1768年までに捕獲し尽くされたと考えられていた。経済的に有用でも、絶滅は食い止められなかったのである。経済は人間の利益（しかも、利己的な利益）しか考慮に入れない。本当に経済によって環境を救うことはできるのだろうか。

「ディープ・グリーン」運動家の多くは、狩猟を通じて野生生物を保護するララの戦略を支持するだろう。急進的な生態学の「父」アルド・レオポルドでさえ、「野生の肉」を食べ

ることについて語っている。狩猟が唯一容認できる野生動物の「管理」であるような環境を、彼は望んでいた。(彼は自然保護区や国立公園で動物を飼いならすことを嫌っていた。)レオポルドによれば、最高の滋養は「神に与えられた肉」(追いつめて殺した野生動物の肉)に、野生の野菜を添えた食事である。自分の有機農場で採れたものを食べるのが2番目。

これと反対に娯楽のための狩猟は、環境の恩恵に無関係である以上、間違っていると見なされる。近年に最も激しく争われた「ジレンマ」の一つは、象牙を採るために象を撃つことは許されるかどうかという問題だった。これが許されるならば、草食動物が森を食い尽くす危険のある野生公園でも、象の数を減らすことができる。象を撃つ必要があるのなら、「楽しみ」(プラス利益)を生むほうが良いのではないか。ところが、象牙販売を合法化してしまうと、世界中に広がる象牙市場を撲滅しようとしてきた努力が水の泡になってしまう。象が消滅した地域があるのは、象牙市場に責任があるにもかかわらず。

これと同じことが、毛皮や貝殻などの生産にも当てはまる。市場は全動物を商品、大きな「自然農場」の一部と見なしている。唯一の原則は管理を堅実に行うことである。(医療などに役に立つ未来の遺伝学的資源として、植物も貴重かもしれない。)最も古く、最も成功したこの種の管理は、ヨーロッパ人が到来する前のオーストラリア原住民(アボリジニ)による管理だった。

動物を超えたシステムになるが、河川・湿地・河川域の牧草地は今や保護・保全するのが「良い」というだけでなく、経済的にも重要であると認識されている。自然を大事にしなかった20世紀の過ちは高くついたのだ。いくつもの研究に

よって、沼地の経済価値は耕作地よりも高く、森の経済価値は牛の放牧地よりも高いことが分かった。沼地や海岸の湿地は水の循環システムの要所であり、川と海の両方の魚の生活にとっても無くてはならない。そして、世界中のたくさんの鳥の住処になり、水生植物を育んでいる。海を守る貴重な役割を持っていると同時に、娯楽・観光のための価値もある。森林は気候の維持に中心的役割を果たしている。森林は太陽の熱を吸収し、土地が砂漠化しないように保護している。湿気を閉じこめ、ゆっくり解放し、鉄砲水の防止にも貢献している。森林は3つの生態系（天蓋・灌木・地層）を支え、各生態系の持続的生育を可能にしているのである。今日、ヨーロッパ諸国は堤防を建設するのではなく、逆に堤防をブルドーザーで壊し始めている。河川を真直ぐにするのは止めて、元来のように蛇行や氾濫ができるように戻しているのだ。また、コンクリートの防波堤は、砂丘や塩生沼沢に入れ替えられている。

　放牧のために森林を破壊することは、「貧困国」の場合、特に正当化されることが多かった。伐採搬出の収入や農耕地を作り出せば、国民を養うことにもなるというのである。しかし、これは経済的にほとんど意味をなさない。少数者の短期利益のために、森林を糧にした多数者の生活を破壊することが何と多いことか。オーストラリア、マレーシア、インドネシアでは、巨大な多国籍企業が森林を伐採して利益を得ているが、先住民は住み慣れた土地や家から追い出されている。それによって失われるのは、忘れられた先住民の生活だけではない。多くの人々にとっても、持続可能な林業、選択的作付け、観光ツアーなどの大きな経済価値が失われるだろう。

さらには、水や気温の循環を管理し、赤道付近の熱を吸収するという森林の機構調整機能も失われる。クアラルンプール、バンコク、上海などの現代都市に乱立する、派手な新しい高層建築が、1年のほとんどの期間、息苦しい刺激性スモッグに包まれているのも、理由がないわけではない。

驚くべきことに、中国の3分の1は今や砂漠である。その砂は北京の街路に吹いてくる。大規模な再植林計画は失敗したにもかかわらず、経済的必要性の名において、国土全体の広さの森林を破壊するに違いない河川改造計画が続けられている。旧ソビエト連邦やオーストラリアの例を考えれば、環境保全は経済にとっても重要であることは分かる。だが、経済には経済以上に大きく政治がからんでいるのだ。ホームズ・ロルストンはこう結論する。

　　数十億年に値する創造的労苦、数百万種類の豊かな生命は、精神と道徳を豊かに備えた、この遅れて来た種に託された。この唯一の道徳的な種は余りに利己的に振る舞うのではなく、万物を考慮に入れるべきではないのだろうか。自分の宇宙船の目釘としての進化する生態系。自分の食料庫のなかの資源。実験室の材料。宇宙船を運行する楽しみ等。(……)知恵のある「ホモ・サピエンス」という自分の名前に忠実であるならば、生態系のすべての生命の種には配慮すべきそれ自体の権利があると、評価するべきではないのだろうか。(……)「ホモ・サピエンス」の支配階級が持っている倫理体系は、何か偏ったところがある。数百万種のなかのたった1つの種の繁栄を、義務の目的と見なしている。義務に関するパラダイムの変化が必要ではない

か。ますます悪いことに環境の変化にともない、従来の倫理体系はもはや機能しておらず、適合してもいないのである。何れにせよ、人間中心主義は虚構だった。「ホモ・サピエンス」はまだニュートン的であり、まだアインシュタイン的ではない。道徳的に単純すぎる。1つの種が自らを絶対と考え、他のすべての種を自分にとっての有用性で評価するような参照系のなかで生きているのだから。

ジレンマ 97　序幕のB級映画

この2つのパートからなるシナリオは、2000年に製作された『爆弾製造者』というタイトルの映画のものである。功利主義的判断からすれば、アイルランドの主婦はテロリストの命令に屈してはならないのだろう。そうすれば、1人の命と引き換えに多数の命を救うことができる。それに、テロリストの要求のままに爆弾を作れば、彼女は極めて大きな罪を犯すことになる。逆にテロリストが彼女の娘を殺害するならば、罪は完全にテロリストの側にある（娘を殺されておいて、だから何だと思われるかもしれないが）。滑稽なことに映画では、爆弾を作っても構わないと彼女は決心する。感情を表出する情緒主義を採ったのだろう。彼女はA・J・エアの著書に影響されたのかもしれない。「ウィーン・サークル」の「論理実証主義者」の一人であるエアは、こう述べている。

> 価値の言明が重要である限り、それは通常の「科学的」な言明である。言明が科学的ではないとき、それは字義通りには重要ではなく、正誤を問わない感情の表出にすぎないのである。（『言語、真理、論理』1936）

それどころか、エアは「ウィーン・サークル」の同志を代表して、こう結論している。「倫理の概念は偽の概念であり、分析不可能であると唱えることだけが、倫理哲学の役割であることを私たちは発見した。」

アイルランドの主婦はそれとも、挿絵入りの古典『星の王子さま』（表向きは子供たちのための本）のことを考えていたのかもしれない。

　　物事を正しく見ることができるのは心だけ。本当に大事なことは目では見えません。（『星の王子さま』1943）

何れにせよ、この事件では幸いにも SAS（陸軍特殊空挺部隊）が登場して、テロリスト全員を射殺した。

パート2は白熱した議論により適している状況。確かに道徳的義務の観点からは、明らかに少女は約束を守らなければならない。その約束は少女が脅迫された状況で行われたのだとしても。これで議論は十分。カントならばそう言うだろう。少女は誘拐犯を見つけ出し、身元を明らかにしてはならない。（何れにせよ、このアイルランド人の彼はそれほど悪くない。彼は爆弾計画を手伝いはしたが、少女を殺していないのだから。）しかし、彼女は義務を法律及び一般の社会に対して負っている。したがって、彼女は犯人の身元を明らかにしなければならないと主張する人もいるだろう。

映画では少女が誘拐犯の男を逃亡させる。私たち観客は、男の罪を許すように誘導されている。もちろん、これは素晴らしいキリスト教の倫理。

ジレンマ 98　プログラムの目玉

映画倫理を大学で教えているゼブ・バーブによれば、『時計仕掛けのオレンジ』は倫理的な映画であるという。

ゼブ「性と暴力の主題が表現しているのは、人間が自分の世界を拡張する強い意志です。人間の存在の前提条件を宙吊りにし、固定されたものの位置を移動させ、すでに行われたことを初めからやり直し、あらゆる時間、あらゆる空間に存在するあらゆるものを利用可能にしようとする強い意志の表現なのです。」
学生1「しかし、アレックスたちのグループは暴力を楽しんでいます。彼らは次から次へと残虐行為を求める飽くなき欲望と、恐怖や屈辱を他者に与える快楽しか持っていないのでは！」
学生2（映画の上映時間、ほとんど居眠り）「なぜ？」
学生1「なぜだって？　彼らは暴力を消費している。まるで普通の人々が商品や金銭を消費するように。アレックスは本物の〈テロリスト〉だ。恐怖を作り出すことが、手段だけではなく目的になっている。」

それが本当に重要なこと？

ゼブ「快楽のために生きることを望むなら、攻撃性の存在に耐える必要があります。ある人にとっての肉は、ある人にとっての毒なのです。安全な家を望むなら、監視によって統治する〈ビッグ・ブラザー〉を受け入れる必要が

あります。テクノロジーを望むなら、マッド・サイエンティストの存在に耐える必要があります。完全な個人主義を望むなら、ジャングルの掟を受け入れる必要があります。福祉国家を望むなら、フーリガンや浮浪者の存在に不満は言えないのです。」

映画の終わり近く、とうとうアレックスは入院する。彼のアゴは石膏で固められている。極度の攻撃性に表現されていた自立の象徴から、完全な幼児的依存の象徴に転落したアレックス。過去に侵入した家屋に運びこまれるのも象徴的。暴力を用いる人間は暴力に苦しむことにもなると、映画はここにきて警告する。

映画倫理の講義の今週の課題は、ドイツの実存主義哲学者カール・ヤスパース（1883‐1969）を読んでくること。ヤスパースは批判を避けるために、意図的に自己矛盾したことを書くことでも有名である。映画狂の参考にもなるだろう。

　もはや個人が自らの目的のために直接的・現実的な環境世界を構築・形成・変形しなくなるとき、あらゆるものは瞬間的必要を満たすものとしてのみ到来する。あらゆるものは使い果たされ、捨てられてゆく。住む場所が機械によって作られ、環境が脱精神化されたとき、人間は自分の世界を喪失した。一日の労働が十分ではなくなり、労働者の生活の構成要素であることを止めたとき、人間は自分の世界を喪失した。過去や未来との歴史的連続性の感覚をすべて喪失して漂流する人間は、人間であり続けることはできない。生命の命令の普遍化は、現実世界における人間の生

命を単なる機能に還元してしまう危険性がある。

もう少し映画倫理について

近年、英語圏の大学の哲学科では映画倫理学が流行している。疲労した学生の暇つぶしに人気の快適な授業。倫理学を教えているようには見えないということが、大きな利点である。大きな欠点は、やはり同じく、倫理学を教えているようには見えないということだ。この講義では映画だけでなく、テレビ番組も取り上げられる。昨今では決まって大学の「お荷物」に扱われる哲学理論は、これで「映画分析理論」に生まれ変わる。結構なことではないか。映画倫理学を教えている哲学者によれば、映画などのマスコミュニケーションは現代社会において重要な機能を果たしている。過去から存在する神話や宗教と同じく、倫理に人々を結びつける「接合剤」なのである。

しかし、私たちはどのような種類の「接合剤」を使っているのだろうか。マシュー・アーノルドが『文化と無秩序』(1882)において述べるように、信頼できる著者や芸術家は「自分自身に課した掟として、無教養な人が好むものを作らないように努力している。そして、本当に美しく、優美で、適切な感覚に近づくように、そして無教養な人がそれを好むように努力しているのだ。」残念なことに、『時計仕掛けのオレンジ』のような映画は醜悪さに関心を抱いている。恥辱極まりない覗き見を誘うこうした映画は、他人が暴力的に強姦・拷問・殺害されるのを座って観ている行為を正当化するのだ。

これはもちろん、私たちを検閲に関する議論に引き戻す。

音楽を使用したり、撮影を様式化・「芸術化」したりすることによって映像が許容可能になるのは、それによって観客を暴力から「遠ざけること」ができるからだと言う映画制作者もいる（ゼブもそう言うだろう）。「遠ざけること」という概念は映画以外でも非常に重要である。これが様々な種類の残虐さに対して当てはまることは明らかだ。誰に対してどのような残虐行為を行っているのか。それを遠回しに表現する特殊な言葉を人々は作る。街の噂や、人種差別的な仲間うちの言葉や、科学者・官僚・政治家の「専門用語」など。不法入国者や抵抗者は往々にして、婉曲表現や不透明性に満ちた警察や軍隊の「エリート」集団の言葉を風刺する、刺激的な冒険を行ってきた。他方、メディアに対して非常に抜け目のない2つの国家（イスラエルとアメリカ合衆国）は、不穏分子の容疑者を暗殺することを、「市民の犠牲」ではなく、「集中的防止策」または「副次的損害」と呼んでいる。

　誰もが映画を観ることによって、何かを学ぶことができるのかどうか。この点には議論の余地がある。「現実の事件」から倫理を学ぶことができるという点についても、哲学者の多くは懐疑的だ。「想像上の事件」となれば、言うまでもない。映画は例えば伝統的な倫理の思考実験と同じようなものと、哲学者の大半は言うだろう。返済できないと知りつつお金を借りようとするカントの（以前の）友人の物語のように、受容者はそれを議論の便利な「例証」と見なすのではないか、と（飾り物と受け取らないのは確かだろうが）。こうした哲学者の目には、「付随的な細部」に満ちあふれ、知的な理論に欠けるような映画など、倫理的ジレンマを最後に取ってつけたようなものに映る。

例えばポール・リクールにしてもマーサ・ヌスバウムにしても、現代の哲学者は倫理を語るために物語を使うこともなければ、こうした物語に重要なメディアとして映画を考えることもない。映画の観客は受動的であり、想像力を働かせる余地が少ないと考えてのことかもしれない。リクールが関心を向けるのは、人生や物語における時間と人間との関係である。彼によれば、その関係は3つの次元において働いている。1）常識の枠組みの次元（概して物語は自然の法則に従う）。2）語り手が物語の枠組みを創作・修正することを許されている次元。3）そして最後に、出来事に内在する論理が存在する次元。日常的、「自然主義的」な物語であれ、神話的で信じられないような物語であれ、枠組みのなかで起承転結が密接に接続されていなければならない。物語を作るのは、こうした出来事の「流れ」なのだから。良い物語は読者を興奮させつつ、次はどうなるのかという期待を持たせる。ヌスバウムが言うように、物語は私たちが世界を他人の視点で見ることのできる希少な機会の一つである。「他人の靴」に足を踏み入れること。このプロセスこそ、あらゆる倫理において重要ではないのだろうか。

　しかし、この疑問に答えるのは私たちではなく、映画倫理を講義する教授である。

【特集】映画倫理の「神殿」に祭られたベストフィルムから選出した6本の映画

　『七人の侍』（1954）は主要な美徳の一つ、すなわち「名誉」について検証するのに役立つ。舞台は16世紀の日本。野武士の一団から身を守るために、用心棒のサムライを雇った百

姓たちをめぐる優れた物語である。最後に登場するサムライは、自分の名誉を無傷のまま守る。しかし、そこに実利はない。すると勇気には、どのような「価値」があるのだろうか？

答えに確信の持てない人は、もう2時間ほど、今や古典とも言える『スター・ウォーズ』(1977) を観ることを薦める。特に熟考すべきなのは、ダース・ベイダー（ジェームス・アール・ジョーンズ、少なくとも彼の声）について。ダース・ベイダーはニーチェの言うような「超人」なのか、それともただの失われた魂なのだろうか？

『理由なき反抗』(1955) でジム（ジェームス・ディーン）は、父の色あせた功利主義に代わる新しい道徳的価値を探し求め、「カントの義務論」を発見する。少なくとも映画倫理の専門家の目には、そう映る。

『ドゥ・ザ・ライト・シング』(1989) には、社会に幻滅した若い黒人「ムーキー」（演じるのは監督スパイク・リー自身）が登場する。1人の女の子をめぐって、あるいはピザ屋を経営するイタリア人が店の壁にイタリア系の有名人の写真しか貼らない（「ブラック」はいない）ことをめぐって、「ムーキー」はピザ屋と不和になる。そして暴動が起きる。最後には障害のある白人の男によって、マルコムXとマーティン・ルーサー・キングのメッセージがほのめかされる。文化的・倫理的な相対主義などが学べる。

偉大な映画監督アルフレッド・ヒッチコックは『マーニー』(1964) のなかで、詐欺と偽装の名手の若い女性マーニー（ティッピ・ヘドレン）を描いている。彼女は仕事を転々としながら、上司をだまして金を盗んでいた。自分を愛して

いない母親に、プレゼントを買ってあげるためだけに。街から街へ、仕事から仕事へ。そして、これがドラマ！　マーニーは過去の盗みの手口から、会社社長のマーク（ショーン・コネリー）に見破られる。当然ながら、2人は関係を持つのだが、マーニーの行動にはフロイト精神分析的な要素があることをマークは発見していく。マーニーは絶えず自分のアイデンティティを変化させる必要を感じていた。男性と深い性的関係を結ぶことを恐れているからである。幸いなことに、映画の終わりでマーニーは十分な治療によって心的障壁を取り除くことに成功し、2人はハッピーエンドを迎える。おそらくこれで、マーニーの犯罪歴も終わるだろう。この映画は犯罪に至る心理の追跡に役立つ。犯罪は（ジレンマ93から学んだように）普通、裕福な両親との葛藤に由来するのだろうか。

　最後に『ネットワーク』(1976)。この映画には、テロリストとインタビューの交渉をするテレビ局の役員が登場する。テレビ・ネットワークの情報をテロリストに流し、終にはネットワーク・ニュースの視聴率を上げるためにテロ行為を実演させてしまう。（政府がこうしたことを行うのは不思議ではないが、政府は国民の利益のために実演させるので、まあ、問題ではない。）これは映画倫理のコースのみならず、メディア研究あるいは政治学のコースにも適した映画である。これが映画でなければ、誰かにもっと「役立つ」だろう。

ジレンマ 99　100人の村

　いや、すでに誰かがそのような村を作っている。賢明な読者には改めて断る必要もないだろうが、100という数字にし

たのは、私たちが生きている現在の世界の統計（細かい数字が並んでいても、なかなか分かりにくい……）を、分かりやすく伝えるためだ。そして、「100人の村」の物語が示しているのは、実のところ、世界は「1つの村」とは同じではないということである。私たちが本当にこのような村に住んでいるとしたら、もっと「村」に懸念を抱いているだろう。問題を「身近」に感じるか否か。倫理ではこの要因が大きく左右する。デイヴィッド・ヒュームの言葉は、この辺りの事情をうまく要約している。「自分の指を掻くことより、全世界を破壊することを望むとしても、理性には反しない。」

現在、毎日が飢えに苦しむ生活の人々がいる。人々が飢えに苦しむままに放置している状況がある。スーザン・ジョージの言うことは当たっている。こうした問題は多くの人々にとっては「退屈」なテーマなのである。しかし、世界の人口が多すぎる（そのため飢える人々が存在する）という見解は、倫理的に問題があるだけでなく、事実と食い違っている。「第三世界」は人口過密になってはいない。農耕地の面積あたりの人口と貧困とのあいだに関連はない。関連があるのは、土地所有の問題と貧困。世界の人口の大半は、現在でも土地に頼って生活している。問題は世界の土地の大半が、彼らのものではないということなのだ。

世界の食品産業は、圧倒的にアメリカ合衆国が営んでいる。残りはカナダと西ヨーロッパが少し分け合っている。ビジネスの狙いは、できるだけ安く生産すること（そうすれば、世界の他の国々も分け前にありつける）。そして、できるだけたくさん売ることである（食べ過ぎになるとしても）。実のところ今日、世界の食物の多くは人間よりも豚や牛に優先的に与

えられている。少なくとも豚や牛の飼主は、それで元が取れるからだ。そうして大量に飼育された動物は次に、村の「豊かな6人」が食べるハンバーガーやベーコン・サンドイッチに姿を変える。「豊かな6人」はジョギングをして、過剰な脂肪を減らさなければならない。

「救命ボート」の比喩〔ジレンマ1＆2〕を再び使うなら、これはまるでボートの3分の1が屈強なファーストクラスの乗客の一人に奪い取られ、エコノミークラスの（1人ではなく）6人が閉め出されたようなものである。ファーストクラスの乗客は高価なチケットを見せながら、自分の正当性を主張し、ボートの真ん中に大きなテレビを置いた。船にあったビスケットをポリポリ食べながらテレビを観て、救済されるのを待っている。その周囲ではボートに乗れなかった多くの人々が、悲惨にも波との闘いに負けて力尽きていく。

　このような救命ボートや村が、いかに「倫理的に」間違っているか。それを改めて言う必要はないだろう。運営の方法が間違っていると言うだけで十分だ。スーザン・ジョージが強調するのは、有害な「農業ビジネス」の存在である。（穀物、小麦粉、トウモロコシ、綿、塩、ジュース、動物の飼料などを販売するアメリカ合衆国のカーギル社はその典型。おそらく世界最大の商社だろう。）しかし、むしろ私たちは理念や価値の失墜を強調したほうが良いと思う。ジョン・メイナード・ケインズは1936年、『雇用・利子および貨幣の一般理論』を要約しつつ、こう述べている。「既得権益の力が大きくなっているのは間違いない。理念は次第に崩れているのと対照的である。」「危機にあるのは既得権益ではなく、善悪をめぐる理念であると遅かれ早かれ気づくはずだ。」倫理学の余地はこ

こにある。

1381年にワット・タイラーの指揮のもと、マルクス主義革命に先駆けてロンドンを行進したイングランドの「裕福な農民」の経験からも、「百人の村」は学ぶことができるはずだ。宮殿に火をつけ、大司教を打ち首にした農民は、イングランド王に会見した。「私たちは皆、アダムとイヴの息子、娘ではないのでしょうか」とワット。自由を奪われた奴隷として領主の畑で労働することは、もう止めなければいけないのではないか。すべてのイングランド人は「王のもとに」平等であるという革命の要求に、イングランド王は同意した。それはワットにとっても意外なことだった。革命の英雄はビールを1杯飲んで、取り決めに調印し、支持者たちにこの良い知らせを伝えようと向きを変えたところ、王の家臣の一人が背後から彼を刺した。そしてまもなく、他の革命家たちも処刑されてしまったのである。

この歴史の教訓は何だろう。「世界革命」を起こそうとしてはならない、ということである。支配者の有利に働くのだから。ほんの2、3世代のうちに、イングランドの農民は目的を達成した。これもまた事実。市場の「隠れた手」が農民を救済しに来たのである。「世界革命」がなくても、きっと「百人の村」に現存する不平等と不正義は永遠のものではない。

ジレンマ *100*　ヴォルテールのジレンマ

生体解剖（人間のために人間が行う動物実験）に賛成する「哲学的」議論の大半は、「功利主義」に基づいている。しかし、これを言うと驚くかもしれないが、功利主義の「父」は

この種の議論に断固反対しているのである。『道徳と立法の諸原理序説』のなかでジェレミー・ベンサム (1748 - 1832) はこう述べている。

　暴君の手による以外には決して奪うことができない権利を、人間以外の動物たちも獲得する日が来るかもしれない。人の肌が黒いからといって、気紛れな拷問に対する補償もせずに見捨てて構わないという理由にはならないと、すでにフランス人は気づいている。同じように、足の数、体毛の多さ、あるいは腰部の仙骨の末端の形などの違いを理由に、感受性のある存在を、その運命のままに打ち捨てておくのは不十分である。これもいつか認められるようになるだろう。動物と人間を区別する明確な線引きはどこにあるのだろうか。
　理性の能力の有無にあるのだろうか。言葉を使う能力にあるのだろうか。しかし成長した馬や犬は、生後１日、あるいは１週間、いや、１ケ月の人間の幼児とは比較にならないほど理性的で、融通のきく動物ではないだろうか。仮にそうではなかったとしても、それがどうしたというのだろう。重要なのは「理性は働いているか？」でも、「話をすることはできるか？」でもなく、「苦しむことはできるか？」なのである。

『ナルニア国物語』の作者でありキリスト教哲学者のＣ・Ｓ・ルイス (1898 - 1963) は、生体解剖をめぐる議論そのものが「理性的」ではないと懸念する。自然（と動物）は私たち人間から切り離された「外部」であり、人間による使用／

不使用の決定を待つだけの存在という前提から始めると、私たちの心にも影響が生じるというのである（再びデカルト主義の長い影）。

　私たちが事物を分析的に理解し、支配し、私たち自身の便宜ために利用するとき、私たちはそれを「自然」のレベルに引き下げている。その価値については判断せずに済ませ、その目的因（それが存在するとして）は無視して、量として扱うのである。（……）死人であれ生きている動物であれ、解剖室で切り刻むことを可能にするためには、重要な何かを克服しなければならない。（……）質的特性を欠き、単なる量に還元された対象が現実の全体であると信じて疑わない者は、最も偉大な近代的科学者ではない。むしろ小物の科学者、あるいは科学を非科学的に盲信する者が、そう考えているのだろう。「対象」は人工的な抽象であること、「対象」からは現実の何か重要なものが失われていることを、偉大な精神はよく知っている。（『人間の廃止』）

ジョージ・バーナード・ショーが警告するように、一度、生体解剖者の主張を認めると……

　人間を対象にした実験を認めることになるだけでなく、人体実験こそ生体解剖者の第1の任務になる。モルモットを犠牲にしても学べることは少ない。ならば、学べることの大きな人間を犠牲にしない手はないのでは……。実験の有用性を示すだけでは、実験を正当化できるか否かを決めることはできない。実験が有用か無用かではなく、野蛮な

振る舞いか文化的な振る舞いかを区別しなければならない。(……)生体解剖は人間の知識を高めるための社会の必要悪であるが、人間性を低めるという代償を払っているのである。

ジレンマ 101　実用主義の反応

「完全な無関心」を装うのもいいだろう。しかし、生体解剖者の主張する「合理性」は疑わしいと大勢の人が発言している。バルティモアの医者ハーバート・ギュンダシャイマーの言葉（1988）を引用しよう。「動物実験の結果を異なる種に適用することには無理がある。したがって、製品が人間にとって安全かどうかを保証することはできない。(……)動物実験は安全性の低い製品から消費者を守るのではなく、会社を法的責任から守るために利用されているのである。」

これも一つの意見である。しかし、「事実」をめぐる議論よりも重要なのは、ショーが述べるような価値をめぐる議論である。結局のところ、ルソーが有名な『人間不平等起源論』（1755）に記したように、私たちは第1に、「事実を退けること」から道徳を説き始めなければならない。「問題の設定は事実に先行する」からである。しかし、「倫理」は事実調査の補足と見なされることが余りにも多い。現状とは異なる「道徳性」と社会選択の重要性に関して、最後にＣ・Ｓ・ルイスに要約してもらおう。ここには2000年前のプルタルコスの（顧みられなかった）警告が響いている。それは動物についての警告だが、私たち自身についての警告でもある。

　　生体解剖に関する理性的な議論を耳にすることほど、世

界で最も珍しいことはない。生体解剖に反対すると、世間では「感傷的」と非難されることが一般的である。これは的を射た非難であることも多い。可愛い子犬が解剖台に乗せられた姿を描いている反対派。しかし、賛成派にもまったく同じことが言える。生体解剖の成果のおかげで、女性や子供の苦しみは和らげられていると言って、彼らは生体解剖を擁護している。(……) さて、一つの種が幸福になるために別の種を苦しめることは正しいのだろうか。それを論証して初めて、私たちは生体解剖を正当化することもできるのである。

　生体解剖の勝利は、「冷酷で非道徳的な功利主義」が「旧世界の倫理の法」に対して勝利を収めた、その大きな1歩を示している。この勝利によって動物のみならず、私たちも犠牲になった。現代ではダッハウと広島にその勝利が刻まれている。動物に対する残虐行為を正当化するとき、私たちは人間を動物のレベルに置いている。私たちはジャングルを選択した。覚悟しなければならない。(……) 実験室では実際に何が行われているのか。それを議論する余裕は私にはなかった。意外にも残酷なことは行われていないと、私たちはもちろん聞かされている。しかし今、そんな問題は関係ない。何を許すべきなのか。私たちは最初にそれを決めなければならない。すでに何が行われているのかを調査するのは、その後の警察の役割である。

これも私たちの教訓にしたい。

人名・用語解説

 アリストテレス（紀元前384-322) はよく、西洋哲学の本当の「父」と評価される。彼の名前が最も尊敬を集めているのは、倫理学の分野ではないだろうか。倫理に関するアリストテレスの見解は、『エウデモス倫理学』と『ニコマコス倫理学』に述べられている。「友がいなければ、他の全てを持っていたとしても、生きていくことはできない」(『ニコマコス倫理学』) は名言である。各自の「目的」を実現する価値、各自の「美徳」を養う価値、望ましくない両極端の間の「黄金の中間」の価値にも、アリストテレスの名前が付されることは多い。もちろん、これらの教理はアリストテレス以前から存在する。事実、上記の価値を説く**プラトン**の論述は更に説得力がある。

 それにもかかわらず、アリストテレスとプラトンの重要な相違の一つが『ニコマコス倫理学』に記されている。アリストテレスは人々の思い抱いている「善悪」について調べることから議論を始め、「善悪」は「習慣の支配」(ジレンマ4) の下にあることを発見する。プラトンはこうした方法に対する軽蔑を隠さない。トマス・ホッブズによれば、アリストテレスを道に迷わせたのは、まさにこの方法である。アリストテレスは倫理の基礎を「人間の欲望」に置こうとしたが、この尺度では法にしても善悪の区別にしても、(ホッブズの観点では) 正しく成立しない。

 ベンサム (1748-1832) は世界が2つの大きな力（快楽の

追求と苦痛の回避)に引き裂かれていると考えていた。ここから彼は、快楽を最大にすること、苦痛を最小にすることがより良い人生であると直観した。他のことを考慮するのは見当違い。これが「功利の原則」として知られるようになった。ジェレミー・ベンサムの著作は**功利主義**の純粋なかたちであり、この原則には権利や義務の入りこむ余地はない。しかし、ベンサムは権利や義務を便利なフィクションとして、社会的に望ましい役割を果たすことがあると認めている。

ビジネス倫理はビッグ・ビジネス。そこで、この本にも収めることにした。少なくとも、**ジレンマ 87** と **ジレンマ 88** で紹介した**アダム・スミス**の思想と関係あるところを。ある定義によれば、「ミクロビジネス倫理」は企業の正しい(「公正な」)経営や組織に注目する。労働環境、新社員採用事情、経営「スタイル」、財政会計、そして供給や環境をめぐる企業の個々の決定の影響など。「マクロビジネス倫理」は自由意志、理性、人権などの概念を考慮に入れる。したがって、**功利主義**的な「パレート最適」(できるだけ多くの人間が「満足」するように世界を調停するという考え)と対立する可能性がある。

デカルト(1596-1650) は慣習的思考に警鐘を鳴らし、「懐疑の方法」を説いた。この「懐疑の方法」は道徳哲学者にも大きな影響を与えたに違いない。ただし、デカルト自身は非合理的に神を前提にしている。彼の有名な命題「我思う、ゆえに我在り」もまた、「懐疑」を緩和させている。ルネ・デカルトによれば、世界は精神と物質の2つに分割される。精神はもっぱら理性的演繹によって物質を探求するのである。デカルトはたくさん倫理のジレンマも作り出した。

環境倫理（少なくとも、従来の環境倫理）は、人間の活動によって「環境」に生じた変化に注視する。そして、その変化が人間の利益になるかどうかを問題にする。「気候の変化」、「オゾン層の破壊」、河川・海・大気の汚染。「環境」の変化に対する心配は、そもそも人間を中心にした視点から生じている。環境および動植物を破壊する人間の傾向に懸念が生じるのも、人間にとって損失があるからではないか。危機にある植物が、もしも癌を治療する成分を含んでいたらどうしよう……パンダを動物園の檻のなかでさえ見ることができなくなったらどうしよう……。他方、利己心を完全に理解するならば、徹底的な全体論の境地から、人間は他者を含む万物に敬意を抱くようになると述べる倫理学者もいる。どちらの見解にしても環境倫理の大半は、他領域の倫理と同じく、人間の利己心の表現にとどまっている。

　自然を飼いならすのは「良い」ことであり、野生の自然は危険あるいは不都合な「悪い」ことであると見なす人間中心主義を捨てなければならない。「ディープ・エコロジスト」は主張する。私たちにとって良いことでも、自然にとっては良いとは限らない。それを受け容れなければならない。「自由と自律」の価値を河川や動物にも適用し、「他者への尊厳」の価値を木々や山々にも適用しなければならない、と。

　環境に対する関心を広めるための最初のステップは、動物の利益を考慮に入れることだろう。環境倫理に関する数多くの問題は、動物の権利をめぐる問題である。動物の生息地は汚染されている。未処理の汚水が流入している河川。工場から排出される有毒分子が充満した空気。農薬の流出によって死んでいく海。変動を捉えるのがより難しい、微細な汚染も

たくさんある。生息地の汚染によって最初に被害を受けるのは動物である。

　第2のステップは食である。私たちは何を食べるのか。これは深く、広く、根本的な問題である。生命に対する私たちの姿勢、私たちのアプローチはすべて、この基本的欲求をいかに満たすかという課題から生じてくる。「ディープ・エコロジスト」のポール・カリコットも言うように、「食よりも身近かで、生命への結びつきを象徴し、不思議なものはない」。

　ヒポクラテス（紀元前450頃）は、癲癇（てんかん）などの病気は悪魔や怒れる神々の仕業ではなく、その原因は自然にあると早くから唱えた医者。「医学の父」、「最も賢明で、最も偉大な医者」と言われる。コス島のヒポクラテスは生命の尊厳を教え、医療行為の倫理的基準を高めるように他の医者に呼びかけた。「ヒポクラテスの誓い」は医術の分岐点をなす。そこで初めて、治療と殺害が完全に分離されたからである。「私は誓う。医の神アポロン、アスクレピオス（……）の名において。（……）私は自身の能力と判断に従って、病人を助ける医療を行う。害悪になると知っていることは、決して行わない。依頼されても毒薬は与えない。その道を暗示することもない。」ここに安楽死を支持する言葉はない。誓いは続く。「私は婦人を流産させる器具も与えない。」それでも医学はヒポクラテスのもとで、学識ある職業の原型になったのである。

　デイヴィッド・ヒューム（1711-1776）は倫理学の世界のペテン師である。「倫理は感情の問題である。理性の対象ではない！」と彼はあざける。そして『人性論』（1740）のなかで警告する。「その行為や性格は悪いと言ってみたところ

で、何の足しにもならない。その行為や性格に非難の感情を覚えるのは、あなた自身の本性の構造なのだから。」美徳も悪徳も、私たちが色を見るのと丁度同じく、私たちが事物のなかに見る性質にすぎない。ヒュームはこう続ける。「以上の推論のほかに、おそらく重要と思われる次のような見解を追加しないわけにはいかない。これまで私が出会った道徳の全体系において、著者はありふれた推論をしばらく進め、神の存在を確認したり、人間の問題に関する所見を述べたりする。突然、私は発見して驚いた。結合される命題は普通、〈である〉や〈ではない〉で構成されるのに、道徳体系においては、〈べきである〉や〈べきではない〉の登場しない命題には出会わない。この違いは微妙であるが、決定的な違いを生むのである」。(第3篇「道徳について」、第1部)

易経〔英訳『変化の書』〕(紀元前3000頃)は世界最古の哲学書。生きるための教えを核心とする、深遠で倫理的な書物である。易は筮竹(ぜいちく)の組み合わせによって偶然に形成される八卦(け)(さらには六十四卦)の「六芒星(ヘキサグラム)」から成る。初めて書に著されたのは3000年前と推定され、それ以来、中国の皇帝・将軍・政治家が意志決定するときの一つの契機になってきた。紀元前3世紀の焚書によって古代中国の哲学書の大半は消失したが、孔子が『易経』を「五大古典」の一つとして認めていたため、焚書を免れることができた。なお、古代中国の哲学は古代ギリシアに(姿を変えて)再出現する。

イスラム教 (紀元700以後) は世界的信仰である。世界の約7人に1人(75を超える国々に住む約8億人)はイスラム教徒。今日の世界において、一番早く普及し続けている宗教である。紀元7世紀にアラブに紹介されてから1世紀のうちに、

イスラム教はローマ帝国あるいはアレキサンダー大王（アリストテレスの正道から外れた生徒）の帝国よりも巨大な帝国を支配し、統制することになった。「イスラム」という言葉は「服従」を意味する。神への服従。アラー以外の神は存在しない。モハメッドはアラーの使者である。イエスもまた使者であるように。全てのイスラム教徒は毎日、メッカの方角に向かって厳粛な祈りを捧げなければならない。

　イスラム教徒は『コーラン』を、イスラム以前のあらゆる啓示（『聖書』など）に代わる神の言葉として敬っている。『コーラン』が禁じているのは、賭けごとや動物の血の飲食。異教徒の神々や偶像に供される食物、豚肉やアルコール、死肉の摂取も禁じている。『コーラン』が詳述しているのは、地獄における懲罰と天国における報酬。イスラム法「シャリーア」は残酷で野蛮に映るかもしれない。度重なる窃盗を犯せば、罰則として片手を切り落とす。婚前の性交渉は100回鞭打ちの公開刑。不倫は死刑の場合もある。こうしたイスラム法と預言者モハメッドのエピソードが、『コーラン』には居心地悪そうに並んでいる。モハメッドは午後のまどろみから目が覚める。すると、病気の子猫が彼の衣服の端でぐっすり眠っているではないか。モハメッドは子猫の眠りを妨げないように、衣服の端だけ切って残したという。

　イスラム倫理は全てを包括する生へのアプローチであり、個人生活と社会生活と両方の全ての側面に目が届いている。物質と精神、体と心、宗教と政治の区別はない。微細な行為であっても、倫理に熟練した宗教指導者の導きに服従すべきものと考えられている。幸いにも、こうした全体的教義が巧く回転するように、善と悪は細分化され（不可避なもの／薦

められるもの／許されるもの／禁じられているもの／非とされるもの）、善悪の決定はニュアンスを許容するようになっている。

貧者・老人・孤児への慈善は義務であり、個人の総資産の2.5％を毎年、税金として施さなければならない（「ザカート」）。女性の地位に関して『コーラン』は曖昧である。モハメッドは「あなたがたを生んだ母」を敬うように教え、イスラム教徒の女性に市民権と財産権を与えた。しかし、これはなおもアラブ世界では革命的一歩である。女性はベール（「チャードル」）をかぶらなければならないと、『コーラン』は記していない。この習慣はモハメッドの数世紀後に現れた。『コーラン』は女性に対して、「控え目に」装うように命じているだけである。『コーラン』はむしろ女性に上位の名誉ある役割を与えていると主張する女性もいる。しかし、西洋人から見れば、イスラムの女性に割り当てられた役割は最善ではなく、圧制的と映るに違いない。

イマニュエル・カント（1724-1804）は給料をもらって大学で教えた最初の哲学者の一人である。『道徳形而上学原論』など骨の折れる題名で、辛口かつ濃密な文章を大量に書いていった。神が失われつつある時代のこと、「義務」「真実を告げる約束」等々に基づく伝統的な道徳体系は崩壊しようとしていた。カントはこの危機を、論理や「理性」に基づく道徳体系によって支えようとしたのである。もっとも、それはプラトンがはるか昔に試みたことにすぎない。プラトンと同様にカントも、「因果」は哲学者の計算の内にあると論じる人々に関わっている暇は無かった。

アルド・レオポルト（1887-1948）は鳥類学・博物学から

出発し、森林学に到達した。今日、彼はアメリカにおける野生生物保護の父と考えられている。ジレンマ82からジレンマ85にかけて詳述したレオポルトの見解は、こう要約することができるだろう。人間を食べるオオカミは善。人間は悪。オオカミを食べる人間は悪くはない。彼らしいのか分からないが、レオポルトは隣人が山火事と格闘するのを助けようとして亡くなった。

嘘（恋人たちの偽装の言葉も含めて）。近年、嘘と約束破りの哲学を大きく前進させたのは、ジャック・デリダなどのいわゆる「ポストモダニスト」による「言語」の脱構築。デリダは「超越的ロゴスはない」と主張する。曖昧な表現であるが、「善悪」も「真実」もないと言っているのである。これがポストモダンの倫理学、「価値自由な倫理学」だとすれば、これはそもそも倫理学ではない。

しかし、この価値自由のアプローチが隆盛した領域もたくさんある。文学や歴史の研究者は貪欲にこの理論に飛びつき、丸ごと貪り食った。例えば、「現実」の事件の歴史と作者が構築した歴史の区別をめぐる議論は依然として盛んである。

状況に対して皮肉な姿勢を取る政治やメディアの一般的傾向も左右しているのだろうが、アメリカ合衆国の大学生を対象にした調査によると、3分の1の大学生が試験に合格するためなら不正行為をしても構わないと答え、半分の大学生が過去に盗みの経験があると答えたらしい。学生は「支配的」価値体系の負の側面を持ち出し、その価値体系を拒絶する行為を正当化してきた。もちろん、学生が正確にそう語ったわけではない。しかし、学生はポストモダニズムの歴史家と同じく、「大きな物語」に自分の「物語」を支配・置換させま

いと拒否してきたのではないか。

正義。伝統的には倫理学の中心であるが、19世紀の功利主義者が再発見したように、それは必然ではない。正義は普通、「各人のものは各人に」と要約される。自分に値するものを得るということだ。しかし、ある人間が何に値するのかを、どのように決めるのだろうか。どのような人でも、自分の現状以上のものに値すると考えるのではないか。だが、そう考える人の何割かは、思い違いをしているに決まっている！　弁護士は処罰という「補正する」正義に関心を持っているが、道徳哲学者は一般的に、法律・権利・幸福の複雑で困難な計算など、「分配する」正義に関心を持っている。

G・E・ムーア（1873-1958）は他の哲学者の「自然主義的な誤り」を告発した。彼らは善悪が自然のなかに存在すると仮定しているというのである。そうではなく、論理や直観から道徳価値を演繹する必要があるとムーアは考えた。自然には善も悪もない。詳しくは1903年の傑作『倫理学原理』にすべて述べられている。また、非自然的な世界を規定する価値は「芸術」と「愛」であることも、この書物で宣言されている。

神話。ギリシア文化の歴史は、神話の伝統を合理主義の伝統に置き換えていく歴史と言われてきたが、『方法への挑戦』のポール・ファイヤアーベントは異論を述べている。**プラトン**などの哲学者が神話に立ち戻るのは、議論を前進させるためではなく、分かりやすく説明するためだと考えられてきた。しかし諸々の神話は、人間と神々の境界や自然と超自然の境界など永遠のテーマを持っている。意地悪く言えば、こうした境界を前にして、哲学者は「どっちつかずの態度をとる」

しかない。

フリードリッヒ・ニーチェ（1844-1900）によれば、道徳とは生の衰弱の徴候の一つである。彼はこれを不快な傾向であると考え、道徳に異議を唱えた。ニーチェが好むのは「反道徳」。偉大な人間（男性）は、「責任」「義務」「憐れみ」「善良」などの「陰鬱な」概念に拘束されることなく、自らの力を最大限に享楽する。ニーチェの思想は『この人を見よ』に要約されている。「善人の概念のなかで大手を振っているのは弱者、病者、体の不自由な者、自分に苦しむ者、つまり死滅すべき者たちである。淘汰の法則は妨げられている。誇り高く、出来が良く、肯定的な男、未来を確信し、未来を保証する男に対立する理想が仕立てられているのである。」

しかし、ニーチェはそれほど独創的ではない。キリスト教の道徳に対する攻撃は、以前から繰り返されてきた。また、彼以前の哲学者（特にトーマス・ホッブズ）も、ある意味で「力(マイト)」は「正しい(ライト)」ことを看破していたのである。他の全価値を「超越」すると吹聴するニーチェの風変わりな文体は、伝統的価値を転倒させているだけのときも、過大に急進的であるように響く。自分自身の生涯も殺戮と破壊に満ちたディオニッソスの酒神祭になると約束したニーチェは、不活性で寒々とした人生に甘んじなければならなかった。それでも、倫理学は信心家の「穏健な」学問ではないと主張する哲学者にとって、ニーチェは有用である。

プラトン（紀元前427-347）の対話篇は、ソクラテスがアテネの市民と交わした歴史に残るべき会話を記録している。内容も普通の「倫理学」に許される範囲を、はるかに超えている。しかしながら、倫理はプラトンが常に回帰する中心で

ある。プラトンの『国家』は「善のイデア」を高く掲げている。有名な「洞穴の比喩」を想起しよう。洞穴につながれた囚人たちが「解放」されるのは、彼らの汚く哀れな存在が善=知の投じる光によって照らされたときに他ならない。

心理学。心理学者は「道徳的行動」を4通り説明している。1) 社会集団の他の構成員を喜ばせる（ショックを与えない）行動。2) 良心に促された行動。3) 優良な養育（良い行動はほめ、悪い行動は罰する養育）の結果の行動。4) （ソクラテスのような）理性的人間によって最善の生活様式と見なされる行動。ある調査によれば、非行をする人間としない人間のあいだに道徳信条の違いはほとんど無いという。違いがあるとすれば、自分が「悪い」と思う行動に対して、非行者のほうが怒りやすく、それを受け入れようとしない。（「悪い行動」は強すぎる良心に由来すると述べる心理学者もいる。）極端な場合、この不調和は神経衰弱に至ることがある。だから、ソクラテスは悪事を働いた人のことを憐れんでいたのである。

ピタゴラス（紀元前570-470）はサモス島で生まれた。彼は音楽・天文学・形而上学・自然科学・政治学・神学に重要な貢献をしただけでなく、西洋に輪廻の概念や天国と地獄の概念を取り入れた最初の人物である。ピタゴラスによれば、種々の学説は神から授けられた啓示であるという。暴君ポリクラテスによって不穏分子と見なされた彼はイタリアに移動し、菜食主義・清貧・純潔の実践に基礎を置く哲学の一派と禁欲的慣習を確立した。ピタゴラス学派の食事はハチの巣、雑穀、大麦パン、そして野菜である。ピタゴラス本人は漁師に代価を支払い、魚を海に戻していたという。獰猛なクマに対して大麦やドングリを食べるように命じ、人間たちに攻撃

を止めるように命じたこともあった。ピタゴラスは動物のみならず木に対しても敬意を表していた。他に選択肢がない場合を除いては、木を切り倒してはならないと訴えていたのである。小さな植物のことも彼は心配していた。ある時、豆畑を踏みつけないようにと、雄牛が畑に入るのを禁じたほどである。

有名な「ピタゴラスの定理」は彼の登場以前から使用されていたが、重要なのはピタゴラスによる推論方法だった。世界は人間の理性によって探求すること、説明することができるし、自然法則は純粋に思考によって演繹することができる。プラトンの伝えるソクラテスとメノの対話によって有名になった方法で、ピタゴラスはそれを論証した。彼によれば、人間は数学によって完全な現実（神の領域）を垣間見ることができる。私たち人間の世界は、完全な現実の不完全な反映にすぎない。純粋で永遠の神聖な領域とは対照的に、地上の世界は腐敗にさらされている。悲しいことに、人間の魂は身体＝「墓」の罠にはまり、そのなかに囚われているというのである。

難民。1951年以来、難民に関する国連協定のもと、すべての調印国は迫害から逃れてきた亡命者を「難民」と認定することになった。しかし、亡命者は調印国にまず到着しなければならない。調印国は「不法入国者」を止める防御策に忙殺されている。しかも、協定が想定するような亡命者ではなく、貧困や失業から逃亡しようとする人々もいる。この協定は「経済移民」の受け入れは義務づけていない。出身国を問わずに送還することができる。しかも、難民は嫉ましいほど保護されているとして、移住者のあいだではますます「難

民」の地位を獲得しようとする駆け引きが高まっている。

2001年に国連が認定した2200万人の難民の大多数は、パキスタンやイランなどの比較的貧困な国にいる。イラクやアフガニスタンの隣国というだけの理由である。世界で最も豊かな9つの国が、その年、門戸を少し開放することに決めたのは、約10万人の難民に対してだった。

権利。今日、たくさんの種類の権利がある。動物の権利、人間の権利（人権）、女性の権利、木の権利（ジレンマ95）。しかし、こうした「権利」の存在価値はどれほどあるのだろう。意見の一致する人などいるのだろうか。哲学者は何千年もかけて、「本当の」権利の所在を明らかにしようとしてきた。最も核心に迫ったのは、おそらくトマス・ホッブズだろう。自己保存という根源的な権利しか存在しない。ここからホッブズは「沈黙を守る権利」「戦闘から逃げる権利」など、さらに幾つかの権利を引き出したが、これには異論もあるだろう。

奴隷制度。今日では教会が社会変革の先頭を切って、市民権や胎児保護、そして他国における人権侵害の終焉などを要求している。しかし、これが当てはまらない場合もある。女性の権利や奴隷制度のような問題に関しては、宗教によって社会的進歩が妨げられてきた。過去において教会は、奴隷制度を悪とは決して考えなかった。ヴァージニア、サウスカロライナなど南部の州のプロテスタント教会は、奴隷制度に賛成の決議をした。奴隷制度は「神聖な約束」「神聖な制度」であり、「不道徳」どころか、「正当な基盤」があるというのである。新約聖書の多くの詩句は、奴隷の服従と貢献を要求している。イエスの寓話の多くも奴隷に言及しているが、パ

ウロの悪名高い「ピレモンへの手紙」はためらうことなく、逃亡した奴隷は主人に送還するべきだと述べている。「逃亡してきた奴隷を主人に引き渡してはならない」と記した『旧約聖書』の「申命記」は例外である。奴隷制度廃止論者は、奴隷制度が不道徳であることを論じるために、聖書以外に根拠を求める必要があった。これは宗教に問題解決の糸口を求める人々の教訓になるだろう。

アダム・スミス（1723–1790）は一般的なイメージよりも、はるかに急進的な哲学者である。プラトンやジョン・ロックなどスミス以前の哲学者は、社会の土台は他者への配慮に置かれる必要があると考えていた。あるいは、自分本位の考えを抑制することに置かれる必要があるのだと（ニッコロ・マキャヴェッリやトマス・ホッブズのように）。それに対してスミスは、個人の単位を超える非人間的な力である経済によって、社会が決定されることを認めた。スミスの代表的な著作は『国富論』(1766) と『道徳感情論』である。前者は現在でも保守派の政治家に好んで読まれている。後者は倫理を社会的習慣と見なしている点で、彼のスコットランドの友人デイヴィッド・ヒュームの立場にとても近い。スミスによれば、道徳性や道徳的行動は他人を観察することなど、社会的相互関係に応じて形成されるという。ただし、自由放任の経済政策を取るときでも、「正義」は政府の重要な仕事になるのだ。

功利主義の教義によれば、最大の幸福（あるいは快楽）を生むように行動するのが正しい。功利主義の父は18世紀のジェレミー・**ベンサム**と言われるのが普通だが、苦痛と快楽を秤にかける能力の必要性を唱えるプラトンの対話篇『プロタゴラス』には、既に「快楽計算」の初期形態が表れている。

(「ヘドン」とはギリシア語で「快楽」を意味する。そのため、快楽の動機が強い人を「ヘドニスト」と呼ぶ。)これとは反対に、プラトンの甥にあたるスペウシッポスは快楽と苦痛を悪の両面と考えていた。

ヴォルテール(1694-1778)。フランソワ゠マリー・アルエ・ヴォルテールの哲学人生は、数段階を通過してきている。ある時までヴォルテールは、アイザック・ニュートンの導きに従っていた。小説『カンディード』のなかでパングロス博士が述べるように、この世界は可能世界のなかの最善の世界。それを神が定めていると考えていたのである。しかし後年、ヴォルテールは以前より悲観的になり、ニュートンの宇宙観を作り直していく。宇宙＝「巨大な機械」に生きる私たちは、悪しき運命を定められているのではないか。ヴォルテールの「悲観的運命論」。この見解は幸いなことに持続せず、晩年のヴォルテールは隙間から射しこむ一条の光を発見した。神のいない敵対する宇宙に直面するときでも、私たちは何かしら小さな肯定的行動を取れるというのである。

出典の註釈

引用について

哲学者の言葉は刊行されている著作からの引用である。引用符の中に入れたり、行を変えたりして抜粋した。〔日本語版がある場合でも、翻訳はすべて著者コーエンの引用した英文から訳出した。〕ただし、デカルトの「講義」の舞台は私が設定している。また、強調や大文字の使用は原文にない場合でも、私がそうしたいと思えば「どのようなところでも」行った。無粋である。何れにせよ、引用・参照先・原典を追跡するために「欠かすことのできない」註釈を、追加の案内を含めてここに記しておこう。〔日本語版が出版されている場合は、その書誌データを記した。〕

序文

最初の核戦争に関して詳しいのは、「50年間の否認」を副題に持つR・J・リフトン、G・ミッチェル『アメリカの中のヒロシマ』〔大塚隆訳、岩波書店、1995年〕とウィリアム・ローレンス『グラウンド・ゼロの夜明け──原子爆弾の物語』(William Laurence, *Dawn Over Zero, The Story of the Atomic Bomb*, New York, 1946)。

1&2 救命ボート

ギャレット・ハーディンの「救命ボートの倫理」が展開されているのは、論文「救命艇上に生きる」(*BioScience*, 24, 1974, pp. 561-568)〔『地球に生きる倫理──宇宙線ビーグル号の旅から』松井巻之助訳、佑学社、1975年所収〕。ただし、論文

「荒野の経済学」("The Economics of Wilderness", in *Natural History*, 78, 1969) のなかで彼は、「1人の人間の命を救うという偉大で素晴らしい努力が意味をなすのは、国民の人口が不足しているときだけである」とも書いている。

3 心理学の実験

議論に登場した歌はビリー・ホリデイの「奇妙な果実」である。アメリカの公民権運動の発展にとって重要な契機になった。その歌はこう始まる。「南部の木々は奇妙な果実をつける／葉には血、根には血／南部の微風に揺れる黒い体／ポプラの木々から吊り下げられた奇妙な果実」。展覧会「聖域の外部——アメリカのリンチ写真」(Without Sanctuary: Lynching photography in America) に展示された写真 (その多くは、なんと郵便葉書!)は、ジェームズ・アレンとジョン・リトルフィールドによって集められた。この2人の「普通の市民」は、「正しいことをする(ドゥーイング・ザ・ライト・シング)」決心をしたのである。

デレク・ライト『道徳行動の心理学』(Derek Wright, *The Psychology of Moral Behaviour*, Pelican, 1971) は、そうした「道徳行動」の精神科学を要約している。

4 習慣は王様

この種の「文化相対主義」の最も幅広いコレクションの一つは、19世紀末の風変わりなハーヴァード大学教授ウィリアム・グラハム・サムナーの『習俗』(*Folkways*) である (初版は1906)。「文化相対主義」の物語が一杯につまった古典である。

子供の奴隷に関する議論を含む「文化相対主義」の最近の報告は、ロジャー・サンデル『文化崇拝と同族意識』(Roger Sandell, *The Culture Cult, Designer Tribalism and*

Other Essays, Westview, 2002)。ところで現在、何人の奴隷が存在するのだろうか？　国際労働機関（ILO）の2002年の概算によると、子供の奴隷は840万人。

5&6　インターネット・ショッピング／トースター

「道徳対立と政治正当性」に関するトマス・ネーゲルの見解は、彼の著書『コウモリであるとはどのようなことか』〔永井均訳、勁草書房、1989年〕を参照のこと（雑誌 *Philosophy and Public Affairs*, 16, 1987, pp. 215-240 にも掲載）。これを発展させているのは、ジュディス・ワグナー・デシューの論文「道徳対立と倫理相対主義」(Judith Wagner DeCew, "Moral Conflicts and Ethical Relativism", in *Ethics*, 101 [!], October 1990, pp. 27-41)。「究極の基準」をめぐるジョン・スチュアート・ミルの言葉は、『功利主義』の中の「道徳対立の解決」からの引用〔ミル『自由について／功利主義／代議制統治論／社会主義論集』水田洋訳、河出書房新社、2005年〕。バートランド・ラッセルの「懐疑論」は『ラッセル幸福論』(1930)〔安藤貞雄訳、岩波文庫、1991年〕。ラッセル『懐疑論集』〔東宮隆訳、みすず書房、1963年；柿村峻訳、角川文庫、1964年〕の中の「東西の幸福の理想」(1928) からも引用した。「道徳相対主義」に関するフィリッパ・フットの講義は、『認識と道徳の相対主義』(Phillippa Foot, *Relativism Cognitive and Moral*, University of Notre Dame Press, 1982, pp. 152-166) に収められている。バーナード・ウィリアムの見解は『アリストテレス学会会報 (Proceedings of the Aristotelian Society)』(75, 1974-75, pp. 215-228) で読むことができる。

ジレンマの「偽装を暴く」戦略は、ウィーン学団の頂点を記した『言語・真理・論理』(1936) のアルフレッド・ジュ

ールズ・エアにも遡ることができる〔吉田夏彦訳、岩波書店、1955年〕。会合を開いた都市の名前を取って名付けられたウィーン学団は、ヴィトゲンシュタインをサブ・メンバーとして目玉にしつつ、あらゆる哲学議論の無益さを議論することを何よりも好んでいた。しかし、1936年は中心人物モーリッツ・シュリックが、嫉妬深い学生によって銃で撃たれた年でもあった。また、(オーストリア人であるが、神格化されたウィーン学団には誘われなかった)哲学者カール・ポパーによって、「科学」に過剰に依存する弱点と欠点が論証された年でもあった。そして、シュリックが雑誌 The Philosopher (www.philosopher.co.uk) に、語りうることと語りえないことをめぐる非常に興味深い論文を発表した年でもあった。

7 嘘つき

マリアに宛てたカントの手紙は、『カント全集第18巻』〔観山雪陽・石崎宏平訳、理想社、1978年〕に収められている。

8～11 デカルト

デカルトの言葉は、『方法叙説』第5部から引用した〔三宅徳嘉・小池健男訳、『デカルト著作集1』所収、白水社、2001年；谷川多佳子訳、岩波文庫、1997年／〔ワイド版〕2001年〕。自由意志については、ポール・リーの興味深い論文「決定論と道徳責任の幻想」(Paul Ree, "Determinism and the Illusion of Moral Responsibility") がインターネットで読める (www.zeroaltitude.org)。

12～18 古代のジレンマ

聖アウグスティヌスの物惜しみしない言葉は、『告白』第7巻第12章から引用した。思いつめた言葉は、第2巻第1、4、6、10章から引用した〔(上) (下)、服部英次郎訳、岩波文

庫、1976年／[ワイド版] 2006年；『世界の名著14　アウグスティヌス』中央公論新社、1968年；『アウグスティヌス著作集5／1　告白録（上）』宮谷宣史訳、教文館、1993年〕。「人生の目的と倫理」について語るエピクロスの断章は、『教説と手紙』〔出隆・岩崎允胤訳、岩波文庫、1959年〕。人を元気づけるセネカの物語は、書簡9の手紙に述べられている〔『セネカ　道徳書簡集——倫理の手紙集』茂手木元蔵訳、東海大学出版会、1992年〕。アリストテレスは『ニコマコス倫理学』第2巻第6章（1107節）で悪徳を遠ざける方法を述べている〔（上）／（下）、高田三郎訳、岩波文庫、1971／1973年；『アリストテレス全集13　ニコマコス倫理学』加藤信朗訳、岩波書店、1994年〕。

19〜23　「e-Ville」への対抗

　ベンサムの「最大幸福」の原理は『平凡な書』(*The Commonplace Book*, Works X, 142)、ハッチソンの「最大幸福」の原理は『美と美徳の観念の起源への探求』(Frances Hutcheson, *Inquiry into the Original of our Ideas of Beauty and Virtue*, 1725) の第2論文「道徳の善悪について」第3部8に述べられている。「権力は銃身から生まれる」をスローガンにしていた毛沢東主席は、「狂犬の目」をしていたかもしれないが、もっと繊細な権力哲学は、赤い冊子『毛沢東語録』の論説や演説で詳述されている〔竹内実訳、平凡社、1995年〕。無政府主義についてもっと学ぶには、ジョージ・ウッドコック『無政府主義』(George Woodcock, *Anarchism*, Penguin, 1962)。ジャン・ロスタンは『ある生物学者の思想』(Jean Rostand, *Pensée d'un biologiste*, 1939) にこう書いている。「すべての人間を殺せ。そうすれば、あなたは神である！」

24 品種改良計画

プラトンの「繁殖計画」は『国家』第5巻（459 - 461節）に概説されている〔（上）（下）、藤沢令夫訳、岩波文庫、1979年；「国家」藤沢令夫訳、『プラトン全集11』岩波書店、2005年〕。ウリ博士が『医学トリビューン（Medical Tribune）』誌（1977年8月24日号）に書いているように、同じ割合で不妊治療が続けられていたら、純血のインディアンは2000年頃には絶滅していただろう。そうならなかったのは幸いである。

30〜34 検閲について

貝殻のなかの女性は、もちろんボッティチェリの絵画『ヴィーナスの誕生』(1480頃)。この「機知」はジョン・スプリングホール『若者、大衆文化、道徳パニック』(John Springhall, *Youth, Popular Culture and Moral Panics*, Palgrave Macmillan, 1998) の61頁に引用されたE・S・ターナーのもの。「扇情コミック」をめぐる尋問もまた、社会学者の資質も備えた歴史家スプリングホールの同書に引用されている。この書籍は他のネタの宝庫でもある。安っぽい犯罪小説に関する概観を得るには、A・E・ウェイトが自主出版した研究書『血の探求』(A. E. Waite, *The Quest for Blood*, 1997)。ウェイトが述べるように、このジャンルは今や「大量の戯言に取って代わられている。貧民街の声は下品な声に取って代わられている。毒ニンジンとマンドレークが、毒麦の茂みと〈酔っ払った根茎〉に取って代わられているのである。」

35〜40 ビジネス週間

「タバコの煙る倉庫」の議論に引用した言葉は、エア『言語・真理・論理』序文から。「ラジオの音楽」と「冷水」の倫理は、マボット『倫理学入門』(J. D. Mabbott, *An Intro-*

duction to Ethics, Hutchinson, London, 1966, p. 89) から。エイズに関する国連関係の興味深い論文は、インターネットで読むことができる (http://www.hivdev.org.uk)。エイズは伝染性ではなく、注射による直接感染だと主張する陰謀論のウェブサイトもある (http://www.duesberg.com/)。「証人」のジレンマに描いた懐疑的立場を、ジョージ・ソロスは一冊かけて論じている。ソロスは『ソロスの錬金術』〔ホーレイ U.S.A.＋Pacific Advisory & Consultant 訳、総合法令出版、1996 年〕のなかで、「反スミス貨幣論」を展開させた。貨幣は必ずしも良いものではなく、金融市場は人間の必要と価値に反する目的を追求しているというのである。

41　悪魔の化学者

事件の詳細については、ジョセフ・ボーキン『I. G. ファーベン犯罪と処罰』(Joseph Borkin, *The Crime and Punishment of I. G. Farben*, Free Press, NY, 1978 ; Glover, 1977)。IBM もまた第 2 次世界大戦中、（ほんの一例を挙げるなら）強制収容所の囚人の運命を 6 つのカテゴリーに分けて記録するコンピュータ・システムの構築と維持管理を、日常業務として行っていた。「6」は「絶滅」のコードナンバーである。

42〜46　5 つの物語

ミルは『功利主義』で負債について議論している（第 5 章）。この問題に特に関心のある人々のために、カントは「完全な」義務と「不完全な」義務とを区別した。借りているお金を返済するのが前者の例。貧しい人にお金を与えるのが後者の例である。倫理学に関するヴィトゲンシュタインの見解は、1929 年 11 月にケンブリッジ大学哲学科で行われた講義で披露。雑誌 *Philosophical Review* (74/1, January 1965)

に発表された〔『ウィトゲンシュタイン全集 10 講義集』藤本隆志訳、大修館書店、1977年〕。ソクラテスとエウテュプロンの対話は「エウテュプロン」〔今林万理子訳、『プラトン全集 1 エウテュプロン／ソクラテスの弁明／クリトン／パイドン』今林万里子・松永雄二・田中美知太郎訳、岩波書店、2005年〕。最後になるが、ここに記したイスラム教の見解はウスーリィー・カフィ（Usoole Kafi）による「信仰者の逸話」の「隣人の権利」に関する部分から。

47＆48 「猿罪」

M・ビーコフ、D・ジェーミソン編『動物の認識』（M. Bekoff and D. Jamieson eds., *Readings in Animal Cognition*, MIT Press, 1995)、セオドア・バーバー『鳥の人間性』(Theodore Barber, *The Human Nature of Birds*, St Martins Press, 1993) も参照のこと。

49＆50 子供をめぐる2つのジレンマ

ジャン＝ジャック・ルソー『エミール』は、子供の成長についての見解を「更新」した。子供はすべて善良に生まれるが、環境から善かれ悪しかれ影響を受けるというルソーの主張は、ジャン・ピアジェや「進歩的な」教育学者・教育者に影響を与えた。

52 美の罠

この議論はナンシー・エトコフ『なぜ美人ばかりが得をするのか』〔木村博江訳、草思社、2000年〕の書評者（特にサイモン・イングス）による指摘を、さらに展開させたものである。

54～57 パノプティコン

例えば、ベンサムが一望監視装置について書いたものを集

めた『パノプティコン論集』(Miran Božovič ed., *The Panopticon Writings*, Verso, 1995) を参照のこと。

63〜67 ベジタリアンのジレンマ

プラトンはベジタリアンの天国を『国家』(紀元前372年頃)のなかで描いている。ベルトルト・ブレヒト (1898-1956) はこの考えを、『三文オペラ』第2幕終幕に登場させた〔岩淵達治訳、岩波文庫、2006年〕。もちろんニーチェはナチズムを支持しないだろうが、狩猟民＝殺人者は支持するだろう。『肝っ玉おっ母とその子どもたち』〔岩淵達治訳、岩波文庫、2004年〕に登場する「肝っ玉おっ母」には、「平和はだらしないね、戦争だけが秩序を作るんだよ」、「このうえなくすばらしい計画を立てたって、いつでもダメになるのさ。それを行うべき人間が小さいからね」の台詞はあるが、ブレヒト自身はナチズムも狩猟民＝殺人者も支持しないと思う。フレッド・ブラウンの言葉は2002年6月19日の新聞報道から。警告しながら道徳を説く「偽の預言者」パウロが登場するのは、『聖書』のなかの「ローマの信徒への手紙」(1：29-30、13：13)、「ガラテヤの信徒への手紙」(5：19-21)、「エフェソの信徒への手紙」(4：19、4：29-32)、「コロサイの信徒への手紙」(3：13)、「テモテへの手紙1」(6：6-11)、「テモテへの手紙2」(3：2-4)。

68〜72 「おとぎ話」

「カエルの王様」と「レダマの木」の物語は、グリム兄弟(ヤコブとヴィルヘルム)の『子どもと家庭のメルヒェン集』(1812年版)を自由に脚色した〔『完訳グリム童話──子どもと家庭のメルヒェン集』小沢俊夫訳、ぎょうせい、1985年；『完訳グリム童話集』1-5、金田鬼一訳、岩波文庫、1979年〕。J・R・

R・トールキンの「おとぎの国」に関する見解は、『妖精物語について——ファンタジーの世界』〔猪熊葉子訳、評論社、2003年〕から。哲学的な詩の比喩表現に関する興味深い議論は、雑誌 The Philosopher (Volume LXXXIX No.2) 参照のこと (www.the-philosopher.co.uk)。そこで承徳陳 (Chengde Chen) は、「抽象的な理論に登場する比喩表現の重要性は、大いに評価されるべきだ」と述べている。チャールズ・ディケンズの見解は、ニューヨークの雑誌 Household Works (1854) に掲載された記事「おとぎ話に課せられた欺瞞」から。マリア・タタールはおとぎ話を博学に、そして面白く脱構築した『頭を切り落として——おとぎ話と幼児期の文化』(*Off With Their Heads : Fairy Tales and the Culture of Childhood*, Princeton University Press, 1993) と『グリム童話——その隠されたメッセージ』〔鈴木晶・高野真知子・山根玲子・吉岡千恵子訳、新曜社、1990年〕のなかで、おとぎ話の社会的意味を論証している。「ポーリンとマッチの恐ろしい物語」は、ハインリッヒ・ホフマン『もじゃもじゃペーター』〔佐々木田鶴子訳、ほるぷ出版、1985年；生野幸吉訳、集英社、1980年〕を脚色した（ほんの少し）。挿絵も伝統のある挿絵を新しく描き直してみた。

73 不法入国者とボート

2001年10月、400人あまりを載せた「SIEV X」というコードネームのボートが沈没し、353人の命が失われた。（叙事詩のような文字並びだが、「SIEV X」とは「不法入国容疑船舶X」を意味する。）この事実をオーストラリア上院の調査委員会が知ったのは2002年。インドネシアを出発したボートを、オーストラリア国防軍は追跡していたのだが、乗員超

過のボートが沈んで数日経つまで、なぜ誰も生存者を救助しようとしなかったのか、その理由を調査委員会は見つけ出そうとしていた。(生き残ることができたのは、インドネシアの釣り舟によって救い上げられた者に限られていた。)

74〜77 相対主義国レラタヴィアの物語

文化相対主義の起源は、18世紀のドイツの人類学者ヨハン・ゴットフリート・フォン・ヘルダー、アメリカの人類学者フランツ・ボアス、イングランドの哲学者アイザイア・ベルリンに求めることもできる。(そう、当時は3つの文化が合意していたのである。)

78〜81 戦争倫理

爆撃全般の不快な歴史を語っているのは、スヴェン・リンドクヴィスト『爆撃の歴史』(Sven Lindqvist, *A History of Bombing*, Granta, 2001)。戦争の「正義」を論じているのは、マイケル・エリオット・ハワード『戦争と知識人──ルネッサンスから現代へ』〔奥村房夫訳、原書房、1982年〕。「あの爆弾」に関する物理学者アインシュタインや戦争計画立案者ブロディの見解については、合衆国の政治哲学教授ロマン・コルコビッツが編集した『核戦略のジレンマ』(Roman Kolkowicz ed., *Dilemmas of Nuclear Strategy*, Frank Cass & Co, 1987)。参照したブロディの論文「原爆時代の戦争」は、『絶対兵器──原子爆弾の力と世界秩序』(*The Absolute Weapon: Atomic Power and the World Order*, Ayer Co, 1946)に収められている〔ブロディ論文の邦訳には、『バーナード・ブロディ教授戦略論文(抜すい)』(防衛大学校、1977年)がある〕。

82〜86 環境倫理

ダーウィンの言葉は『種の起源』第2章から〔(上)(下)

八杉龍一訳、岩波文庫、1990年；リチャード・リーキー編『新版・図説 種の起源』吉岡晶子訳、東京書籍、1997年〕。ハーヴァード大学のエドワード・O・ウィルソンは『生命の未来』〔山下篤子訳、角川書店、2003年〕において、今世紀の終わりまでに生物の種の半分が絶滅するかもしれないと警告している。どこに線を引けるのだろうか。ドードーを1羽ずつ殺した結果どうなったか。1粒の砂を堆積していくと山になる。哲学者が言うところの「山のパラドックス」(正式には「連鎖式(ソリテス)」のパラドックス)である。「狼を殺す」ジレンマに引用した言葉は、アルド・レオポルド『野生のうたが聞こえる』〔新島義昭訳、講談社学術文庫、1997年〕と『ラウンド・リバー——アルド・レオポルドの日誌から』(Aldo Leopold, *Round River : From the Journals of Aldo Leopold*, Oxford University Press, New York, 1993) より。苦痛は悪いものではないと述べているのは、ジョエル・ファインバーグ『権利、正義、自由の境界——社会哲学論集』(Joel Feinberg, *Rights, Justice and the Bounds of Liberty, Essays in Social Philosophy*, Princeton University Press, 1980) 所収の論文「人間の義務と動物の権利」。ファインバークが論じるように、歯痛の「結果」のみならず、歯痛それ自体が悪いと言うのならば、男性にとっての歯痛とは、男性にとっての女性(あるいはライオン?)と同じくらいに悪いのだろう。

87〜89 金は大事

最初の2つの引用はスミス『国富論』〔(1)-(4)、水田洋・杉山忠平訳、岩波文庫、2000-2001年； (1)-(3)、大河内一男訳、中央公論新社、1978年〕第1編第3章、第3編第2章、次の引用はアリストテレス『ニコマコス倫理学』第4巻 (1120-

1135) から〔邦訳上掲〕。そして、スミス『国富論』第4編第2章と『道徳感情論』〔(上)(下)、水田洋訳、岩波文庫、2003年；『道徳情操論』(上)／(下)、米林富男、未来社、1990／1992年〕。「もっと金を！」の議論に引用した言葉の文脈を知るためには、何れにせよスミス『道徳感情論』(特に第1編第3章、第2編第2章) と『国富論』を参照のこと。

「死と税」のジレンマで触れたインドの塩税の歴史は、ロイ・モクサムの一風変わっているが魅力ある書籍『インドの巨大な壁』(Roy Moxham, *The Great Hedge of India*, Constable, 2001) に詳しい。

90　処罰の暴力

スピゴットを描いた恐ろしい絵は、『ニューゲート要覧』(19世紀、ロンドンで出版) に掲載された「教化」の挿絵の一枚である (第1巻、1824、13-133)。「ニューゲート」とは、悪名高いロンドンの刑務所の名前。19世紀のイングランドの上品な家庭には、『聖書』や宗教文学『天路歴程』と並んで、『ニューゲート要覧』が置いてあった。辻強盗などの重罪犯人に課せられる刑罰の物語によって、「正しく生きる」ことを子供たちに教化しようとしたのである。絞首台の上で無気味に揺れている死体を窓越しに指差しながら、幼い子供に『ニューゲート要覧』を与えている熱心な母親を描いた絵を、口絵として載せた『ニューゲート要覧』まである。

有名なクラレンス・ダローについての詳細を (彼のダンディーな顔写真も含めて) 知るには、インターネット (www.crimelibrary.com) を見ると良いだろう。

94～96　自然保護区の島

環境の法的地位を学術的に論じているのは、ウィリアム・

ビシン、クリストファー・ストーン編『法・言語・倫理――法律と法的手段入門』(William Bishin and Christopher Stone eds., *Law, Language and Ethics : An Introduction to Law and Legal Method*, 1972, Mineola, New York : Foundation Press Inc., 1975) とストーンの著書『法律の臨界――会社行動の社会管理』(Where the Law Ends : *The Social Control of Corporate Behaviour*, New York, Evanston, San Francisco, and London, Harper & Row)。木の権利に関する記念碑的著作は、ストーンの 1974 年の論文「木は法的地位を持つべきか?」も収めたマシュー・アラン・カーン、ローリー・オブライエン編『環境を考える――政治・財産・物質界』(Matthew Alan Cahn and Rory O'Brien eds., *Thinking About the Environment : Readings on Politics, Property and the Physical World*, Armonk, NY : M. E. Sharpe, 1996)。

他の出典はジョン・ロールズ『正義論』〔矢島鈞次訳、紀伊國屋書店、1979 年〕と論文「動物の権利――三者問題」(初出は *Environmental Ethics*, 2, 1980, pp. 311-338;ロバート・エリオット編『環境倫理学』Robert Elliot ed., *Environmental Ethics*, Oxford University Press, 1995 に再録)。アルド・レオポルドの見解を知るには、上記の『野生のうたが聞こえる』も参照のこと。

97 & 98　映画倫理

引用の出典は『大衆文化へのアプローチ』(C. W. E. Bigsby ed., *Approach to Popular Culture*, Edward Arnold, 1976) 所収の、「映 画 の 暴 力」に関するゼブ・バーブの論文とトマス・エルザエサーの論文から。そしてカール・ヤスパース『現代の精神的状況』〔飯島宗享訳、河出文庫、1955 年;『ヤス

パース選集28　現代の精神的状況』飯島宗享訳、理想社、1971年〕とマシュー・アーノルド『教養と無秩序』〔多田英次訳、岩波文庫、1965／2003年〕。ヤスパースは『精神病理学総論』も書いている〔(上)／(下)、内村祐之・西岡四方・島崎敏樹・岡田敬蔵訳、岩波書店、1953／1956年；『精神病理学原論』西丸四方訳、みすず書房、1971年〕。

99　100人の村

デイヴィッド・ヒュームの有名な箴言は、『人性論』〔(1)–(4)、大槻春彦訳、岩波文庫、1948‐1952年〕第2篇第3部第3章にある。世界の貧困に関するスーザン・ジョージの過剰に論争的・偏向的・党派的な著書『なぜ世界の半分が飢えるのか——食糧危機の構造』〔小南祐一郎・谷口真里子訳、朝日新聞社、1984年〕は版を重ねている。なお、ワット・タイラーの処刑と似た事例に、コンゴ初の国民的指導者ルムンバの殺害がある。この事件の「ミステリー」と、旧宗主国ベルギーの産業・政治体制（王を含む）の演じた役割に関する興味深い書籍は、フランダースの歴史家ルド・デ・ヴィッテ『ルムンバの暗殺』(Ludo de Witte, *The Assassination of Lumumba*, Verso, 2001)。

100 & 101

Ｃ・Ｓ・ルイスの言葉の引用は、『被告席に立つ神』〔Ｃ・Ｓ・ルイス宗教著作集別巻2、本多峰子訳、新教出版社、1998年〕に収められた文章「生体解剖」と『人間の廃止』(C.S. Lewis, *The Abolition of Man*, New York, Macmillan, 1947) から。なお、バートランド・ラッセルは例えば『懐疑論集』の「夢と事実」(1928) のなかで、信念は事実によって正さなければならないと述べている。

読書案内

 これもまた倫理学の不思議な点の一つなのだが、他を圧倒する抜きん出た倫理学の書物はない。間違いなく、出版社の倉庫や図書館の地下書庫に埋もれたままの「宝石」がたくさんある。読者は良い「入門書」を見つけるために、「世間の評判」に頼るわけにはいかない。むしろ、書店や図書館を彷徨するうちに、思いがけない発見に遭遇するのではないだろうか。そうでなければ、何らかの読書案内に頼るしかない。ところが、この「読書案内」を書くために、たくさんの読書案内に当ってみたのだが、挙げられている「推薦書」の大半は、ほんの過去10年から30年のあいだに書かれた本である。そして、同じようなことを繰り返している近刊本の案内が添えられている程度。倫理をめぐる書物の「大海原」は未航海のまま、私たちの周囲にあるのではないか。しかし、ここでも「読書案内」を少しばかりしておこう。

倫理学入門

 ブレンダ・アーモンド『倫理学探検』(Brenda Almond, *Exploring Ethics*, Blackwell, 1998) は、主要な倫理学の理論と展望を魅力的に概観している。「失われた種族」に遭遇した探検者が、そこで色々な発見をしていく。奇想天外な構想ではないが、読書を楽しくしてくれるだろう。

 ピーター・シンガー『私たちはどう生きるべきか——私益の時代の倫理』〔山内友三郎訳、法律文化社、1999年〕は、明

解で素晴らしい本である。私のこの本と同じく、「生きるためのガイド」と倫理学を考えている。これを薦めないわけにはいかない。シンガーは論文集を編集するのが好きなようだ。『応用倫理学』(Peter Singer ed., *Applied Ethics*, Oxford University Press, 1986) に収録されているのは、トマス・ネーゲル (「死」について)、デイヴィッド・ヒューム (自殺について)、ジェームズ・レイチェルズ (安楽死について)、ジュディス・ジャーヴィス・トムソン (妊娠中絶について)、ジョン・スチュアート・ミル (死刑について)。他にも「ゲーム理論」や核戦争についての論文、そして編者シンガー自身の論文「あらゆる動物は平等である」が加えられている。

リチャード・ワサーストロム編『今日の道徳問題』(Richard Wasserstrom ed., *Today's Moral Problems*, 2nd edition, Macmillan, 1979) も有益な大著。中絶制限法をめぐる有名な「ローvsウェイド」裁判、プライバシーや (ポルノグラフィーを含む)「性の道徳」をめぐる議論、そして色々な本に転載されているジョン・ロールズの論文「規則の2つの概念」〔『公正としての正義』田中成明訳、木鐸社、1979年、第8章〕などを取り上げている。ロールズの論文は、刑法の実行の正当性と特定の刑罰の正当性との相違を説明しようとしている。(優れた着眼点には違いないが、私はこれに従うことはできない。しかし、これを活用しようとする人々はいるだろう。)

幅広い問題を集めた概論をもう1冊。ジェームズ・ホワイト『現代の道徳問題』(James White, *Contemporary Moral Problems*, 8th Edition, Wadsworth, 2005) は、自殺・死刑・安楽死の問題を経由して、戦争から福祉まで、エイズから動物までを取り上げている。(登場する順番は必ずしもこの通りで

はない。)しかし、最多数の記事・論文を集めた栄冠はヒュー・ラフォレット編『実践される倫理学』(Hugh LaFollette ed., *Ethics in Practice*, 2nd Edition, Blackwell, 2001) に与えられる。ここにはジェーン・イングリッシュ「大人になった子供たちが両親に返すべきもの」やロナルド・ドウォーキン「アラン・バーキの権利」も収録されている。白人のアランはカリフォルニアの「積極的差別是正措置〔アファーマティヴ・アクション〕」によって大学入学が認められず、これを不服として訴えたのである。

倫理学理論

ポール・モーザー、トーマス・カーソン編『道徳相対主義・読本』(Paul Moser and Thomas Carson, *Moral Relativism: A Reader*, Oxford University Press, 2000) は、議論のやかましい主題をめぐる学術的議論を要約してくれる有益な書籍。特に興味深いのは、マーサ・ヌスバウムの意外な表題を冠した論文「非相対的美徳」である。アリストテレスの倫理学を好意的に解説しつつ、正しい行動を決定するときに美徳の理論が果たす役割を論じている。決定の種類に応じて、相応しい1つの美徳がある。『道徳相対主義・読本』には、ロレッタ・コペルマンの論文「女性の割礼／生殖器切断と倫理相対主義」も収められている。彼女によれば、割礼／生殖器切断は「正当で普遍的な人権を侵害する」以上、私たちは「この習慣を中止させようと活動している人々に対する国際的・道徳的支援を促進する」べきである。

ウンベルト・エーコ『永遠のファシズム』〔和田忠彦訳、岩波書店、1998年〕は、戦争(「犯罪より悪いもの」)やメディア管理などの厄介な道徳問題を議論している。

人間の本性

　死ぬという厄介な主題、しかも、社会生活と人間社会に関わる厄介な主題を論じているのは、エミール・デュルケームの有名な『自殺論』〔宮島喬訳、中公文庫、1985年〕。よく知られているように、デュルケームはこの極めて個人的な現象について、集合的な統計を用いて論証をした。デュルケームの他の著作も、予想もつかないところで倫理について教えてくれることがある。

　メアリー・ミッジリー『人間の本性の根源』(Mary Midgley, *The Roots of Human Nature*, Methuen, 1978) は、動物（あるいはむしろ動物の行動）の観点から人間の本性を再評価する試みである。従来の哲学は人間の独断と無知によって突き動かされ、人間以外の自然を誤解・歪曲してきたとミッジリーは非難する。これが「社会生物学」理論の最新成果を用いて彼女が現代まで追跡した欠点。

　ブルース・チャトウィン『ソングライン』〔芹沢真理子訳、めるくまーる、1994年〕は、人間の本性・環境・人種主義・戦争に関する繊細で、ときに深遠な観察の宝庫である。ラビ・シャンカールによる挿絵を入れて、伝統的物語を語り直したヴィクラム・セス『古今東西の動物物語』(Vikram Seth, *Beastly Tales for Here to There*, Orion Books, 2001) にも、同じく優れた洞察があふれている。特に考えさせられるのは、「鷲とカブトムシ」の物語。傲慢な鷲は、カブトムシの仲間のウサギに対する理不尽で残酷な仕打ちを後悔し始める。強大な力を持った鷲でさえ、自分が軽蔑的に虐待した者たちから復讐されるという教訓。今日の世界で言えば？　読

者のご想像に任せよう。

社会の正義

「出典の註釈」で言及したスーザン・ジョージ『なぜ世界の半分が飢えるのか』の他には、オノラ・オニール『飢餓の顔貌——貧困・正義・発展について』(Onora O'Neill, *Faces of Hunger: An Essay on Poverty, Justice and Development*, Allen & Unwin, 1986)。そして、「止まらない世界規模の成長の影響と限界」を記した『成長の限界——ローマ・クラブ人類の危機レポート』〔大来佐武郎監訳、ダイヤモンド社、1972年〕。もちろんこれ以降も、不当な貿易政策や文化帝国主義を激しく非難した人気のある著作は多数ある。犠牲者たちを「黒い紋章」で弔うジョン・ピルガー『世界の新しい支配者たち』(John Pilger, *The New Rulers of the World*, Verso, 2002) など。しかし、その主張や長所は様々ながら、この種の書物は哲学的というよりも福音主義的である。

社会正義に関する別路線のものを挙げるならば、金銭のこの上ない美点を論じるアダム・スミス『国富論』である（ジレンマ87&88）。この本は本当のところ、多くの人が想像するほど退屈ではない。この本に人々が群がるように飛びついたこともあったのである。この著作の全体は長いが、最重要の部分は第1編と第2編にある（全体の約10分の1の分量に当たる）。特に第2編は、スミスの文体・方法・議論の概要を基本から把握するのに適している。キャサリン・サザーランド編集の短縮版 (Kathryn Sutherland ed., *An Inquiry into the Nature and Causes of the Wealth of Nations: A Selected Edition*, Oxford World's Classics) には、優れた解説も付いて

いる。この気難しいスコットランド人のことをもっと知りたい人には、スミスの人生や彼の生きた時代を詳述したR・H・キャンベル、A・S・スキナー『アダム・スミス』(R. H. Campbell and A. S. Skinner, *Adam Smith*, Croom Helm, 1982)。専門雑誌に掲載されたスミス論は、ここでは置いておこう。雑誌『エコノミカ (Economica)』に掲載されたP・サミュエルソンの短い評論「消費者行動の純粋理論に関するノート」(1938) も、スミス『国富論』によって開始された議論のほんの一部にすぎない。

スミスに確実に影響を及ぼした歴史上重要な著作には、フランソワ・ケネー『経済表』(1758)、ジャン=ジャック・ルソー『人間不平等起原論』(1782)〔本田喜代治・平岡昇訳、岩波文庫、1972年;『社会契約論 人間不平等起源論』作田啓一・原好男訳、白水社、1991年〕、スミスの旧友デイヴィッド・ヒューム『人間知性研究』(1748)〔斎藤繁雄・一ノ瀬正樹訳、法政大学出版局、2004年〕と『人性論』(1740) がある。

逆にスミスから影響を受けた著作には、カール・マルクス『資本論』(1867)〔第1巻 (上)(下)、今村仁司・鈴木直・三島憲一訳、筑摩書房、2005年;(1)—(13)、資本論翻訳委員会訳、新日本出版社、1983-1989年;(1)—(9)、岡崎次郎訳、国民文庫、大月書店、1972年;(1)—(12)、向坂逸郎訳、岩波文庫、1947-1954年〕とジョン・スチュアート・ミル『政治経済学の未解決問題』(1844) がある。

社会科学に詳しい読者にとってヒントになる書物は、ロナルド・ミーク『スミス、マルクス、それ以後』(Ronald Meek, *Smith, Marx and After*, Chapman and Hall, 1977)、アンソニー・ギデンズ『資本主義と近代社会理論――マルクス、

デュルケーム、ウェーバーの研究』〔犬塚先訳、研究社、1983年〕。あるいはＣ・Ｂ・マクファーソン『所有的個人主義の政治理論』〔藤野渉訳、合同出版、1980年〕でも。少し意地悪いのはロバート・ノージック『アナーキー・国家・ユートピア——国家の正当性とその限界』(Basic Books, 1957)〔嶋津格訳、木鐸社、2000年〕。ジェフリー・ライマン『金持ちはより金持ちになり、貧しい者は刑務所に入る』(Jeffrey Reimann, *The Rich Get Richer and the Poor Get Prison*, Wiley, 1984) はノージックに反対の立場。

スミスや他の偉大な哲学者を政治哲学の文脈から概説した書籍としては、私自身の書いた『政治哲学——プラトンから毛沢東主席まで』(Martin Cohen, *Political Philosophy: from Plato to Chairman Mao*, Pluto Press, 2001) を読者は絶対に入手すべきである。

性の政治

フェミニズムは古代ギリシアに存在していた。それどころか、それ以前にも中国、インド、アフリカに存在していたが、残っている記録は乏しい。そのため、ジェンダーと性の政治に関する議論に関しては、古典というよりは現代に近い書物を挙げる必要がある。ただし、（妻ハリエット・テイラー・ミルとの共著だという）ジョン・スチュアート・ミル『女性の隷属』(1869)〔『女性の解放』大内兵衛・大内節子訳、岩波文庫、1957年〕は決定的に重要な古典。アリス・ロッシの編集による『性平等論』(Alice Rossi ed., *Essays on Sex Equality*, University of Chicago Press, 1970) には、ミル夫妻の鍵となる文章が集められている。もう一つの「古典」はおそらく、バー

トランド・ラッセル『結婚と道徳』(1929)〔『結婚論』安藤貞雄訳、岩波文庫、1996年〕だろう。ここでラッセルは、「家庭生活における愛の位置」を議論している。もっと最近のものでは、キャロル・ギリガンの『異なる声で――心理学理論と女性の発達』(Carol Gilligan, *In a Different Voice : Psychological Theory and Woman's Development*, Harvard University Press, 1982) が、「人間関係のダイナミクスを意識すること」は「道徳理解の中心」であると教えている。

ケイト・ミレットの有名な『性の政治学』〔藤枝澪子訳、ドメス出版、1985年〕は、性の政治学を3部（理論、歴史背景、文学）に分割し、興味深く説明している。文学の部では、D・H・ローレンス、ヘンリー・ミラー、ジャン・ジュネ、ノーマン・メイラーの小説が検討されている。もちろん全員、「女性嫌悪者(ミソジニスト)」として知られる小説家である。

ジャネット・ラドクリフ・リチャーズ『懐疑的フェミニスト』(Janet Radcliffe Richards, *The Sceptical Feminist*, Routledge, 1980) は、女性と社会に関する「分析的」解釈を提供する。彼女が論じるのは例えば、妊娠中絶に対する現在の社会の態度は、女性の性的活動を罰する男性の企ての一部であること。「女性の仕事」は「正しく」評価されていないこと。そして、売春すること、自分を飾ること、論理を使うのは「OK」であること。

遺伝学

リチャード・ドーキンス『盲目の時計職人――自然淘汰は偶然か？』〔日高敏隆訳、早川書房、2004年〕は、新しいタイプの「一般向け科学」本の一冊。進化論を説明するのに、改

めて自然選択の力を取り上げている。著者は「論争的」に、「生命の意味」そのものを論じるところまで行く。ドーキンス『利己的な遺伝子』〔日高敏隆・岸由二・羽田節子・垂水雄二訳、紀伊國屋書店、増補新装版、2006年〕も同じ流れにある。

もっと標準的な概説は、英国医学会『私たちの遺伝子の未来——遺伝子技術の科学と倫理』(The British Medical Association, *Our Genetic Future: The Science and Ethics of Genetic Technology*, Oxford Paperbacks, 1992)。主要な研究領域と有力な「賛成・反対」両方の議論を、手際よく概観している。産まれてくる子供のふるい分け(スクリーニング)、親権問題、動物の遺伝子改良なども、すべて扱われている。また、ブライアン・アップルヤード『すばらしい新世界——遺伝学と人間経験』〔『優生学の復活？——遺伝子中心主義の行方』山下篤子訳、毎日新聞社、1999年〕は、もっと手に取りやすい遺伝学への招待である。一般読者向けに、哲学書からの引用と事例研究とが組み合わせられている。

法の問題

フィリップ・デバイン『殺人の倫理学』(Phillip Devine, *The Ethics of Homicide*, Cornell University Press, 1978) は、「妊娠中絶、死刑、安楽死、自殺、殺人、戦争など、あらゆる殺害に関する、時宜を得た挑戦的評論」である。啓蒙的というよりも包括的なこの本の大きな長所は、専ら「旅行客が乗っている飛行機に爆弾を仕掛けるべきではない」などの固い断言にある。テッド・ホンデリック『政治的暴力』(Ted Honderich, *Political Violence*, Cornell University Press, 1977) は、もっと読む価値のある本。「e-Ville」への抵抗（ジレン

マ19-23)に似た問題が取り上げられている。ホンデリックは少なくとも、例外状況の場合には「民主主義の大義」のために暴力行為を認めている。ジョナサン・グラバー『死をもたらすこと、生を救うこと』(Jonathan Glover, *Causing Death and Saving Lives*, Penguin, 1977) も、いつ生命維持装置のスイッチを切るべきか、いつ囚人を処刑すべきか、いつ赤ちゃんを中絶するべきか、などの問題を考察している。そして、暴力的威圧を用いた脅迫は「人間社会の生存に必須である」以上、国家(「支配者」)は殺す権利を持っていると述べたG・E・M・アンスコムの言葉を否定的に引用しながら、グラバーは死をもたらす国家権力の問題(ドレスデン爆撃やスピゴットたちへの拷問・処刑)も取り上げている。近年の書籍ではウンベルト・エーコ『永遠のファシズム』が、戦争(「犯罪より悪いもの」)やメディア管理などの厄介な道徳問題を議論している。

ホンデリックとグラバーが追求しているのは、「活動する」人間を殺す権利である。活動しているとは言えない人間を殺すという問題に絞った書籍は、ロナルド・ドゥオーキン『ライフズ・ドミニオン――中絶と尊厳死そして個人の自由』〔水谷英夫・小島妙子訳、信山社出版、1998年〕。妊娠中絶や安楽死の許容(あるいは拒否)などに関わる倫理問題が論じられている。ドゥオーキンは法律家の視点からアプローチしており、この本の大部分は、「ロー vs ウェイド」裁判(妊娠中絶をめぐって)や「グリスウォルド vs コネティカット」裁判(避妊法をめぐって)など、有名な事例について議論することに費やされている。

同じ領域の書籍には、ジョン・ハリス『生命の価値』

(John Harris, *The Value of Life*, Routledge, 1985) やマイケル・ロックウッド編『現代医療の道徳的ディレンマ』〔加茂直樹訳、晃洋書房、1990年〕がある。後者は「ジレンマ」としてまとめられた医療倫理を好む人向き。幾つかの事例研究ならびに、医療倫理が好む哲学者（メアリー・ワーノック、ラーナン・ギロン、そしてマイケル・ロックウッド自身）の文章を集めている。もちろんアラン・ソーブル『ポルノグラフィー——マルクス主義、フェミニズム、そしてセクシュアリティの未来』(Alan Soble, *Pornography: Marxism, Feminism and the Future of Sexuality*, Yale University Press, 1986) は、複数のアプローチを教えてくれる包括的イントロダクションである。

嘘をつくこと

嘘をつくことはカントの大きな関心だったが、現代にもカントの後継者はいる。シセラ・ボク『嘘の人間学』〔古田暁訳、TBSブリタニカ、1982年〕は嘘をつくという問題を職業倫理の議論の出発点に置き、聖アウグスティヌス、トマス・アクィナス、フランシス・ベイコンの文章も集めた有用な書籍である。その後に彼女が書いた『秘密と公開』〔大澤正道訳、法政大学出版局、1997年〕は、読者をビジネス倫理や「告発」などの問題に案内してくれる。

動物の権利

ピーター・シンガーは動物界の擁護のために、最も大きな声を発している一人である。彼は『実践の倫理』〔第2版、山内友三郎・塚崎智訳、昭和堂、1999年〕（表向きは倫理学全体

へのイントロダクション！）など、影響力のある読みやすい著作を何冊か書いている。編著『動物の権利』〔戸田清訳、技術と人間、1986 年〕には、トム・リーガン、スティーブン・クラーク、メアリー・ミッジリーの論文に加えて、アレックス・パシェコ、ドナルド・バーンズ、フィリップ・ウィンディトなどの「活動家と彼らの戦略」に関する文章も収められている。ここまで読みやすくはないが、もっと「授業で使うのに適している」のは、ロザリンド・ハーストハウス『倫理学・人間・動物』(Rosalind Hursthouse, *Ethics, Humans and Other Animals*, Routledge, 2000)。この本には各種の練習問題と、動物蔑視に関するミッジリーの議論や動物殺害に関するシンガーの議論などの要約が含まれている。

環境倫理

科学者ジェームズ・ラブロック『地球生命圏——ガイアの科学』〔星川淳訳、工作舎、1984 年〕は、この地球という惑星に対する私たち人間の責務を考え始めるには、確かに良いきっかけになる。ただし、木々の権利に関する哲学理論の確立を目指す人々には、それほど有益とは言えない。その点で推薦したいのはクリストファー・ストーン『地球倫理——道徳の多元論のために』(Christopher Stone, *Earth and Other Ethics : the case for moral pluralism*, Harper and Row, 1987)、あるいはリチャード・シルヴァン、デイヴィッド・ベネット『倫理学の緑化』(Richard Sylvan and David Bennett, *The Greening of Ethics*, White Horse Press, 1994)。

訳者あとがき

　(Backward……)

　Xを選ぶべきなのか、Yを選ぶべきなのか。私たちは毎日を生きているうちに、ジレンマに直面する（ことがある）。意識しているジレンマもあれば、意識していないジレンマもあるだろう。Xでなければならないと思う場合もあれば、Yでも構わないと思う場合もあるだろう（時と場合による）。自分はXを好ましいと思っているが、他者はYを好ましいと思っているようだから、Yを選択しておこうと思う場合もあるだろう（他者は他人の場合もあれば、内なる分身の場合もある）。自分はXを好ましいと思っているが、自分よりも「力を持っている」他者はYを好ましいと思っているので、自分はXを選べないという場合もあるだろう（法律・制度はその典型）。あるいは結果として、XでもYでもないもの、あるいはXでもYでもあるようなものが選択される場合もあるだろう。そのうちに何が何だったのか忘れてしまう場合もあるだろう（こんなことも多い）。

　しかし何れにしても、実のところ私たちには「唯一の選択」しかない。「一本の道」、それが問題なのである。マーティン・コーエンも言うように、ジレンマの真相（あるいはむしろ、ジレンマのジレンマ？）はそこにある。

　そして、この「唯一の選択」「一本の道」の有限性に、「倫理」の存在理由もあるに違いない。例えば「永劫回帰」（ニーチェ）の倫理にしても、「唯一の選択」「一本の道」の有限

性の「めまい」と切り離しがたい。未来永劫、無限にこの「一本の道」が回帰したとしても、それを肯定できるような「唯一の選択」を私たちは生きているだろうか!?

哲学者アンリ・ベルクソンは『意識に直接与えられたものについての試論』(1889)の最終章「意識的状態の有機的組織化について——自由」のなかで、こう述べている。マーティン・コーエンのこの本に接木しておきたい。「正確に言うと、相反する2つの状態ではなく、多数の様々な継起的諸状態が存在するのであって、そこから私は、想像力の努力によって、相反する2つの方向を選り分けるのである。(……) 実際には、そこには2つの傾向も、2つの方向さえなく、ひとつの生きた自我が存しているのだが、この自我は、まさに躊躇することで生き、展開していくのであって、かくして遂には、熟れすぎた果実のように自由な行動がそこから落ちることになるのだ。(……) 自由は行為それ自体のあるニュアンスないし質のうちに求められるべきであって、行為とこの行為がそうではないところのもの、または、そうでありえたかもしれないところのものとの関連のうちに求められるべきではない」(アンリ・ベルクソン『意識に直接与えられたものについての試論——時間と自由』合田正人・平井靖史訳、ちくま学芸文庫、2002年、195-202頁)。

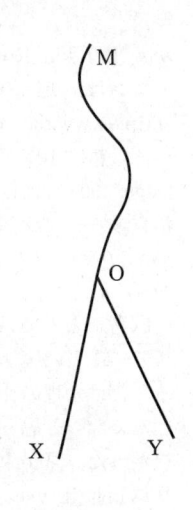

ここに訳出したのは、Martin Cohen, *101 Ethical Dilem-*

mas, London, Routledge, 2003 である。著者マーティン・コーエンは、英国の伝統ある哲学雑誌 *The Philosopher* の編者 (http://www.the-philosopher.co.uk/)。著書に第2版を重ねている『哲学101問』(101 Philosophy Problems, London : Routledge, 1999／2001)〔ちくま学芸文庫から邦訳近刊予定〕と、『政治哲学——プラトンから毛沢東主席まで』(*Political Philosophy : from Plato to Chairman Mao*, London : Pluto Press, 2001) がある。

訳者にとっては、視覚文化論／美術論の書籍(ハル・フォスター編『視覚論』平凡社、2000年)以来の翻訳書の出版になる。実は余程の「古典」ではない限り、もう翻訳書の仕事はしたくないと思っていた。むしろ、自分の単行本を早く書きたかった。気がついてみたら、もう若くはない。人生も「折り返し」。しかし、魔が差したのだろうか。この「時代」がそうさせたのだろうか。特に「1995年」あるいは「2001年」から (?) 現在までの諸々の事態を生んでいる、この「時代」に生きる自分にとって、何か引っかかるものがあったに違いない。この本を手に取っている「あなた」もまた?

大学院生時代からの知人でもある筑摩書房編集部・天野裕子さんから翻訳の依頼を受け、2回は断ったにもかかわらず、なぜか3回目に引き受けてしまった。「この翻訳を引き受けるべきだったのだろうか?」……後ろ向きの姿勢で翻訳した。「しかし、面白い本には違いない。この翻訳にも何かしら意味があるのではないか?」……妻からも超自我からも叱咤されつつ、時折 (そして「最終締切」間際)、前向きの姿勢で翻訳した (訳文にはいくつか妻に触発された部分がある)。自分の単行本の企画や草稿を色々と破棄するなか (1つは某出

版社が倒産)、試行錯誤の論文をいくつか発表するなか、この翻訳本の完成は随分と遅れてしまった。訳者が2007年3月末からニューヨークのコロンビア大学（美術史）に客員研究員として出張する都合もあり、最後は急ピッチで作業を進めていった。忍耐強く原稿の完成を待ちつつ激励してくれた天野さんに、お詫びと感謝を述べたい。あとは本書が少しでも多くの読者（数は力……）一人一人の具体的な「倫理」のジレンマに、何とか転送（forward）されることを祈るばかりだ。「躊躇することで生き、展開していく」（アンリ・ベルクソン）ためにも、「倫理を検討するリアルな場面に身を置かなければならない」（マーティン・コーエン）。

　　2006年12月　　　　　　　　　　　　樽沼範久

本書は、「ちくま学芸文庫」のために新たに訳出したものである。

書名	著者	訳者	内容紹介
革命について	ハンナ・アレント	志水速雄 訳	《自由の創設》をキイ概念としてアメリカとヨーロッパの二つの革命を比較・考察し、その最良の精神を二〇世紀の惨状から救い出す。
暗い時代の人々	ハンナ・アレント	阿部齊 訳	自由を激しく損なわれた時代を自らの意思に従い行動し、生きた人々。政治・芸術・哲学への鋭い示唆を含み描かれる普遍的人間論。(川崎修)
プリズメン	Th・W・アドルノ	渡辺祐邦/三原弟平 訳	「アウシュヴィッツ以後、詩を書くことは野蛮である」。果てしなく進行する大衆の従順化と絶対的物象化の時代における文化批判のあり方を問う。(村井洋)
三つのヘーゲル研究	Th・W・アドルノ	渡辺祐邦 訳	現代の弁証法の巨匠アドルノが、ヘーゲル哲学の構造と根本的視点に深い省察を加え、ヘーゲルをどのように読解すべきかの鍵を呈示する。
重力と恩寵	シモーヌ・ヴェイユ	田辺保 訳	「重力」に似たものからどうしたら免れればよいのか……ただ「恩寵」によって。苛烈な自己無化への意志に貫れた、独自の思索の断想集。ティボン編。
ヴェーユの哲学講義	シモーヌ・ヴェイユ	渡辺一民/川村孝則 訳	心理学にはじまり意識・国家・身体を考察するリセ最高学年哲学学級で一年にわたり行われた独創的かつ自由な講義の記録。ヴェーユの思想の原点。
有閑階級の理論	ソースティン・ヴェブレン	高哲男 訳	ファッション、ギャンブル、スポーツに通底する古代略奪文化の痕跡を「顕示的消費」として剔抉し経済人類学・消費社会論的思索の嚆矢。
ルネサンスの魔術思想	D・P・ウォーカー	田口清一 訳	F・イェイツと並ぶルネサンス思想史家による魔術論の古典。正統キリスト教との相克・融合の中で展開をみた思想の消長と変容を克明に跡づける。
論理哲学論考	L・ウィトゲンシュタイン	中平浩司 訳	世界を思考の限界にまで分析し、伝統的な哲学問題すべてを解消することを決定づけた著者の野心作。生前刊行した唯一の哲学書。新訳。

使える現象学
レスター・エンブリー
和田渡／李成台訳

現象学を学ぶための入門書ではなく、さまざまな分野で現象学的探究を行なうための実践的手引き書。複雑な諸問題にいかに対処するかを指南。

大衆の反逆
オルテガ・イ・ガセット
神吉敬三訳

二〇世紀の初頭、《大衆》という現象の出現とその功績を論じながら、自ら進んで困難に立ち向かう《真の貴族》という概念を対置した警世の書。

死にいたる病
S・キルケゴール
桝田啓三郎訳

死にいたる病とは絶望であり、絶望を深く自覚し神の前に自己をたてる。実存的な思索の深まりをデンマーク語原著から訳出し、詳細な注を付す。

初期ギリシア自然哲学者断片集
（全3巻・分売不可）
日下部吉信編訳

"存在の故郷"、初期ギリシア哲学の世界から最も重要な一五人を選び、その生涯、学説、著作を明快な訳文で紹介し、本来の姿で甦らせる。

ニーチェと悪循環
ピエール・クロソウスキー
兼子正勝訳

永劫回帰の啓示がニーチェに与えたものは、同一性に潜在する無数の強度の解放である。二十一世紀にあざやかに蘇る、逸脱のニーチェ論。

哲学事典
W・V・クワイン
吉田夏彦／野﨑昭弘訳

現代哲学の巨頭が、「心身」「知識」「真理」から「自由」「ジェンダー」まで、幅広い項目を数頁ずつ軽妙に解説する。読んで楽しい哲学事典。

ハイデッガー『存在と時間』註解
マイケル・ゲルヴェン
長谷川西涯訳

難解をもって知られる『存在と時間』全八三節の思考を、初学者にも一歩一歩追体験させ、確信させ納得させる唯一の註解書。

色 彩 論
ゲーテ
木村直司訳

数学的・機械論的近代自然科学と一線を画し、自然の中に「精神」を読みとろうとする特異で巨大な自然観を示した思想家・ゲーテの不朽の業績。

ぼく自身あるいは困難な存在
ジャン・コクトー
秋山和夫訳

ラディゲ、サティ、プルーストら親しい友人たちを回想する魅力的な人物論をちりばめつつ、コクトーの姿と芸術観を浮き彫りにする珠玉エッセー。

自己愛人間
小此木啓吾

思い込みや幻想を生きる力とし、自己像に執着しつづける現代人の心のありようを明快に論じた精神分析学者の代表的論考。（柳田邦男）

戦争における「人殺し」の心理学
デーヴ・グロスマン

本来、人間には、人を殺すことに強烈な抵抗がある。それを兵士として殺戮の場＝戦争に送りだすにはどうするか。元米軍将校による戦慄の研究書。

モーセと一神教
ジークムント・フロイト　安原和見訳

ファシズム台頭期、フロイトはユダヤ民族の文化基盤ユダヤ教に対峙する。自身の精神分析理論を揺るがしかねない最晩年の挑戦の書物。

ヒステリー研究（下）
ヨーゼフ・ブロイアー／ジークムント・フロイト　渡辺哲夫訳

精神分析の誕生を告げる記念碑的著作。ブロイアー執筆部分を含む本邦初の初版完全訳。詳注完備。全2巻。本巻には序文フロイト読解のための必読書にして精神分析史の古典。

ヒステリー研究（上）
ヨーゼフ・ブロイアー／ジークムント・フロイト　金関猛訳

あるヒステリー分析の断片
ジークムント・フロイト　金関猛訳

第3章以降と第二版序文を収録。索引・参考文献付。本書受容史等を斬新な視点から訳者が解説。

永遠の少年
M-L・フォン・フランツ　松代洋一／椎名恵子訳

深層心理分析で高名なフォン・フランツが、『星の王子さま』を俎上に載せ、現代の若者の心を分析したロングセラー。ニートの時代に必読の書。

死と狂気
渡辺哲夫

死者の世界を見失うとき、人は狂気の淵を覗きこむ。民俗信仰も踏まえ、ネオ＝ロゴスに解体されゆく精神分裂病者の世界に迫る。（芹沢俊介）

二〇世紀精神病理学史
渡辺哲夫

〈力としての歴史〉の喪失、それが二〇世紀的狂気である。失敗した学問・精神病理学の様相と運命を描き、人間の最奥を問う衝撃の意欲作。

『ヒステリー研究』と『夢解釈』の交差点に立つフロイトの代表的症例研究。疾病利得、転移、症状と性衝動など、精神分析の基本的知見がここに。

書名	著者	内容
教育と選抜の社会史	天野郁夫	教育の一般化による進学率増加が学歴社会を生んだ。日本における選抜に光を当て、学歴主義の成立と展開を跡付ける名著。(苅谷剛彦・広田照幸)
ハマータウンの野郎ども	ポール・ウィリス 熊沢誠／山田潤訳	イギリス中等学校"就職組"の闊達でしたたかな反抗ぶりに根底的な批判を読みとり、教育の社会秩序再生産機能を徹底分析する。(苅谷剛彦・乾彰夫)
新編 教室をいきいきと①②	大村はま	教室でのことばづかいから作文学習・テストまで。創造的な指導で定評のある著者が、教師にとっておきの工夫と指導を語る実践的教育書。
新編 教えるということ	大村はま	ユニークで実践的な指導で定評のある著者が、教師の仕事のあれこれや魅力のある教室作りについて、きびしくかつ暖かく説く、若い教師必読の一冊。
教師のためのからだとことば考	竹内敏晴	子どもたちを動かす迫力と、人を育てる本当の工夫に満ちた授業とは？ 実り多い学習のために、すべての教育者に贈る実践の書。
異文化としての子ども	本田和子	ことばが沈黙するとき、からだが語り始める。キレる子どもたちと教員の心身状況を見つめ、からだと心の内面的調和を探る。(芹沢俊介)
ケルト妖精学	井村君江	既成の児童観から自由な立場で、私たち大人を挑発する子どもたちの世界を探訪し、その存在の異人性・他者性を浮き彫りにする。(川本三郎)
中国説話文学とその背景	志村五郎	妖精たちは、民間伝承や文学作品にどのように登場し表現されてきたか。妖精像の変容を神話学、民俗学、比較文学の視点から興味深く紹介する。
		世界的数学者が心惹かれた中国古典説話を新訳・新釈し、読者おどろきと感動を頒ち合おうと書いた「蒐集物語」。書き下し文庫オリジナル。

倫理問題101問

二〇〇七年五月十日 第一刷発行

著者 マーティン・コーエン
訳者 榑沼範久(くれぬま・のりひさ)
発行者 菊池明郎
発行所 株式会社 筑摩書房
　　　　東京都台東区蔵前二-五-三 〒111-8755
　　　　振替〇〇一六〇-八-四一二三
装幀者 安野光雅
印刷所 明和印刷株式会社
製本所 株式会社積信堂

乱丁・落丁本の場合は、左記宛に御送付下さい。
送料小社負担でお取り替えいたします。
ご注文・お問い合わせも左記へお願いします。
筑摩書房サービスセンター
埼玉県さいたま市北区櫛引町二-二六〇四 〒331-8507
電話番号 〇四八-六五一-〇〇五三

© NORIHISA KURENUMA 2007 Printed in Japan
ISBN978-4-480-09059-1 C0112